中/国/经/济/与/管/理/研/究/系/列

中国经济内外均衡问题研究

（第二版）

王远鸿　著

A Research on Internal and External Balance of China Economy

经济管理出版社
ECONOMY & MANAGEMENT PUBLISHING HOUSE

图书在版编目（CIP）数据

中国经济内外均衡问题研究/王远鸿著. —2版. —北京：经济管理出版社，2013.11

ISBN 978-7-5096-2773-0

Ⅰ. ①中… Ⅱ. ①王… Ⅲ. ①中国经济—经济发展—研究 Ⅳ. ①F124

中国版本图书馆CIP数据核字(2013)第266838号

责任编辑：徐　雪
责任印制：黄　铄
责任校对：超　凡

出版发行：经济管理出版社
（北京市海淀区北蜂窝8号中雅大厦A座11层 100038）
网　　址：www.E-mp.com.cn
电　　话：(010)51915602
印　　刷：大恒数码印刷（北京）有限公司
经　　销：新华书店
开　　本：720mm×1000mm/16
印　　张：16
字　　数：305千字
版　　次：2013年11月第2版　2013年11月第1次印刷
书　　号：ISBN 978-7-5096-2773-0
定　　价：38.00元

前 言

改革开放前，我国政府宏观调控关注的是内部均衡，宏观经济政策目标追求的是经济高增长、物价基本稳定、就业增加。改革开放以来，随着对外开放程度的提高，外部平衡在宏观调控中的地位不断上升，政府由追求内部均衡的单一目标转向追求内部均衡和外部平衡的双重目标。

2000 年以来，随着中国加入世界贸易组织，中国经济的国际化取得了较快发展，进一步融入了全球分工体系，成为国际制造业转移的主要目的地，全球劳动密集型和技术密集型产业的加工环节纷纷向中国转移，引进的外商直接投资快速增加。在世界经济进入新一轮高增长的背景下，中国对外贸易快速发展，贸易顺差大幅增加，中国经济对外需的依赖性日益加大。内外经济联动性的加强，外需对中国经济影响的日益加大，一方面，在促进中国经济快速增长的同时带来了内外需失衡、内需不足的问题；另一方面，由于对外贸易的快速发展和资本流入的不断加快，中国经济也出现了明显的外部失衡问题，集中体现在经常项目和资本项目双顺差持续大幅增加。与此同时，由于受经济增长方式没有改变、收入分配日益失衡、政府职能转变滞后等因素的影响，中国经济内部失衡也在不断加剧，突出表现为储蓄—投资缺口不断扩大，最终消费率持续下降。中国经济内外失衡问题的不断加剧，不仅导致国内产业结构进一步恶化、国内资源的浪费和枯竭、生态环境遭到破坏，损害了国内居民的经济福利，加大了国内经济和金融风险，而且加剧了宏观经济政策之间的冲突，削弱了宏观调控的效力。而全球金融危机的爆发，对中国经济内外均衡状况产生了巨大冲击，给中国的宏观经济调控带来了巨大的挑战。

在这种背景下，本书选择以中国经济内外均衡研究为题目，通过对改革开放以来中国经济内外失衡的表现、成因进行归纳分析，对中国经济内外均衡冲突和宏观调控成效进行了实证分析，对中国宏观经济调控政策的得失进行了判断。当前国际金融危机阴影犹存，中国经济复苏之路布满荆棘，全面分析国际金融危机对中国经济内外均衡的冲击，研判后危机时代全球和中国经济面临的机遇和挑战，展望全球经济“再平衡”和中国经济内外均衡的前景，对于加强和改进宏观调控，促进中国经济内外均衡具有重大的理论和实践意义。

目 录

第一章 导 论

一、选题的背景和意义

改革开放前，我国政府宏观调控关注的是内部均衡，宏观经济政策目标追求的是经济高增长、物价基本稳定、就业增加。改革开放以来，随着对外开放程度的提高，外部平衡在宏观调控中的地位不断上升，政府由追求内部均衡的单一目标转向追求内部均衡和外部平衡的双重目标。

2000 年以来，随着中国加入世界贸易组织，中国经济的国际化取得了较快发展，进一步融入了全球分工体系，成为国际制造业转移的主要目的地，全球劳动密集型和技术密集型产业的加工环节纷纷向中国转移，引进的外商直接投资快速增加。在美国和世界经济进入新一轮高增长的背景下，中国对外贸易快速发展，贸易顺差大幅增加，中国经济对外需的依赖性日益加大。内外经济联动性的加强，外需对中国经济影响的日益加大，一方面，在促进中国经济快速增长的同时带来了内外需失衡、内需不足的问题。另一方面，由于对外贸易的快速发展和资本流入的不断加快，中国经济也出现了明显的外部失衡问题，集中体现在经常项目和资本项目双顺差持续大幅增加。与此同时，由于受经济增长方式没有改变、收入分配日益失衡、政府职能转变滞后等因素的影响，中国经济内部失衡也在不断加剧，突出表现在储蓄—投资缺口不断扩大，最终消费率持续下降。中国经济内外失衡问题的不断加剧，不仅导致国内产业结构进一步恶化、国内资源的浪费和枯竭、生态环境遭到破坏，损害了国内居民的经济福利，加大了国内经济和金融风险，而且加剧了宏观经济政策之间的冲突，削弱了宏观调控的效力。而全球金融危机的爆发，对中国经济内外均衡状况产生了巨大冲击，给中国的宏观经济调控带来了极大的挑战。

在这种背景下，本书选择中国经济内外均衡研究为题目，通过对改革开放以来中国经济内外失衡的表现、成因进行归纳分析，对中国经济内外均衡冲突和宏观调控成效进行了实证分析，对中国宏观经济调控政策的得失进行了判断。当前国际金融危机阴影犹存，中国经济复苏之路布满荆棘，全面分析国际金融危机对中国经济内外均衡的冲击，研判后危机时代全球和中国经济面临的机遇和挑战，展望全球经济“再平衡”和中国经济内外均衡的前景，对于加强和改进宏观调控，促进中国经济内外均衡具有重大的理论和实践意义。

二、国内外文献综述

1. 西方经济学界对内外均衡问题的研究

（1）内外均衡概念的演变。经济内部均衡与外部均衡的概念最早是于 1951 年由英国著名经济学家米德（James Meade）提出。随着人们对经济运行认识的改变，对内部均衡的界定和理解也经历了一个演变的过程。米德认为，在开放经济条件下，内部均衡是指国内经济处于无通货膨胀的充分就业状态。在 20 世纪 50 年代末，随着菲利普斯曲线的出现，内部均衡概念进一步解释为菲利普斯曲线上的某一个最优点，即失业率与通货膨胀的最优组合点。60 年代以后，又出现了费尔普斯（Edmund Phelps）与弗里德曼的自然失业率假说，内部均衡就是指国内的失业率水平处于自然失业率水平的状况。总体来看，一般将封闭经济条件下政府的宏观经济政策目标：充分就业、物价稳定归为内部均衡目标。

外部均衡的具体内涵经历了不同时期的历史演变。在金本位制度下，各国对资金流动采取了严格的管制措施，经常账户的逆差很难通过汇率变动或吸引资本流入的方法加以解决，因此，这时外部均衡通常被视为经常账户平衡。20 世纪 70 年代以来，汇率可以自由浮动，多数经济学家认为可以依靠外汇市场来自发调节或弥补经常账户差额，外部均衡被视为总差额的平衡。80 年代以来，外部均衡的含义又有了深刻的变化。一方面，资本在国际间自发流动导致汇率剧烈波动，债务危机与金融危机频发，因此，在国际资本流动的条件下，总差额的平衡并不能说明问题，一国仍有必要对经常账户乃至整个国际收支的结构进行控制；另一方面，理论研究的深入使人们认识到简单要求经常账户达到平衡常常是不必要的，一国应利用经常账户可以调节储蓄与投资差额等性质，根据经济的不同特点、不同发展阶段确定相应的经常账户余额目标，并进而确定合理的国际收支结构。国际收支均衡总目标被分解成若干子目标，于是经常账户差额、贸易账户差额、资本与金融账户差额以及外汇储备等均被列入外部均衡目标的范畴，外部均衡可以定义为与一国宏观经济发展相适应的合理的国际收支结构，合理的国际收支结构不是短期的各项目收支平衡的概念，而是长期的、动态的各项目收支差额之间的协调与平衡。

（2）内外均衡相关理论。经济的内外均衡问题是随着经济逐步开放而出现的，对内外均衡问题的研究也是随着开放程度的增加而逐步深入的。早期的国际收支理论，主要讨论如何解决外部失衡的问题。1951 年米德（James Meade）在其代表作《国际收支》一书中，首次直接、较完整、较系统地提出了内外均衡关系理论。米德认为如果一国只立足于本国的经济利益，其经济政策目标有两个：内部均衡与外部均衡。他认为要实现经济的内外均衡，可选择的经济政策有三种：金融政策（包括货币政策和财政政策）、价格调整政策（包括工资和汇率政策）和直接控制政策（包括数量控制和各种管制政策）。在外部经济出现失衡时，若只能采取金融政策或只能采取价格调整政策，要达到内外均衡，将会发生政策冲突（后来被称为“米德冲突”）。要避免政策冲突，政府应该运用政策搭配的方法来影响经济，从而同时实现经济的内外均衡。

1952 年，米德和亚历山大（S.S.Alexander）提出国际收支的吸收理论，该理论以凯恩斯的宏观经济理论为基础，认为国际收支与整个国民经济相关联，只有理解经济政策怎样影响总的经济活动关系，尤其是理解了产量变化以后，支出如何变动，才能理解国际收支的变动。根据凯恩斯开放经济条件下的宏观经济恒等式：$Y = C + I + G + (X - M)$，式中 Y、C、I、G、X、M 分别代表国民收入、消费支出、投资支出、政府购买支出、出口和进口，其中将（X－M）用 B 表示，将（C＋I＋G）用 A 表示，称为吸收，反映本国居民的支出，由此就有：$B = Y - A$。吸收理论认为，国际收支盈余是吸收相对于收入不足的外在表现；相反，国际收支逆差是吸收大于收入的外在表现；只有当国民收入等于吸收时，才表现为国际收支平衡。当国内经济出现高速增长时，国内需求旺盛，如若超出本国的供给能力，则需要增加进口来弥补供求缺口，此时 $B = Y - A < 0$，即导致经常项目顺差缩小甚至出现逆差，同时也会通过大量引进外资来发展本国生产，提高供给能力，因而资本项目会出现顺差；相反，当国内经济增长速度放慢时，国内需求不振，于是进口减少，出口增加，此时 $B = Y - A > 0$，导致经常项目逆差缩小或出现顺差，而资本项目则会出现逆差。

米德的《国际收支》发表后，以后的经济学家对他提出的问题进行了深入研究。1952 年，计量经济学家丁伯根指出了政策目标和政策手段之间的关系，这一关系被称为“丁伯根法则”（Tinbergen's Rule）。“丁伯根法则”指出：要实现多个宏观经济目标，政府必须拥有等于或多于目标数的政策工具。1968 年，罗伯特·蒙代尔进一步分析了政策目标和政策工具之间的对应关系，提出了“蒙代尔政策指派原则”（Mundell Assignment Rule）或“有效市场分类原则”（Principle of Effective Market Classification）：根据比较优势原理指派各种政策工具，将每个政策工具都应用于它有着最大效能的政策目标。进而，蒙代尔提出了将财政政策应用于实现内部均衡目标，货币政策应用于实现外部均衡目标，通过财政政策和货币政策的搭配使用来实现经济内外均衡的蒙代尔模型。

斯旺（Swan，1960）和索尔特（Salter，1959）提出用支出转换型政策（汇率政策）和支出增减型政策（财政和货币政策）来实现经济内外均衡的模型。他们指出，如果外部均衡曲线斜率的绝对值小于内部均衡曲线斜率的绝对值，则汇率政策对外部均衡、财政货币政策对内部均衡有较大的影响力，以汇率政策对外，财政货币政策对内，就能逐步实现内外均衡目标，否则，将离均衡目标越来越远。奥特兄弟（David J.Ott and Attiat F.Ott，1968）研究认为财政、货币政策分别用于调节内部和外部均衡的分配并不是绝对不能改变的，怀特曼（Marina V.N.Whitman，1970）则强调了政策搭配的复杂性。

20 世纪 60 年代初，蒙代尔不仅构建了一个简单的动态模型来考察在固定汇率下如何运用财政和货币政策来同时实现经济内外均衡，而且运用凯恩斯的总需求理论和一般均衡分析方法，将对外贸易与国际资本流动引入了封闭的 IS-LM 模型之中，拓展成开放经济的宏观经济模型，以此来研究开放经济下的财政与货币政策的短期效应。几乎同时，弗莱明（Fleming，1962）也对开放经济下的稳定政策进行了类似研究。他和蒙代尔共同构建的分析模型称为蒙代尔—弗莱明模型（Mundell-Fleming Model），该模型的基本结论是：在固定汇率和资本完全流动的情况下，因为利率与汇率保持相对稳定，通过利率变动影响投资进而影响产出水平的货币政策受到严重削弱；而利率稳定消除了挤出效应而使财政政策有良好的效果。相反，在浮动汇率下，货币政策成为有力的工具，而财政政策效果削弱。因此，政府可以通过相机地选择汇率制度或其他经济政策来实现经济的内外均衡。蒙代尔—弗莱明模型已成为开放经济下宏观经济和政策搭配的重要分析工具。此时，开放经济下的宏观调控理论基础逐渐成形，从而形成了“开放宏观经济学”这一影响很大的流派。

在 20 世纪 70~80 年代初，西方各国陷入滞胀，宏观经济政策目标重点是对付国内高通胀、高失业，外部均衡目标相对被忽视。相当多的经济学家认为，可以通过汇率变动及其诱发的国际资金流动自发调节国际收支，将汇率作为开放经济的核心变量，从汇率与其他经济变量的相互影响中把握宏观经济的内外均衡问题。布莱克（Black，1985）对蒙代尔—弗莱明模型进行了修正，FLMA 模型（弹性价格货币模型）说明货币供给引起价格迅速变动时汇率的变化；SPMA 模型（黏性价格货币模型，Dornbusch，1976）即汇率超调模型，多恩布什继承和发展了蒙代尔、弗莱明的研究，将资本市场和商品市场调整速度不一致的汇率超调模型（Exchange Rate Overshooting Model）纳入蒙代尔—弗莱明模型之中，解释了浮动汇率制下各国汇率水平剧烈波动的原因，完善了开放宏观经济学理论，被称为“蒙代尔—弗莱明—多恩布什传统”（Mundell-Fleming-Dornbusch Tradition）。资产市场均衡模型（Branson，1977；Dornbusch and Flisher，1980）说明在资产不完全替代的情况下，中央银行的货币政策操作对内外均衡的影响。货币替代模型（Calvo and Rodriguez，1977；Frenkeland Rodriguez，1982）说明在本国货币和外国货币不完全替代的情况下，利率和汇率的变化对宏观经济均衡的影响。这一系列汇率理论模型，即“汇率动态学”的汇率理论旨在研究货币政策对宏观经济的调控效应。

20 世纪 80 年代初期世界性债务危机爆发，特别是 90 年代货币危机频繁爆发之后，人们发现单纯依靠汇率调节内外均衡是不可能的，在国际资金流动的历史条件下，内外均衡的冲突更加严重，各国之间的经济相互依存度也大大加深，必须开展国际经济政策协调来实现各国经济的内外均衡。美国经济学家查德·库柏（Richard cooper）早在 60 年代就开始研究国际经济政策的协调问题，他提出了国际经济政策协调理论。库柏指出：在各国经济依存度日益加深的情况下，针对某项目标的经济政策，通过国与国之间的经济联系（关联），会对他国产生溢出效应，这种效应又会反过来影响本国宏观经济的运行和原政策工具的有效性。不同的溢出效应由于作用方式不同，彼此之间也不能相互抵消，因而国际间的政策协调十分重要。他的结论是：各国间的政策协调，能极大地提高各国福利，全球范围内的自由并不是最佳的选择。哈马达（Hamada，1976）、米勒和萨曼（Miller and Salman，1985）等则引入博弈论分析国家的经济政策策略，并证明了国家间的相互合作能带来额外收益。而麦金农（McKinnon，1984、1988）、威廉姆森（Williamson，1985）、克鲁格曼（Krugman，1991）等人则提出了国际经济政策协调的具体方案或机制，如威廉姆森（Williamson）和克鲁格曼（Krugman）等人提出了汇率目标区理论，旨在为各国的宏观经济政策和汇率政策协调寻找到一种机制。奥布斯特菲尔德（Maurice Osstfeld）和罗哥夫（Kenneth Rogoff）将私人部门的跨时效用最大化引入蒙代尔—弗莱明—多恩布什体系中，建立了一个结合私人部门效用分析、资产市场和商品市场调整速度差异、完全的资本流动三者于一体的宏观经济模型，试图给凯恩斯主义的开放宏观经济学创建一个微观经济体系。澳大利亚经济学家伯金斯（Perkins，1991）将蒙代尔政策指派法则运用于一般性的经济政策分析，建立了一个三目标（经济增长、物价稳定、经常账户均衡）—三工具（财政支出、税收政策、货币政策）的分析框架。

2. 国内经济学界对内外均衡问题的研究

（1）对内外均衡的定义。在西方经济理论中，经济增长并不直接包括在内部均衡的目标中。部分中国学者采用了西方经济学家的观点，如姜波克将内部均衡定义为，在一特定的价格水平上，实物领域中商品的总供给和总需求之间的平衡，同时金融领域中货币总供给和总需求也平衡。黄盛华将内部均衡定义为当一国生产性资源被充分利用并且价格水平稳定时，该国经济处于内部均衡状态。

有的学者认为内部均衡定义为经济在潜在产出的水平上，即经济稳定增长，不考虑就业，因为中国人口庞大，不可能充分就业。而越来越多的经济学家认为内部均衡目标包括经济增长、就业提高和物价稳定等内容。如陈信华将内部均衡定义为当提高了就业率，保持了国内物价稳定和实现了经济稳定增长时，就实现了内部均衡。另外，也有学者认为也应将收入公平分配、经济结构协调等看作内部均衡的目标。

在外部均衡的定义上，尽管有分歧，但多数经济学家将国际收支的平衡作为外部均衡的重要指标，如姜波克认为："外部均衡是指在国内经济均衡发展，内部均衡实现基础上的国际收支均衡。""所谓国际收支平衡，是指国内经济处于均衡状态下的自主性国际收支平衡，即国内经济处于充分就业和物价稳定下的自主性国际收支平衡。"

（2）内外均衡对立统一关系研究。国内经济学界在米德冲突的基础上，对内外均衡之间的冲突形式做了许多拓展性的研究，代表性人物为姜波克、黄盛华等。米德在分析内外均衡矛盾时，针对的是固定汇率制度下的情况，并没有考虑资金流动对内外均衡问题的影响。在浮动或管制汇率制下，内部经济与外部经济之间的相互影响更加复杂，内外均衡目标冲突更为加剧。而巨额国际资本的频繁流动，直接影响各国的宏观经济稳定和发展，使各国的国内经济政策受到更多掣肘，实现内外均衡目标更加困难。根据内外均衡状况的不同组合，宏观经济内外均衡冲突可表现为更为复杂的形式。

对内外均衡的统一关系的研究，多着眼于宏观经济国民收入账户（National Accounts）、国际收支账户（Balance of Payments Accounts）、资金流量账户（Financial Flows Accounts）三个流量报表所反映的一系列宏观经济变量间的平衡方程式，如黄盛华、陈信华以及后来的一些学者在这些方面做了有关推导。

（3）关于中国经济内外失衡问题的研究。2006 年以来，有关中国经济内外失衡问题的研究成为一个热点，国内学者对内外失衡的背景、特征、成因以及治理进行了多方面、多角度的详细论证。

1）中国经济内外失衡的背景。李晓西认为中国经济内外发展不平衡有着深刻的现实和历史背景，主要包括三个方面：第一，中国经济的大国化。中国已经成为全球的资源性产品出口影响国，并影响到全世界，欧美、亚洲等国家对中国快速地和平崛起都在议论纷纷。第二，世界经济的全球化，包括技术革命的快速化、各国经济的紧密化、经济制度的一体化。第三，国际经济的多极化，所谓多极化就是战略全球化背景下经济力量对比出现了很大的变化，一批新兴国家上台，一批老的大国之间关系发生了很多变化。而且国际间、区域间合作不断强化，其表现为一方面是全球化，另一方面则是区域化。

2）国民收入分配不合理是中国经济内部失衡的根本原因。哈继铭认为，国内经济失衡的主要矛盾就表现为高储蓄。储蓄率太高是中国经济最根本的问题。中国储蓄率高是和人口结构老龄化趋势明显，国企改革带来教育、卫生、退休保障由个人负担，房地产价格上涨得太快和政府财政重投资轻消费等相联系的。一个国家的储蓄只要能转化为正常的有效率的投资，就是正常的，否则，就是不合理的储蓄。

汤敏指出：中国高储蓄问题主要是政府和企业的储蓄率过高。企业储蓄率高是造成中国高储蓄率的一个主要原因。由于国企不分红以及民营企业融资困难，中国的企业储蓄一直较高。中国高储蓄的另一个主要原因是政府储蓄率高。中国政府储蓄占 GDP 的 6%左右，这个比例在世界范围内来看也是很大的。

国内经济学家们一致认为，无论是投资增长过快、信贷过多还是顺差过大，中国经济长期以来的储蓄率过高、消费率不足才是导致当前诸多宏观经济问题的根本结构性原因。而进一步探寻，则要追溯到国民收入分配机制的缺陷上。

中国消费不足的一个主要表现就是穷人消费不起，富人不消费。樊钢指出中国人均消费水平低是因为中国人没钱。美国人均 GDP 接近 40000 美元，而中国的人均 GDP 只有 1000 多美元。中国居民消费水平低不是不想消费，而是没钱消费，尤其是农民。中国农民是中国消费倾向最高、储蓄率最低的群体，中国农民把所有的收入都拿来消费了，教育、医疗、住房还没有着落。崔之元认为中国劳动力市场的扭曲和要素价格不合理是中国内需不能拉动、消费不能提高的最根本的制度性因素。工人名义工资没有上升，实际工资在下降，收入水平和福利水平并没有随着经济的发展而得到提高，消费能力也无法提高。

内外失衡的深层次原因在于分配制度的不合理。陈东琪指出，随着经济的高速增长，有一部分国民的生活水平有所改善，但是 7 亿农民的生活并没有得到大的改善。尽管经济年增长 10%左右，人均 GDP 也是快速增长，但是国民福利的增进并没有与此相协调。中低收入者的生活水平，尤其是中国的二、三类城市的中低收入者的生活水平，并没有太大改善。

由收入差距进一步拉大造成的结构失衡日益显现。王小鲁指出，城镇最高收入与最低收入 10%家庭间的人均收入差距约 31 倍；城乡合计，全国最高收入与最低收入 10%家庭间的人均收入差距约 55 倍。经济发展的成果通过各种途径向少数人集中，引发了越来越明显的经济结构失衡。目前收入分配差距过大的原因，主要不在于市场化，而在于制度不健全。林毅夫指出，中国资源税费极端不合理，“两高一资”企业并没有承担其应担负的社会成本，这也是中国目前收入差距扩大和收入分配不均的主要症结之一。企业垄断、房价高涨等都压榨了其他行业的利润，进一步造成分配不均。

3）部分不合时宜的体制政策加剧了内外失衡。改革开放初期，为了实现发展和就业，中国选择了靠投资和出口驱动的增长方式，改革开放以来经济增长的成功表明我们是正确的。但是现在国际环境变了，国内经济环境也变了，部分不合时宜的体制政策在某种程度上加剧了中国的内外失衡状况。

①现有的外汇管理体制造成流动性过剩，恶化了央行资产结构。由于外汇管理体制方面的原因，在外汇储备不断增多，但同时又要维持汇率的相对稳定的条件下，央行被动吃进了很多外汇而投放了大量基础货币，多于实际的基础货币需求量，造成了市场流动性过剩，可能会引发经济过热、资产价格泡沫和通货膨胀等问题。在货币当局的资产负债表中，外汇成了央行目前的主要资产。2005 年大概占央行全部资产的 60%，据张曙光估算，在外汇储备达到 20000 亿美元的情况下，外汇资产在央行的资产结构里就会占到 80%，而央行的负债则全部是人民币资产，M_2 有可能在 62 万亿元到 68 万亿元之间。

多余的流动性需要由央行主要通过提高存款准备金率和发行央票来对冲掉。提高存款准备金率有可能引发通货紧缩，过大的对冲压力也造成了央行资产结构恶化，带来潜在的金融风险。内外经济是紧密联系在一起的，货币经济和实体经济也是形影相随的，外汇储备的过度积累不单是一个储备问题，还会影响国内的经济发展，对国内经济结构产生非常重要的影响。

②出口导向的外资与外贸政策在某种程度上加剧了内外失衡。在外贸政策上，中国一直实行奖出限入的政策。新中国成立以来，由于外汇的短缺，各级政府都认为多出口、多挣外汇好，这种惯性思维到现在为止并没有得到彻底的扭转。余永定认为，改革开放初期，鉴于拉美债务危机，我国采取积极引入 FDI 和积极出口创汇的方针是完全正确的。只有提高中国对外开放的水平，提高中国在全球中进行资源配置的效率，中国经济才能实现可持续增长。但是现在环境不同了，结果是我们国内大量的资金得不到利用。外资进入中国，从实质上来讲只不过是中国储蓄的回流。中国通过这样一种方式来不断支持美国的经常项目的逆差，使国际收支结构的不平衡得以维持。

4）内外失衡问题归根结底是一个增长方式问题。中国有 13 亿人口，这是中国最基本的国情，很多问题最后都转化为就业问题以及增长问题。为了实现发展和就业，中国近年来选择了投资和出口驱动的增长方式。但是在世界经济全球化，金融一体化的国际背景下，中国的国内经济环境也发生了翻天覆地的改变，这种投资和出口拉动的增长模式是否还合适、能否持续下去，值得我们反思。吴敬琏认为当前中国宏观经济出现的内外经济失衡等问题，其最深刻的根源在于中国目前这种靠投资和出口驱动的增长模式，因此他认为，从长期来看，实现增长模式的转变才是根本出路。

5）内外失衡的治理。余永定认为“双顺差”是当前我国经济内外部失衡的集中表现，双顺差已经并且正在给中国带来巨大的福利损失。中国连续 15 年的双顺差是同各种制度缺陷、价格扭曲、宏观经济不均衡相联系的。为了纠正双顺差，降低中国外汇储备的增速，应该考虑的政策包括：增加社保体系、医疗体系以及教育体系的公共支出，以降低居民对未来预期的不确定性，从而降低储蓄。通过财政和其他手段（如法律、法规），缩小城乡、地区和阶层收入差距。深化国内金融市场、投融资体系改革，使国内储蓄能够顺利转化为国内投资。允许人民币更多地根据市场供求关系决定汇率。对内、外资实行国民待遇，取消鼓励出口的优惠政策。采取有力措施，制止地方政府为引入外资而进行恶性竞争。张曙光认为目前中国经历了内外经济的严重失衡，已经埋下了巨大的潜在经济风险。这种情况的形成，是由当前的国际货币金融体系决定的，且主要责任在美国。但是，由于美国的特殊地位，目前它并没有调整的意愿，而一旦国际资本流动发生断裂，美国的损失可能不会太大，它也承受得起，而我国的损失可能很大，我们则承受不起。所以，及早和逐步加以调整，从而减少风险和损失，是十分必要的。吴敬琏认为中国经济失衡的根源在增长方式，要转变增长方式，根本问题是体制问题。刘煜辉认为从长期看，中国经济要从根本上摆脱这一内外失衡的格局，就必须坚定地加快实施经济转型战略的步伐，由外需主导转向内需主导，这是大国经济和未来经济主导权的必然选择。

（4）实现我国经济内外均衡目标的政策协调问题研究。在西方宏观经济内外均衡与政策搭配理论的基础上，研究实现我国经济内外均衡目标的政策协调问题。这一方面的研究比较多，其代表人物为姜波克，他在开放经济下的宏观调控和政策搭配方面发表了一系列论文，并对政策搭配理论做了一定的拓展，如《开放经济下的货币调控和政策搭配》、《开放经济下的宏观调控和政策搭配研究设想》等，提出了开放经济下政府的宏观调控必须采取政策搭配的方法，分析了宏观调控工具创新对增强政策搭配有效性的作用。他所著的《开放经济下的政策搭配》以开放经济条件下如何实现内外均衡为分析的核心，着眼于金融领域，深入探索了能够实现内外均衡目标的政策搭配方法，是国内该研究领域的代表作。其他学者所做的研究还有，郭庆旺、赵志耘、何乘才进行了积极财政政策及其与货币政策配合的研究。另外，还有一些博士论文研究中国政策搭配问题，并取得了一些研究成果。

（5）全球经济失衡和全球金融危机对中国影响的研究。

1）全球经济失衡对中国影响的研究。全球经济失衡对中国经济的影响是 2006~2007 年中国经济学界研究的大热点。众多的国内经济学家，就这一问题发表见解。主要对全球经济失衡的定义、原因、对中国经济的影响以及中国的对策等方面进行了研究。主要研究成果体现在黄达主编的《全球经济调整中的中国经济增长与宏观调控体系研究》系列研究报告、《国际经济评论》2006~2007年有关各期，以及中国社会科学院经济学部编著的《全球经济失衡与中国经济发展》一书中。

2）全球金融危机对中国影响的研究。全球金融危机爆发后，国内众多政府部门和研究机构，从不同的角度对全球金融危机的成因、全球金融危机对中国经济的影响以及中国的应对策略进行了研究。由于成果众多，仅列其中几部，如纪宝成主编的《中国人民大学中国经济发展研究报告2009——全球金融危机冲击下的中国经济稳定与增长》，北京大学中国国民经济核算与经济增长研究中心编著的《全球衰退下的中国经济可持续增长：中国经济增长报告2009》，袁志刚主编的《全球金融风暴与中国经济》等。

三、研究的思路与方法

1. 研究思路

为了对中国经济内外均衡问题进行分析研究，本书在充分收集国内外有关研究文献的基础上，以开放经济下的宏观经济学为基础，梳理了与内外均衡相关的理论和分析模型；考察了改革开放以来中国经济内外均衡四大指标的演变情况，重点分析中国经济内外失衡的主要特征和成因，选择国际收支的吸收理论模型和“双缺口”模型作为分析内外失衡原因和相互关系的主要模型，采用协整分析、格兰杰因果分析方法对中国内外部失衡之间的关系进行了实证检验；考察了改革开放以来三次内外均衡冲突和宏观调控的情况，运用状态空间（变参数）模型方法建立中国动态IS-LM-BP模型，对内外失衡下的中国宏观经济政策效应进行了实证模拟；全面分析国际金融危机对中国经济内外均衡的冲击，研判后危机时代全球和中国经济面临的机遇和挑战，展望全球经济“再平衡”和中国经济内外均衡的前景；在理论和实证分析的基础上，提出了促进中国经济内外均衡的总体思路和原则，并给出了短期和中长期对策。本书共分为七章，除第一章导论外，结构如下：

第二章是经济内外均衡相关理论和分析框架。首先，从经济均衡概念演变入手，探讨了经济内外部均衡目标与界定、内外均衡目标的内涵、内外均衡目标之间的对立统一关系问题，并在此基础上提出了我国内外均衡目标。其次，考察了开放条件下三种不同形式的内外均衡冲突，并重点分析总结了内外均衡冲突产生的原因。在经济开放度不断提高的背景下，内外均衡除了受到国内经济体内部的自发扰动影响外，外国经济变动带来的影响也越来越大。在开放经济体之间，冲击传递存在着贸易性渠道、金融性渠道、政策性渠道和预期性渠道。最后，总结分析了内外均衡冲突的政策调节的原则、政策调节的工具和政策调节的经典模型。本章为后面几章进行的模型推导和定量分析提供了理论依据和文献支持。

第三章是中国经济内外失衡的主要表现和相互关系的实证分析。首先，分阶段考察了 1978 年以来，内部均衡指标的变化情况，重点分析了内部失衡的主要特征。其次，考察了 1978 年以来，我国外商直接投资和贸易差额的演变轨迹，重点分析了外部失衡的主要特征。最后，利用 Johansen 协整检验和 Granger 因果关系检验对内外失衡之间的关系进行检验，得出内部失衡不断加剧是外部失衡的根本原因，外部失衡对内部失衡存在反作用的结论。

第四章是中国经济内外失衡的成因与风险分析。首先，从粗放式经济发展方式尚未根本改变、收入分配失衡不断加剧、政府职能转变滞后和对公共产品供给缺失三个角度分析了内部失衡的原因。其次，从出口导向政策弊端日益显现和全球经济失衡不断加剧两个方面分析了外部失衡的原因。最后，简要分析了中国经济内外失衡不断加剧的风险。

第五章是中国经济内外均衡冲突与宏观调控。首先，考察了 1993~2008 年间三次内外部经济均衡冲突的不同表现形式，宏观经济调控所面临的政策困境。其次，重点考察了三次内外均衡冲突期间宏观调控的主要内容、政策成效，并对宏观经济调控的经验教训进行了总结评价。最后，利用变参数模型方法构建中国的 IS-LM-BP 模型，对中国的财政政策和货币政策的政策效应进行定量分析。

第六章是后危机时代中国经济内外均衡的前景。首先，从外贸进出口、实际利用外资、经济增长、就业和物价等方面，全面考察了全球金融危机对中国经济内外均衡目标的巨大冲击。其次，从经济增长模式、经济增长动力、政治经济秩序等方面分析了后危机时代全球经济将面临的深刻调整，并得出世界经济将在调整中恢复、国际贸易和跨国投资再趋活跃、全球经济不平衡状况趋于缓和的结论。最后，从世界经济调整带来的新机遇、国内需求拓展的空间广阔、国内供给能力不断提升、体制效应还有进一步释放潜力等方面分析了后危机时代中国经济发展的有利条件，同时，也全面分析了后危机时代中国经济发展的不利因素，并得出中国经济增长将逐步恢复到潜在增长水平、物价水平将逐步回升、内外失衡状况将有所缓解的结论。

第七章是后危机时代促进中国经济内外均衡的对策。首先，提出了“稳增长、调结构、促改革、惠民生”的总体思路，提出了“进一步增强统筹国内发展和对外开放的协调能力，继续将内部均衡目标放在宏观调控优先位置，不失时机地推进产业结构转型升级，积极审慎参与国际政治经济秩序改革”的四项原则。其次，提出了在短期内应继续坚持积极的财政政策和适度宽松的货币政策，但力度和投向可做适当调整，同时，要采取有力措施增强经济内生增长动力。最后，提出了以扩大城乡居民消费为重点调整需求结构，以科技创新和产业转型升级为重点调整供给结构，以推进经济转型升级为重点加快改革进程的三大中长期对策。

2. 研究方法

①均衡分析方法。经济均衡是宏观经济调控的参照系，本书在分析经济内外失衡向经济均衡的调整时运用比较静态均衡分析和动态均衡分析，静态分析考察均衡条件时的均衡状态；动态分析则考察经济力量如何导致内外失衡的产生与发展，研究经济均衡调整的路径或过程。

②系统分析方法。把中国经济内外失衡放在世界经济失衡和国际金融危机大方背景下分析，考察了全球化和国际产业结构调整对我国内外均衡的影响，并对后危机时代全球经济再平衡的前景进行了分析展望。

③定性分析和定量分析相结合。在研究中国经济内外均衡问题时，一方面，需要通过定性分析，找出国内外经济运行、宏观经济政策对中国经济内外均衡影响的一般规律，以指导未来的宏观经济调控；另一方面，为了更准确地考察和把握一般规律，需要通过定量分析的方法更好地揭示经济内外失衡之间的相关关系、宏观经济政策之间的相对效力。

④实证分析和规范分析相结合。中国经济内外均衡问题研究是一种实证分析，本书用大量的篇幅回顾了改革开放以来中国内外部失衡的特征、原因，中国经济内外均衡冲突的表现以及宏观经济政策的困境。同时，我们也用规范分析的方法，对内外失衡的状态和宏观经济调控的效果进行了全面的评价。

⑤总量分析和结构分析相结合。内外部均衡是个总量问题，但更是个结构问题。因此，本书在进行总量分析的同时，花了相当的篇幅对中国经济内外失衡的特征、原因进行了结构分析。

第二章　经济内外均衡相关理论和分析框架

一、开放条件下经济内部均衡与外部均衡

（一）经济均衡概念的演变

1. 均衡与非均衡

“均衡”（Equilibrium）是西方经济学中的一个基本概念，均衡分析是西方经济学中一种普遍使用的分析工具。经济学中的均衡含义最初源于物理学中的均衡概念，物理均衡是指一个系统处于这样的状态：对立的各种力量在这个系统内的作用正好相互抵消，其作用结果等于零。当把均衡概念引入经济分析时，均衡有两种含义：第一种含义系指市场均衡，即市场上的供求相等。这种含义被马歇尔（Alfred Marshall）、瓦尔拉斯（L.Walras）和大多数继承了新古典主义传统的学者们使用。第二种含义借用了马克卢普（Machlup）对均衡的定义：“由经过选择的相互联系的变量所组成的群集，这些变量的值已经过相互调整，以致在它们所构成的模型里任何内在的改变既定状态的倾向都不占优势。”① 此时经济均衡是指这样一种状态：“行为人认为调整决策已不可能增加任何好处，即实现了利益最大化，从而不再具有改变经济行为的倾向；或者相互抗衡的力量（如供给和需求）势均力敌，所考察的事务不再发生变化。”②

第一种含义的均衡又被称为狭义均衡、古典均衡或静态的瓦尔拉斯一般均衡，在该均衡状态，整个市场体系有一组均衡价格，保证所有市场的供求都相等，微观经济行为人都唯一地根据价格信号作出自己的行为选择，即价格可对供求变化作出瞬时调整，这种调整足以出清市场，从而实现资源的最优配置。第二种含义的均衡又被称为广义的均衡或非瓦尔拉斯均衡，它是一种配额均

---

① ［法］让—帕斯卡尔·贝纳西著：《市场非均衡经济学》，袁志刚等译，4 页，上海译文出版社，1989。

② 杨瑞龙著：《宏观非均衡的微观基础》，14 页，中国人民大学出版社，1994。

衡，用狭义均衡的标准来衡量，它并不一定是均衡的。它是指在价格黏性或刚性、数量信号调节与短边约束、市场非出清等假设前提下，行为人根据其预算可能性，面对数量约束，为使其效用函数最大化，并实现其购买或销售而达到事后均衡，他们不再有动机或能力改变现有系统的稳定性。①

从经济理论发展史看，经济均衡理论从形成到发展贯穿了西方经济学的整个发展过程。1769 年，詹姆斯·斯图亚特（James Seuart）在经济学中第一次使用“均衡”（Equilibrium）这个名词。19 世纪中叶，约翰·斯图亚特·穆勒（John Stuart Mill）在静态均衡的概念中加进了动态学的内容，并使均衡这个词得到了广泛的传播。1874 年，法国经济学家瓦尔拉斯在他的《纯粹经济学要义》中创立了一般均衡理论。1890 年，马歇尔发表《经济学原理》，系统提出了只涉及一个市场的局部均衡理论。在瓦尔拉斯均衡下，总供给一定等于总需求，不存在超额供给或需求，市场可以完全出清，交易价格是均衡价格，均衡是经济运行的常态。但是，在现代市场经济条件下，价格一般具有刚性，难以对供求变化作及时调整，供求总量一般是不相等的，经济行为人在利益最大化原则驱动下，以数量调整代替价格调整，市场不能完全出清，市场非均衡是常态。因此，作为瓦尔拉斯均衡理论的对立理论，非瓦尔拉斯均衡理论应运而生。“瓦尔拉斯均衡”是高度抽象的理论，与现实距离较远。同“瓦尔拉斯均衡”相比，“非瓦尔拉斯均衡”在考察对象、市场常态认定、市场调节信号乃至内在机制上更具一般性，更贴近现实。因此，西方经济学中，较为经典的观点认为，“非均衡”是相对于瓦尔拉斯均衡而言的，“非均衡”就是非瓦尔拉斯均衡。均衡分析是现代经济学的重要组成部分，非均衡分析是在均衡分析基础上发展起来的重要理论和理论学派。樊纲认为，非均衡理论的形成标志着经济理论的进步，但均衡理论并未失去其实际价值，从描述市场机制基本运行方式看，较完全或接近于完全的市场机制的场合（如拍卖市场）适用均衡理论，不仅如此，均衡理论对均衡条件的分析是非均衡理论产生的前提，后者是在对前者某些条件（如价格机制）作出特殊限定的基础上展开分析的。张曙光认为，均衡分析和非均衡分析并不是互斥的，而是互补的，可以根据不同的对象和需要作出不同的选择，也可以把二者结合起来。②

按照马克卢普给出的定义，我们认为，第一，经济均衡只能是经过均衡研究者选择的互有联动关系的变量的均衡，而不可能是所有经济变量的均衡，这样，均衡就仅仅是在经过选择的特殊经济变量组合中的均衡。第二，达到均衡

---

① 袁志刚：《译者的话》，载让—帕斯卡尔·贝纳西著：《市场非均衡经济学》，袁志刚等译，上海译文出版社，1989。杨瑞龙著：《宏观非均衡的微观基础》，45 页，中国人民大学出版社，1994。

② 张曙光：《宏观经济学 50 年的发展与论争（2）》，载中国宏观经济信息网，2001 年 9 月 21 日。

时，互有联动关系的变量应同时处于静止状态或和谐共存状态。第三，从动态演化的角度来看，当外在环境（外生变量）和内在机制不发生变化时，系统状态将保持不变，没有发生内生变化的趋势。从根本上说，此时系统没有变化的内在动力。更进一步，当发生外界扰动时，暂时偏离均衡的系统还会回复到均衡点。但是，如果外生变量和参数发生持续性变化，均衡点本身会移动到新的位置，出现新的均衡。综上所述，经济学上的均衡概念是在外生变量和参数不变的前提下，经选择的、互有关系的若干经济变量的和谐共存状态，即经济学中的均衡点是在一定约束条件下的效应最大值点。①

2. 平衡与不平衡

Balance 与 Equilibrium 是两个意思相近的词。牛津词典中对 Balance 解释为“Conditions of eing steady，conditions that when two opposing forces are equal”，对 Equilibrium 的解释是“State of being balanced”。Balance 与 Equilibrium 在西方经济学者那里经常是混用的，国内学者在翻译时均可译为平衡或均衡。为了区别起见，我们将 Balance 译为平衡，将 Equilibrium 译为均衡。

在一般均衡论的开拓者瓦尔拉斯的概念体系里（瓦尔拉斯本人称其理论为“全面平衡”）均衡与平衡是同一的。自从马歇尔局部均衡理论在经济学分析中确定了其主导地位以来，均衡概念发生了微妙的变化，虽然均衡仍然沿袭了瓦尔拉斯的平衡语义，但又超越了平衡概念，由静态侧重动态，强调力量的均衡，而非单纯的数量相等。之后，经过阿罗（K.J.Arrow）、德布鲁（Gerard Debreu）等人的努力，西方经济学在马歇尔局部均衡论的基础上，对早先的瓦尔拉斯一般均衡理论进行重铸并将后者扩展为一种拥有完备数理形式与微观基础的一般均衡（或总体均衡）理论，进而形成了占主流地位的经济学分析范式——新古典经济学。在拓展研究视角的同时，均衡分析更加关注动态问题，在萨缪尔森（Paul A.Samuelson）等人的开创性研究之后，最优控制、动态规划等数学方法已经融入现代经济分析，并在探究特定约束下行为主体的最优决策方面发挥着基础性作用。相应地，最初反映物理学内涵的颇具客观意味的平衡概念也已淡出经济分析的主体地位，而为探求基于特定约束条件下的决策最优性态的略含主观设定特征的均衡概念所取代。②

据此，有经济学家认为，在宏观经济学以及全部现代经济学中，平衡是一个核算和统计的概念，均衡是一个行为函数和运行过程的概念；平衡就是变量相等，均衡既包含变量相等（即变量均衡），也包含行为确定（即行为均衡）。③

① 刘晓喆：《米德冲突：国际经验与中国面临的难题》，12 页，上海社会科学院博士学位论文，2008。

② 乔翔：《关于西方非均衡经济理论的若干思考》，44 页，载《晋阳学刊》，2004 年第 3 期。

③ 张曙光：《宏观经济学 50 年的发展与论争（2）》，载中国宏观经济信息网，2001 年 9 月 21 日。

马克思主义政治经济学中，多处运用到平衡思想，比如用其分析价值和价格的关系、分析平均利润和生产价格的形成、分析社会资本再生产理论等。以分析社会资本再生产理论为例，要使社会资本再生产顺利进行，必须使两个部门的供给和需求之间保持实物量的平衡和价值量的平衡，也就是总量平衡和结构平衡，为此必须使生产资料的部类和生产消费资料的部类之间以及每一部类内部各部门的各种主要产品之间或各大类产品之间按比例协调发展。与西方经济学中的均衡相比，马克思主义经济学中的平衡描述的是经济总量和结构的成比例、对称和协调。与西方经济分析中的均衡相比，马克思主义经济学中的平衡的外延更加宽泛，偏于定性，从研究方法上并不研究在特定约束下的最优决策、最优路径问题，也就是说它并非一定要以瓦尔拉斯均衡为参照，不需要严格意义上的数学解，所以可以更为粗略、更为现实地考量政府多重的社会性目标以及国家的发展战略。

在我国国内文献中，不平衡主要用于描述、分析经济总量的不均等、经济结构的不协调、社会经济发展的不同步、区域经济发展的差距这些内容。综合来看，非均衡与不平衡都属于失衡的范畴。在考察对象、经济常态认定、市场调节信号、内在机制等一系列基本问题上，不平衡分析与非均衡分析有着众多吻合之处。

（二）经济内外部均衡目标演变与界定①

1. 内部均衡目标的演变与界定

经济内部均衡与外部均衡的概念最早是在 1951 年由英国著名经济学家、1977 年诺贝尔经济学奖获得者詹姆斯·米德（James Meade）在其代表作《国际收支》中提出，米德认为，内部均衡的目标仅仅是保持足够高的对各国国内产品的总需求水平，以维持充分就业，但总需求水平又不致高到使货币价格和货币成本出现持续的膨胀。② 此后，不少国际经济学家相继对米德提出的课题进行了深入研究和拓展，作出重要贡献的经济学家主要有：丁伯根（J.Tinbergen）、斯旺（Trever.W.Swan）、蒙代尔（R.Mundell）等。

内部均衡是指一国国内经济运行所达到的理想状况，因此其本身包含着价值判断。内部均衡与否的判断标准与人们对经济运行的理解有密切的联系。随着人们对经济运行理解的改变，对内部均衡的理解和界定也经历了一个演变的过程。最早提出内部均衡的米德认为，在开放经济条件下，如果将一国经济划

① 国内有学者将“内部均衡”、“外部均衡”译为“内部平衡”、“外部平衡”，参见［英］詹姆斯·米德著：《国际收支》，李翀译，首都经济贸易大学出版社，2001。

② ［英］詹姆斯·米德：《国际收支》，李翀译，126 页，首都经济贸易大学出版社，2001。

分为生产贸易品的贸易部门与生产非贸易品的非贸易部门，那么，内部均衡是指对国内商品和劳务的需求足以保证非通货膨胀下的充分就业，即非贸易品市场处于供求均衡状态。或者简单地说，内部均衡是指国内经济处于无通货膨胀的充分就业状态。20 世纪 50 年代末出现了菲利普斯曲线（Phillips Curve），它给出了失业率和通货膨胀率的各种不同的组合，内部均衡概念被进一步解释为菲利普斯曲线上的某一个最优点，即失业率与通货膨胀率的最优组合点。60 年代以后，出现了费尔普斯（Edmund Phelps）与弗里德曼（Milton Friedman）的自然失业率假说，该假说背景下的内部均衡就是指国内的失业率水平处于自然失业率水平的状况。尽管西方学者对内部均衡的定义有一定差异，但可用保罗·克鲁格曼（Paul R Krugman）和奥伯斯法尔德（Maurice Obstfled）的定义加以概括："内部均衡是指一国资源的充分利用和国内价格水平的稳定。充分就业和物价稳定是判断内部均衡的天然尺度。"① 在西方经济理论中，由于假定就业和经济增长有相对稳定的关系，就业率确定了，经济增长率也就确定了，因此，经济增长并不直接包括在内部均衡的目标中。鉴于中国人口庞大，现阶段不可能实现充分就业，保持经济平稳增长具有非常重要的意义。因此，多数国内学者将经济内部均衡定义为国内总需求与潜在总供给相等、经济稳定增长、物价稳定和就业率提高。②

2. 外部均衡目标的演变与界定

由于没有类似于充分就业、物价稳定和经济增长等具有社会福利意义的参考指标来衡量，外部均衡比内部均衡更难定义。许多国内外学者和宏观决策者将国际收支平衡当作外部均衡的目标，米德认为所谓外部均衡，是对国内总支出的控制，以防止国际收支发生赤字或盈余。③ 但实际上，国际收支平衡和外部均衡二者之间既有联系又有差异。国际收支平衡是指在某一时期内，一国的对外货币收支正好相抵，不存在差额。国际收支平衡是一种静态概念，它是动态性质的外部均衡的必要条件，而不是充分条件。外部均衡应该是一个国家理想的国际收支平衡或理想的国际收支状态，它不但表现为高水平的（国际贸易和国际资本流动的最佳规模状态）国际收支基本平衡，而且表现为内部均衡基础上的或以较小的调节成本为代价的国际收支基本平衡。我国金融学家姜波克对外部均衡有类似的定义，"外部均衡则是指在国内经济均衡发展、内部均衡实现基础上的国际收支均衡"。"所谓国际收支平衡，是指国内经济处于均衡状态

① ［美］保罗·克鲁格曼和奥伯斯法尔德：《国际经济学》（第 5 版），海闻等译，506 页，中国人民大学出版社，2001。

② 陈信华：《开放经济国际收支调节论》，33~37 页，立信会计出版社，2000。

③ ［英］詹姆斯·米德：《国际收支》，李翀译，128 页，首都经济贸易大学出版社，2001。

下的自主性国际收支平衡，即国内经济处于充分就业和物价稳定下的自主性国际收支平衡。”①

外部均衡即国际收支均衡的具体内涵经历了不同时期的历史演变。在金本位制度下，各国对资金流动采取了严格的管制措施，经常账户的逆差很难通过汇率变动或吸引资金流入的方法加以解决，因此，这时外部均衡通常被视为经常账户平衡。20 世纪 70 年代以来，汇率可以自由浮动，同时在国际间流动的资金数量日益增加，许多人认为可以依靠外汇市场来自发调节或弥补经常账户差额，因此外部均衡问题不存在了，或者说，外部均衡可视为总差额的平衡。20 世纪 80 年代以来，外部均衡的含义有了深刻的变化。一方面，国际资本流动问题日益突出，资本在国际间自发流动过程中出现了汇率变动剧烈、诱发债务危机与金融危机等严重问题。人们发现在国际资本流动的条件下总差额的平衡并不能说明问题，一国仍有必要对经常账户乃至整个国际收支的结构进行控制。另一方面，理论研究的深入使人们认识到简单要求经常账户达到平衡常常是不必要的，一国应利用经常账户可以调节储蓄与投资差额等的性质，根据经济的不同特点、不同发展阶段确定相应的经常账户余额目标，并进而确定合理的国际收支结构。国际收支均衡总目标被分解成若干子目标，于是经常账户差额、贸易账户差额、资本与金融账户差额以及外汇储备等指标均被列入了外部均衡目标的范畴，外部均衡可以定义为与一国宏观经济发展相适应的合理的国际收支结构。合理的国际收支结构不是短期的各项目收支平衡的概念，而是长期的、动态的各项目收支差额之间的协调与平衡。

3. 经济内外部均衡的性质②

（1）一般均衡。通过以上分析可知，宏观经济内外部均衡不是一个简单的数学概念，而是一个与一国经济发展、物价水平、就业状况、资本流动、货币汇率、国际储备等宏观经济变量有密切关系的综合性的经济概念。因此，内外部均衡不应是局部的均衡，而应是一般均衡，亦即内部经济与外部经济相互影响和作用下的共同均衡。

（2）长期均衡。内外部均衡不应只是一年、两年的短期均衡，而应是一个较长时期（中长期）的均衡，短期的内外部经济失衡也并不一定影响一国中长期的均衡。影响一国经济短期失衡的因素是多方面的，其中有的因素只是暂时起作用，我们只有分析较长时期起作用的因素，才能准确地判断宏观经济是否实现了内外部均衡。

（3）动态均衡。内外部经济均衡不是一个静态的概念，而应属于动态均衡

① 姜波克：《国际金融新编》，110~111 页，复旦大学出版社，2008。

② 姜巍：《开放经济条件下的内外部均衡及相互关系》，8 页，载《商业时代》，2007 年第 8 期。

的范畴。静态均衡是某一时点上的存量均衡，而动态均衡则是一定时期内流量的均衡，即宏观经济各个经济变量合理运动，在从一个时期到另一个时期的运动中达到和谐一致。

（4）总量均衡。内外部均衡的目标往往体现为适度经济增长、充分就业、物价稳定和理想的国际收支状态目标，因此，内外部均衡首先表现为总量均衡，即较高的经济增长率，较低的失业率和通货膨胀率以及国际收支的平衡结构。并且，在内部均衡与外部均衡的总量关系上，国内储蓄和投资之间的差额可以由外部经济来弥补。

（5）结构均衡。内外部均衡除了表现为总量均衡外，还表现为结构上的协调。如果国内总供给和总需求在总量上达到平衡，但存在供求的结构性差异，那么国内经济就会出现一方面需求不足，另一方面在某些部门出现投资过热的局面。由于国内供求之间的结构性差异可以由外部经济来弥补，内部经济的结构性失衡将引发外部经济的失衡。

（6）优化均衡。尤为重要的是，宏观经济内外部均衡应当是一种优化的均衡。事实上，内外部均衡的实现存在着究竟是高水平均衡还是低水平均衡的问题，只有内部经济与外部经济相互作用、相互促进下的内外部共同均衡，才是高水平的、理想的、最优的经济均衡。

（7）刃锋均衡。在动态的环境中，宏观经济总是处于发展和变化之中，内外失衡乃是宏观经济运行的常态，而内部经济和外部经济同时实现均衡便是一种刀刃情况。也就是说，优化的内外均衡其实只是宏观经济运行的理想状态而已，在现实中很难实现，但它是我们所追求的目标，现实中的内外经济运行状态就围绕着这个目标上下波动。

（三）经济内外部均衡目标之间的关系

开放条件下，必须兼顾经济内外部均衡目标的实现。内部均衡目标的实现意味着经济平稳增长、物价稳定和就业率提高。外部均衡目标的实现则意味着国际收支的平衡。而内外均衡目标的实现就是这四大目标的同时实现。

1. 内外均衡四大目标的内涵

经济平稳快速增长。经济增长是指一个国家或地区实际经济产品与劳务总量的增长。衡量经济增长的指标主要有国民生产总值增长率、国内生产总值增长率、人均国民生产总值、人均国内生产总值。前两个指标反映一个国家的经济总量增长情况和经济实力，后两个指标反映一个国家的富裕程度。现实的经济增长率可在一定的幅度内围绕潜在经济增长率上下波动，既不会受到资源的严重制约，也不会引起资源的严重闲置，物价总水平保持在社会可承受的范围内，这一波动幅度可称为适度经济增长区间。① 实现经济平稳快速增长是每一个国家的政府都非常重视的经济目标。国内外的实践已经证明，不能片面地追求经济高增长，尤其是不能将经济增长建立在高投入和资源过分利用的基础之上，这种经济增长是不可持续的，会付出巨大的资源环境代价。因此，必须树立科学发展观，将经济发展建立在科技进步、效率提高、知识普及和技能提升上，努力实现速度、质量和效益的协调，保持经济的又好又快发展。

物价稳定。衡量物价水平变动的指标主要有三个：一是国内生产总值平减指数（GDP Deflator），它是指按现行价格计算的国内生产总值与按基期价格计算的国内生产总值的比率，能够较全面地反映一般物价水平的变动趋势；二是消费者价格指数（Consumer Price Index，CPI），它以消费者的日常生活支出为对象，可反映消费物价水平的变化情况；三是生产者价格指数（Producer Price Index，PPI），主要是衡量企业购买的“一篮子”物品和劳务的总费用。由于企业最终要把它们的费用以更高的消费价格的形式转移给消费者，所以，通常认为生产者价格指数的变动对预测消费者价格指数的变动是有用的。保持国内物价稳定包括抑制通货膨胀和防止通货紧缩两个方面。持续的高通货膨胀，会导致价格信号失真、资源配置失调、投机行为盛行、分配不公加剧、经济社会矛盾恶化，一般市场经济国家都把控制通货膨胀作为其货币政策的首要目标。严重的通货膨胀会影响到投资环境，影响对外开放和国际贸易，此外还会导致国内需求下降、企业债务负担不断加重、银行的呆坏账剧增，带来严重的经济后果和巨大的社会成本，同时，通货紧缩还会使一国陷入流动性陷阱，导致货币政策失灵。因此，为了保持国内物价水平稳定，一方面，宏观调控当局必须严格控制货币发行量，确保货币供应增长速度与经济增长速度相适应；另一方面，当价格出现普遍而持续下跌时，政府必须通过扩张性货币政策和财政政策来防止经济陷入持续通货紧缩和经济衰退的困境。

就业率提高或失业率降低。由于资源利用程度很难量化和计算，所以一般用失业率来衡量，充分就业是指一国所有资源都得到了充分利用。失业率指失业者人数与劳动力人数的比率。失业可以划分为由于人们转换工作而造成的摩擦性失业、由于经济结构调整而造成的结构性失业以及随着经济活动水平的变化而增加或减少的周期性失业。② 经济调控当局最为关切的是周期性失业，往往通过降低引起周期性失业的经济衰退的频率与幅度来降低这种失业的频率与幅度，以及通过对那些临时失去工作的人提供失业补偿来减轻这种失业带来的影

---

① 张平、刘霞辉：《中国经济增长前沿》，324 页，社会科学文献出版社，2007。

② ［美］保罗·萨缪尔森、威廉·诺德豪斯：《宏观经济学》（第十七版），萧琛主译，256 页，人民邮电出版社，2006。

响。在控制通货膨胀和解决失业问题上，传统的凯恩斯主义者面对经济的危机和萧条，提出了把实现充分就业放在首位的政策主张；而以弗里德曼为代表的现代货币主义者则针对当代经济中的通货膨胀问题，提出了把控制通货膨胀放在首位的政策主张；后凯恩斯学派则主张应在可以接受的通货膨胀率或可接受的失业率之间进行选择。我们认为，在实现充分就业的过程中，政府应相机抉择，采取各种必要的措施来防止社会总需求的巨大波动，以维持一个稳定的、可预期的价格水平。

国际收支平衡。国际收支平衡是指一定时期内，一国与其他国家全部经济往来的收支流量平衡。国际收支平衡的判断标准，最常用的是运用综合账户差额（Overall Balance）。综合账户差额是指国际收支平衡表中的经常项目、资本项目和金融项目差额之和。从国际收支整体状况看，当综合账户差额出现长时间、较大规模的顺差或逆差，就属于失衡状态。国际收支总体平衡与否，反映了一国宏观经济总体状况，总体顺差或逆差，反映的是经常项目和资本项目比例失调，或是经常项目差额过大，或是资本项目差额过大，这都会造成外汇储备速增或速减，影响宏观经济的稳定。国际收支总体失衡，有可能引起国内货币供应量的变化，或是使汇率水平发生变动，进而对宏观经济的稳定性产生影响。而国际收支的平衡有即期平衡和跨期平衡之分，所谓即期平衡是指当期国际收入等于支出；跨期平衡是指，以一定时期内居民福利的最大化为目标，将资源在国内和国外、当前和未来之间进行配置，使得每期的国际收支差额都具有可持续性，并在长期内达到经济持续增长和福利最大化目标。① 因此，实现宏观经济外部均衡是一个非常复杂的过程，在市场机制自动发挥调节作用的同时，政府应通过政策体系从宏观的层面上积极加以调控，以便在较小调节成本的基础上实现开放经济的外部均衡。当然，这里有一个前提，那就是宏观调控当局必须准确把握开放经济条件下宏观经济内外部均衡统一的具体表现以及宏观调节有关账户之间的基本平衡关系。

2. 内部均衡目标间的关系

（1）经济增长与充分就业。充分就业与产出（经济增长）正向相关。可以用两个公式表明它们之间的关系，一个是增长核算理论的公式；另一个是奥肯定律的公式。增长核算理论的核心是总生产函数，它将经济增长归因于四个要素：一是人力资源（劳动供给、教育、纪律、激励），二是资源（土地、矿产、燃料、环境质量），三是资本（机器、工厂、道路），四是技术（科学、工程、管理、企业家才能）。以上关系可用总生产函数来表示：

$$Q = AF(K, L, R)$$

① 姜波克：《国际金融新编》，112 页，复旦大学出版社，2008。

其中，Q = 产出，K = 资本对产出的贡献，L = 投入的劳动，R = 投入的自然资源，A 代表经济中的技术水平，F 是生产函数。[①] 在资源、生产环境等外部因素保持不变的条件下，产出取决于劳动力、资本和技术。当资本和劳动力的关系达到稳定状态时，更多的劳动力投入将获得更多的产出。

奥肯定律（Okun's Law）描述了就业与产出的关系，即失业率的提高最终会影响到经济增长速度。奥肯定律可用如下公式表示：

失业率的变动 = −1/2（实际 GDP 增长率 − 潜在 GDP 增长率）

奥肯定律的一个重要结论是为了防止失业率上升，实际 GDP 增长必须与潜在 GDP 增长同样快，如果要想使失业率下降，实际 GDP 增长必须快于潜在 GDP 增长。[②]

（2）经济增长与价格水平。物价稳定也与经济增长正向相关。在物价稳定的环境中，追求长期收益的行为会得到更多的鼓励；而在通货膨胀率较高的情况下，人们的行为则会出现短期化倾向。在长期内，保持一个较低的通货膨胀率最有利于经济增长，并可以使经济增长的质量得到保障。同样地，当物价持续下降，存在通货紧缩时，也很危险，要么是经济已陷入危机，要么是将要陷入危机。

（3）充分就业与价格水平。在西方经济学中，“菲利普斯曲线”对就业水平和物价水平之间的关系进行了经验性表述：在一国经济中，失业率与通货膨胀率之间存在着一种反向关系，降低失业率与稳定物价不能并行。但是，由于理性预期等因素的作用，通货膨胀率与失业率的替代关系在长期内不复存在，向下倾斜的菲利普斯曲线只适用短期情况。从长期看，存在一种与稳定的通货膨胀相一致的最低失业率，称为非加速通货膨胀的失业率，即长期菲利普斯曲线是垂直的。当经济处在这种失业率时，通货膨胀是稳定的，不存在加速上升或下降的趋势。根据这一理论，一个国家不可能使失业率长期处于其非加速通货膨胀的失业率水平之下，而又不引起工资和物价的螺旋式上升。一国也许能够驾驭短期的菲利普斯曲线，在短期内可以实现经济扩张和低失业率并存的局面，但是最终经济繁荣还是要以通货膨胀率的上升为代价的。相反，当一国感到自己的惯性通货膨胀率已经过高时，它便会面临并经历痛苦的紧缩时期，收紧银根引发衰退，从而才能降低通货膨胀率。[③]

---

① ［美］保罗·萨缪尔森、威廉·诺德豪斯：《宏观经济学》（第十七版），萧琛主译，177 页，人民邮电出版社，2006。

② ［美］保罗·萨缪尔森、威廉·诺德豪斯：《宏观经济学》（第十七版），萧琛主译，255 页，人民邮电出版社，2006。

③ ［美］保罗·萨缪尔森、威廉·诺德豪斯：《宏观经济学》（第十七版），萧琛主译，277~279 页，人民邮电出版社，2006。

3. 内部均衡与国际收支平衡目标之间的关系

宏观经济内外部均衡的内在联系可以由国民收入账户（National Accounts）、国际收支账户（Balance of Payments Accounts）、资金流量账户（Financial Flows Accounts）三个流量报表所反映的一系列宏观经济变量间的平衡方程式来表达。

（1）开放经济下宏观经济变量间关系的基本描述。开放经济下国民收入恒等式表现为：

$$Y = C + I + G + (X - M)$$

其中，Y 表示国内生产总值（GDP），C 表示消费，I 表示投资，G 是政府购买，(X－M) 为净出口。

如果将 Y 设定为国民可支配收入（GNDI），则有：

$$GNDI = C + I + G + (X - M + Y_f + TR_f) = C + I + G + CAB$$

其中，Y_f 为国外要素净收入，TR_f 为经常转移净额，CAB 为经常项目差额。将上式变换可得：

总储蓄（S）$= GNDI - C - G = I + CAB$，即 $S - I = CAB$

即国内储蓄投资缺口表现为经常项目差额。

国际收支恒等式表现为：

$$CAB + \Delta FI + \Delta NFA = 0$$

其中，ΔFI 表示资本和金融账户差额及误差与遗漏差额所反映出的外国与国内之间资金净流量的变化，ΔNFA 反映的是国外金融净资产的变化。将上式进行变换，可得：$-CAB = \Delta NFA + \Delta FI$，说明一国经常账户差额与该国对世界其他国家的净债权相对应。

资金流量账户反映的是收入分配和储蓄投资过程的价值运动以及融资过程的资金运动，包括实物资金运动和金融资金运动两个层面。资金流量描述了某一部门（非金融企业部门、住户部门、政府部门、金融机构部门、国外部门）的储蓄与投资差额同其他部门的有关金融交易之间的联系，揭示了资金在不同机构部门之间的流量与流向。利用资金流量表的数据，可以直接分析收入、储蓄、消费和投资之间的关系，分析各机构部门资金余缺状况，以及金融市场变化情况和债务变动情况。资金流量恒等式在实物和金融资金运动层面有不同的表述。

在实物资金运动层面：

总储蓄（S）= 可支配总收入（Y）－ 最终消费（C）

总储蓄（S）+ 资本转移收入净额 － 资本形成总额（I）－ 其他非金融资产获得减处置 = 净金融投资（ΔF）

由于“资本转移收入净额”和“其他非金融资产获得减处置”两项数值较

小，上式可近似为：$S - I = \Delta F$。

分部门看，国内总储蓄包括居民储蓄 S_p、政府储蓄 S_g 和企业储蓄 S_e，即：$S = S_p + S_g + S_e$；国内总投资包括居民投资 I_p、政府投资 I_g、企业投资 I_e，即：$I = I_p + I_g + I_e$。

在金融资金运动层面：

净金融投资（ΔF）= 金融资产增加 - 金融负债增加 = 国外融资 + 国内融资

其中，国外融资主要包括外商直接投资（FDI）、国外借款净额（NFB）和国外金融资产变动（ΔNFA）；国内融资则主要包括货币余额变动（ΔM）和国内信贷（ΔNDC）。

因此：$(S_p - I_p) + (S_g - I_g) + (S_e - I_e) = FDI + NFB + \Delta NFA + \Delta M + \Delta NDC$

（2）国内吸收（国内需求）与经常账户差额的关系。如果我们用 $A = C + I + G$ 来表示国内吸收（即国内需求）的话，开放经济国民总收入恒等式可以浓缩为国内吸收和经常项目差额两大部分 $Y = A + CAB$，移项可得：$CAB = Y - A$，该等式是吸收分析法（Absorption Approach）的基本公式，由于吸收理论把国际收支差额同总经济活动联系起来，即与总收入联系起来，所以吸收理论又被称为“收入—吸收”理论。吸收理论由亚历山大（S.Alexander）于 1952 年提出。吸收分析法的基本公式表明国际收支的经常项目顺差（逆差）等于国民收入大于（小于）国内总吸收的部分，换言之，一国国民收入与国内吸收的宏观平衡（或国内总供给等于总需求）是实现经常项目收支相抵的基本前提。国民收入（总供给）与国内吸收的差额，必须由经常项目差额予以平衡，才能实现产品市场均衡。要避免过大的经常项目差额或持续的经常项目失衡破坏国际收支平衡，就必须避免国民收入与国内吸收的严重失衡，即内部均衡是外部均衡的基础。按照国际收支吸收分析法，在非充分就业的情况下，要消除经常项目逆差，主要依靠增加总收入或减少国内吸收，或是二者并举，而在充分就业的条件下，减少国内吸收是消除经常项目逆差的唯一办法。外部经济的失衡问题必然伴随着内部不平衡问题，对外部失衡的调节必须由平衡国内收支入手。

如将国内吸收写成国民收入的函数，有 $A = A_0 + aY$

其中，A_0 是自发性吸收，即无论国民收入多少都必定存在的国内吸收；a 为边际吸收倾向，即每增加 1 单位收入所带来的国内吸收增加量。将吸收函数代入吸收分析基本公式，可以得到：

$CAB = (1 - a) Y - A_0$

据此，吸收理论认为，国际收支差额取决于总收入的高低、边际吸收倾向的大小以及国内自发性吸收的高低。由于国内自发性吸收较难调整，因此，吸收理论主张实施“支出增减政策”[①] 和“支出转换政策”，[②] 用支出增减政策调节总收入，用支出转换政策来改变边际吸收倾向，从而达到总收入和总吸收相等，实现国际收支平衡。

（3）国内储蓄—投资缺口与对外债权增加的关系。国民收入恒等式可以简化为部门储蓄和投资的关系，即一国收入大于支出的超额部分形成经常项目顺差等于该国私人和政府的净储蓄或国外净投资。在开放经济国民收入平衡式 $Y=(C+I+G)+CAB$ 的两端同时减去政府税收 T，并将消费、投资分成私人和政府两部分（私人用标记 p 表示，政府用 g 表示），可以得到：

$(Y-T)-C_p=I_p+(C_g+I_g-T)+CAB$

将 $S_p=(Y-T)-C_p$ 代入上式得 $S_p+(T-C_g)=I_p+I_g+CAB$

移项得：$(S_p-I_p)+[(T-C_g)-I_g]=CAB$

即政府预算盈余 $[(T-C_g)-I_g]$ 或国内私人部门的净储蓄 (S_p-I_p) 要求相应数量的经常项目顺差（CAB），或者政府预算赤字及国内投资超出储蓄的差额可以通过经常项目逆差来暂时弥补。

由于国际收支的经常项目差额与国际资本流动净额和国外金融资产存量变化相对应，一国总投资和国民储蓄的平衡还可以用国际资本流动和国外金融净资产的存量的变化来刻画。

将 $(S_p-I_p)+[(T-C_g)-I_g]=CAB$ 与国际收支恒等式 $CAB+\Delta FI+\Delta NFA=0$ 相结合可得 $(S_p-I_p)+[(T-C_g)-I_g]=-(\Delta FI+\Delta NFA)$。

该式表明私人净储蓄（储蓄超过投资部分）或政府预算盈余将导致国内资金外流或国外金融资产增加。即国内资金的不平衡，必须由国际资本流动和国外金融资产的变动加以平衡。国内资金的不足，需由国外资金的流入或国外金融资产的减少加以弥补。国内资金的闲置转化为相应的国内资本流出和国外金融资产的增加，总体表现为对国外债权的增加。

（4）基础货币和国外金融资产的变化的关系。从中央银行资产负债表上看，基础货币和国外金融资产的变化存在以下数量关系：$\Delta NFA+\Delta DFA=\Delta H$，即中央银行资产方的国内资产（ΔDFA）和国外资产（ΔNFA）的变化将引起负债方基础货币的变化（ΔH）。这一等式说明央行所持有的外汇储备资产的变动将对国内货币供给造成压力。中央银行可通过公开市场业务的操作发挥对冲作

① 支出增减政策是指可采用货币限制、预算限制甚至直接控制等方式来调节总收入，该政策往往减少就业和收入。如果一国不仅存在国际收支逆差，还存在通货膨胀的压力，那么，这些政策将有额外的吸引力，但一国如果处于失业状态，则会加剧经济的衰退。

② 支出转换政策包括贬值和贸易控制，后者包括关税、补贴及数量限制。贬值的目的是通过相对价格的变动把国内支出转向国内产品，而贸易控制一般针对进口，把国内支出从进口转向购买国内产品，有时也用于刺激出口，目的是把外国的支出转向本国产品。

用，即中央银行通过抛售政府债券等操作来减少其国内资产，从而抵消其国外净资产增加带来的扩张效应，这样国内基础货币存量就可保持不变，结果是中央银行的资产结构发生变化，抵消了外部经济运行给货币市场带来的波动。

从以上关系式可以看出，经济的开放使宏观经济变量之间的关系发生了深刻的变化，需要指出的是：第一，上述分析中所利用的都是会计等式，只能说明这些变量之间存在的联系，而不能从这些关系式本身推出各种经济变量之间的必然的因果关系。在理论研究中，根据研究者不同的分析视角，可以利用上述某些关系式，再赋予式中各种变量之间具有某种逻辑关系的基础上得出结论。第二，上述分析中的不同的会计等式是相互联系而不是对立的。尽管不同研究者会根据研究视角的不同而强调不同的因素，但这些分析本身具有内在的一致性。只要对研究方法进行恰当界定，根据不同角度得出的结论应该是相近的。

4. 关于我国内外均衡目标的思考

改革开放以来，经过渐进的转轨过程，中国逐渐由一个计划经济国家转变为市场经济国家。从经济发展的总体目标来看，我们要解决经济增长、就业、价格稳定与国际收支平衡的问题。但由于我国的市场化、工业化、城市化的进程与发达国家相比仍然存在差距，用建立在发达市场经济基础上的国外宏观经济理论指导中国宏观调控，必然存在很大的局限性。因此，在确定中国经济内外均衡目标时，既要借鉴发达市场经济国家已有的成果，也要考虑中国的国情，探索内外均衡目标之间的具体关系以及宏观经济政策传导机制。

（1）我国内外均衡目标的特性。劳动力规模庞大是我国最基本的国情，由于人口众多，再加上长期存在的二元经济体制，无论是在改善城市就业还是吸收农村剩余劳动力方面，中国政府都面临着巨大的压力，充分就业难以实现。因此，中国的宏观经济政策的调控目标始终将经济增长放在首要的地位，而将提高就业率作为重要的政策目标。一般而言，经济增长是价格的增函数，价格上升时经济增长的速度比较快，价格下降时经济增长的速度比较慢，这被称为通货膨胀效应。就业是经济增长的增函数，当经济增长的速度较快时就业会增加；当经济增长的速度下降时就业会减少。但是，经济增长对就业的具体拉动作用取决于以下两个因素：一是只有当经济增长快于劳动生产率的提高时，才能提供更多的就业机会；二是经济增长的取得主要是靠劳动密集型部门还是资本技术密集型部门的推动，一般来说，劳动密集型部门的发展对就业的带动大。

由于 CPI 直接关系到居民的生活，对居民最终消费及预期的影响最大，并进而影响流通、生产、投资及国际收支等一系列经济活动，同时，CPI 还被用来作为平减工具，消除通货膨胀对职工工资和投资收益的影响。[①] 因此，世界各国一般都将 CPI 作为判断通货膨胀（或通货紧缩）程度的基本指标。经过 30 年的经济改革，我国的市场化程度有了很大的提升，尤其是一般消费品价格的市场化改革已经进行得相当充分。但在生产资料市场，我们仍对一些关键产品（如电力、能源等）的价格实行管制，而是生产要素市场或与生产要素密切相关的市场，如土地、住房、股权、资本等市场，市场机制远远没有得到完善。在这种情况下，仅仅通过对 CPI 的观察而判断价格总水平的波动是远远不够的，还需要通过对其他领域的价格水平波动的观察来做出综合判断。[②]

在传统的宏观经济分析中，价格与就业是正相关的，价格上升、就业增加，价格下降、就业减少，这就是传统的菲利普斯曲线。价格变化与就业增减之间的正相关关系是有条件的，即价格变化要在某个限度之内。当价格变化超过某个幅度时，通货膨胀效应就不复存在，菲利普斯曲线的形状也会发生变化，从凸向原点的负斜率的曲线变为垂线，再变为正斜率的曲线。弗里德曼将菲利普斯曲线垂直时对应的失业率称为“自然失业率”。价格与就业之间的权衡关系以自然失业率为界，在自然失业率以上，传统的菲利普斯曲线是成立的；低于自然失业率，传统的菲利普斯曲线就不再成立。由于我国的劳动力规模庞大，充分就业难以实现，弗里德曼提出的“自然失业率”的概念失去了应有的意义。然而，物价与就业之间的冲突依然存在：价格稳定是以牺牲一定的就业为代价的，而就业增加必然也是以部分牺牲价格稳定为代价的，两者不可兼得。

国际收支平衡与其他经济目标（包括价格和就业）之间的关系比较复杂。因为持续的国际收支逆差会对汇率稳定产生较大的压力，而汇率的波动会影响宏观经济稳定。在很长一段时期内，我国饱受国际收支逆差的影响，我国的汇率政策和汇率制度在很大程度上是为了缓解外汇不足的压力，当前巨额的外汇储备就是这种汇率政策和制度的结果。外汇储备的增长有力地保障了人民币汇率的稳定，也有力地保障了我国宏观经济的稳定和增长。当国际收支平衡与其他经济目标发生冲突时，适当的外部失衡是不可避免的，也是可以接受的，尤其是国际收支顺差时的失衡。但是，当外部失衡严重冲击内部均衡的时候，就必须加以调整。

（2）我国内外均衡目标的修正。基于以上分析，我们认为我国内部均衡目标可以进一步修正为：第一，防止发生严重的通货膨胀。在发达国家，一般认

---

① 比如，在发达国家的许多公司中，工会和资方签订协议，使工资与 CPI 挂钩，来避免价格对实际收入的影响；政府和金融机构也设计了各种利率与 CPI 挂钩的国债、债券和其他理财产品；经济学家也提出了诸多与 CPI 挂钩的“收入指数化”方案，来消除通货膨胀带来的不公平。

② 北京大学中国国民经济核算与经济增长研究中心：《全球衰退下的中国经济可持续增长：中国经济增长报告 2009》，63~64 页，中国发展出版社，2009。

为 CPI 的正常涨幅在 2%左右，正负 0.5 个百分点，如果超过 3%，就认为出现了通货膨胀，如果超过了 5%，则就是严重的通货膨胀，反之，如果 CPI 的涨幅在 1.5%以下，那就是通货紧缩的信号。① 经济增长的速度过快必然会催生严重的通货膨胀，通货膨胀会阻碍经济主体形成稳定的预期，使总需求始终大于总供给，超出资源的承受能力，破坏长期增长的基础。经济增长的上限就是不催生严重的通货膨胀。第二，在价格稳定的前提下尽可能多地创造就业。由于我国劳动力规模庞大，仅仅规定经济增长的上限是不够的，因为如何在价格稳定的前提下尽可能多地创造就业是我国重要的宏观经济目标。由于就业与经济增长正相关，因此，为了使就业率维持在某个水平之上，就需要经济增长的速度高于某个水平，这个水平就是经济增长的下限。由通货膨胀率决定的经济增长的上限和由就业率决定的经济增长的下限会构成一个闭区间，处于这个区间内的经济增长可定义为均衡经济增长区间。目前可以考虑将经济潜在增长率上下浮动一定范围作为均衡经济增长区间。如果简单以 1978~2008 年年均增长率 9.8%作为潜在增长率，上下浮动 2 个百分点作为均衡增长区间，那么均衡区间大致位于 8%~12%。当经济处于均衡增长的区间内时，既不会导致经济过热和严重的通货膨胀，也不会导致经济衰退和大规模失业。均衡经济增长既能保证经济增长的实现，也能保证经济增长的效率从而具有可持续性。

价格与就业关系的重新界定是基于我国国情的对传统菲利普斯曲线的重要修正。图 2-1（a）是传统菲利普斯曲线下物价与就业的关系，O 点是某个可能的组合；图 2-1（b）是基于我国国情修正的菲利普斯曲线，价格与就业权衡的

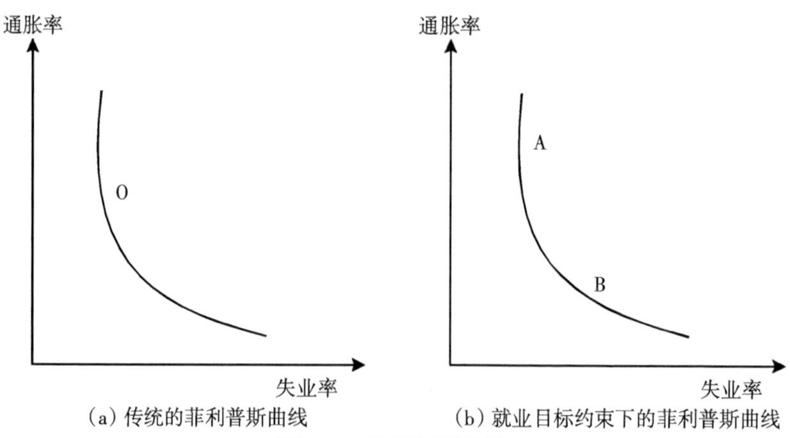

（a）传统的菲利普斯曲线　（b）就业目标约束下的菲利普斯曲线

图 2-1　菲利普斯曲线

① 北京大学中国国民经济核算与经济增长研究中心著：《全球衰退下的中国经济可持续增长：中国经济增长报告 2009》，63 页，中国发展出版社，2009。

结果不再局限于某个特定的点，而是一个区间。在区间［A，B］之间的通胀率与失业率是可供选择的政策空间。价格与就业关系的这种修正与外部均衡定义的放松有关。当外部均衡定义为国际收支平衡时，国际收支就要等于零，而使国际收支等于零的汇率和经济增长的组合存在一一对应的关系。在这种情况下，内外均衡同时实现必然要求经济增长的速度是唯一的。如果外部均衡不再要求国际收支差额严格为零，而是从零到某个正的顺差，与之对应，经济增长速度的变化就在一个区间内了。内外均衡目标的上述修正，使价格变化率与失业率的组合不再局限于某一个点，在区间［A，B］中价格变化率与失业率的搭配都可以满足政策选择的要求，从而拓宽了政策选择的空间。

二、开放条件下经济内外均衡的冲突

在封闭经济中，假定菲利普斯曲线在短期内成立，再假定奥肯定律成立，那么内部均衡可以概括为充分就业的经济增长与物价稳定的一定组合。在这种情况下，政府可以集中所有的政策工具用于内部均衡目标的实现。在开放经济状态下，由于经济增长、充分就业、物价稳定和国际收支平衡之间存在着内在的联系和矛盾，所以内部均衡与外部均衡之间也必然存在着摩擦和冲突。因此，政府必须通过宏观调控协调各个目标之间的关系，避免内部均衡与外部均衡的冲突。

（一）米德冲突（Meade Conflict）

米德开创性地发现了开放经济中内部均衡和外部均衡的相互冲突，并指出了内外失衡之下单一“金融政策”[①]调控的两难境地，进而引出了进行政策搭配谋求“内外均衡同时实现”的现实必要性。他在《国际收支》第十章中提出了固定汇率制度下内外均衡的冲突问题。他指出，在汇率固定不变时，如果国际收支顺差国和逆差国都只能采取一种政策手段来应对内部、外部两个均衡，就会出现所谓的“米德冲突”，即实现某一均衡目标的努力会带来另一目标的恶化，也就是内部与外部均衡之间的冲突。例如，实现充分就业的经济政策往往导致国际收支恶化；恢复国际收支平衡的政策又往往引起失业人数增加。因

① 米德在《国际收支》中所指的“金融政策”包括两类不同的政策，即财政政策和货币政策。所谓财政政策是指财政当局为了影响国内总支出，即对该国物品和劳务的总货币支出，而促成的税率或政府支出额的变化。货币政策是把银行体系通过提供额外的货币供给量以宽松资本资金借款条件，或通过限制货币供给量以严格资本资金借款条件，而促成的资本资金借贷条件的变化（为简明起见，把这种变化称为利率的变化）。具体参见《国际收支》第8章。

此，他认为政府应该根据各种经济政策的作用和特点，搭配使用各种经济政策，以期同时实现内外部均衡。

米德分析的政策目标有两个，即内部均衡和外部均衡。内部均衡是指通过控制总需求水平而使本国经济处于充分就业、通货稳定的状态；外部均衡是指通过控制总需求水平而使本国的国际收支处于均衡状态，既无逆差又无盈余。米德将政策手段分成了三种：支出增减型政策、支出转换型政策和直接控制。支出增减型政策指凯恩斯所主张的需求管理政策，包括财政政策和货币政策，含义是通过扩张或紧缩国内支出改变对物品和劳务的总需求，米德认为它们对于一个国家的国民收入和贸易差额的影响大致相同；支出转换型政策也就是价格调整政策，指能够影响国际竞争力的政策，最典型的是汇率政策，以及调整货币工资率政策；直接控制主要指国际收支方面的各项政策，如数量限制、各种管制政策等。

米德指出，在固定汇率制度下，假定失业与通货膨胀是相互独立的情况，外部均衡就是经常账户平衡，那么单一的支出增减型政策无法同时实现内部均衡和外部均衡目标。内外均衡冲突一般是指经济萎缩、失业增加而国际收支逆差及其相反面——通货膨胀而国际收支盈余这两种特定的内外经济状况组合（见表 2-1）。这是由于，一方面一个国家实现本国内外部均衡时的支出增减型政策之间会相互矛盾；另一方面，一国政策对其他国家产生影响，各个国家同时实现内外部均衡时，冲突尤为明显和严重。

表 2-1　宏观经济内外均衡冲突的两维形式

	内部均衡状况与政策要求	外部均衡状况与政策要求	政策情形
1	经济衰退、失业率上升、低通胀 （扩张性政策）	国际收支逆差 （紧缩性政策）	冲突
2	经济衰退、失业率上升、低通胀 （扩张性政策）	国际收支顺差 （扩张性政策）	一致
3	经济过热、失业率下降、高通胀 （紧缩性政策）	国际收支逆差 （紧缩性政策）	一致
4	经济过热、失业率下降、高通胀 （紧缩性政策）	国际收支顺差 （扩张性政策）	冲突

米德论证了用支出增减型政策和支出转换型政策的组合，最终能够使两国达到内部均衡和外部均衡，因此他认为，要同时实现内外部均衡，就必须采取两种独立的政策，并进行适当的配合。米德建立了经济政策手段和政策目标之间关系的 2×2 模型，提出了三种政策搭配方法：①支出增减型政策用于维持内部均衡，支出转换型政策用于维持外部均衡；②支出转换型政策用于维持内部均衡，支出增减型政策用于维持外部均衡；③支出增减型政策用于维持内部

均衡，直接控制用于维持外部均衡。

米德的分析针对的是固定汇率制度下的情况，同时也没有考虑资本流动对内外均衡问题的影响。但米德从理论上全面系统地构建了政策搭配理论的分析框架，为后人的研究奠定了坚实的基础。

（二）内外均衡冲突的表现形式

米德在分析内外均衡矛盾时，针对的是固定汇率制度下的情况，也没有考虑资本流动对内外均衡问题的影响。在浮动或管制汇率制度下，内部经济与外部经济之间的相互影响更加复杂，内外均衡目标冲突更为加剧。而巨额国际资本的频繁流动，直接影响着各国宏观经济的稳定和发展，使各国的国内经济政策受到了更多的掣肘，实现内外均衡目标更加困难。根据内外均衡状况的不同组合，宏观经济内外均衡冲突可表现为以下形式。

1. 固定汇率制下的两维形式

根据奥肯定律，就业水平提高与经济增长率上升之间存在稳定正向关系。如果假设菲利普斯曲线在短期内成立，那么失业率与通货膨胀率之间存在负向关系。在这种情况下，内部均衡目标：经济较高增长、就业水平提高和较低水平的通货膨胀是方向一致的，此时内外均衡冲突就表现为两维形式，即内部均衡（经济增长率、失业率、通货膨胀率之间的某种组合）与外部均衡（先将外部均衡定义为自主性的国际收支平衡，此处为经常账户平衡）的冲突。

表 2–1 中的第二种和第三种情况不存在内外均衡目标的冲突，而第一种和第四种情况则为内外均衡目标相互冲突的情形。就第一种情况而言，当国内需求不足时，需要采取降低利率、扩大政府投资等扩张性的货币财政政策，以刺激经济复苏，降低失业率。但在固定汇率制度下，国内需求的增加会导致进口增加，利率的下降会导致资金流入的减少或流出的增加，这都将加剧国际收支的逆差。而要减少国际收支逆差，实现经济的外部均衡，需要实行紧缩性的经济政策，但紧缩性经济政策会导致国内经济更加萧条，失业率进一步提高。第四种情况则与之相反。内外均衡冲突的二维形式实际上就是前面介绍的米德冲突。

2. 浮动汇率制下的三维形式

在浮动汇率制下，假设奥肯定律、菲利普斯曲线成立，那么内部均衡目标经济较高增长、就业水平提高和较低水平的通货膨胀方向仍是一致的；假设资本可以自由流动、外部均衡目标转变为汇率稳定和国际收支平衡两个子目标。在资本自由流动的情况下，资本流动对利率具有无穷弹性，利率的任何变化都能吸引资本的流进与流出，从而影响汇率和国内经济。如果政府希望在保证本国汇率稳定的前提下实现贸易收支平衡，那么，内外均衡之间的冲突表现为三维形式，具体关系见表 2–2。

表 2–2　宏观经济内外均衡冲突的三维形式

	内部均衡状况与政策要求	外部均衡状况与政策要求	政策情形
1	经济衰退/失业率上升/低通胀（扩张性政策，利率下降）	贸易顺差/资本净流入/升值（利率持续下降，导致资本持续流出，本币持续贬值，顺差扩大）	冲突
2	经济衰退/失业率上升/低通胀（扩张性政策，利率下降）	贸易逆差/资本净流出/贬值（利率持续下降，导致资本持续流出，本币持续贬值）	冲突
3	经济衰退/失业率上升/低通胀（扩张性政策，利率下降）	贸易逆差/资本净流入/升值（利率持续下降，导致资本持续流出，本币持续贬值，国内政策失效）	冲突
4	经济衰退/失业率上升/低通胀（扩张性政策，利率下降）	贸易顺差/资本净流出/贬值（利率持续下降，导致资本持续流出，本币持续贬值，顺差扩大）	冲突
5	经济过热/失业率下降/高通胀（紧缩性政策、利率上升）	贸易顺差/资本净流入/升值（利率持续上升，导致资本持续流入，本币持续升值）	冲突
6	经济过热/失业率下降/高通胀（紧缩性政策、利率上升）	贸易逆差/资本净流出/贬值（利率持续上升，导致资本持续流入，本币持续升值，逆差扩大）	冲突
7	经济过热/失业率下降/高通胀（紧缩性政策、利率上升）	贸易逆差/资本净流入/升值（利率持续上升，导致资本持续流入，本币持续升值，逆差扩大）	冲突
8	经济过热/失业率下降/高通胀（紧缩性政策、利率上升）	贸易顺差/资本净流出/贬值（利率持续上升，导致资本持续流入，本币持续升值，国内政策失效）	冲突

从表 2–2 中可以看出，在浮动汇率制下，由于考虑资本流动和汇率因素，内外均衡面临的冲突要比固定汇率制下复杂得多，除了国内经济均衡和对外贸易平衡的冲突外，还存在货币内外价值相背离的冲突。即国内经济衰退而通货膨胀率不高，但货币对外贬值；国内通货膨胀严重，货币国内价值下降，但对外升值。

浮动汇率制下，货币内外价值背离将不利于一国经济内外均衡的实现。例如在第三种情况下国内经济衰退，但本币对外升值，紧缩效应将进一步加剧国内经济衰退；第四种情况下存在贸易顺差，本币对外贬值，将进一步加大贸易的顺差额；第七种情况下存在贸易逆差，但本国货币对外升值，将进一步恶化贸易收支；第八种情况下国内存在高通货膨胀，而本币对外贬值，其扩张效应将进一步加大国内物价上涨的压力。即使在第一种和第六种情况下，也存在政策冲突。例如在第一种情况下，虽然国内经济衰退和国际收支顺差都要求采取扩张性政策，但扩张性政策会使本币对外贬值，从而刺激出口而减少进口，贸易收支顺差可能进一步扩大。

3. 四维形式

考虑到宏观经济的内部运行可能出现通货膨胀率与失业率同时上升（20世纪70年代的滞涨）或二者同时下降（20世纪90年代美国新经济时期）的情况；国际收支状况与汇率变动可能不一致，即国际收支顺差与汇率贬值（20世纪90年代的日本）、国际收支逆差与汇率升值（美国出现过的情景）在一定条件下可能同时出现，浮动汇率制下的内外均衡矛盾可表现为表2–3所述的四维形式。

表2–3　宏观经济内外均衡冲突四维形式

	内部均衡		外部均衡	
	就业状况	物价状况	国际收支状况	本币汇率
1	经济衰退，失业率上升	低通货膨胀	顺差	升值/贬值
2	经济衰退，失业率上升	低通货膨胀	逆差	升值/贬值
3	经济繁荣，失业率下降	低通货膨胀	顺差	升值/贬值
4	经济繁荣，失业率下降	低通货膨胀	逆差	升值/贬值
5	经济衰退，失业率上升	高通货膨胀	顺差	升值/贬值
6	经济衰退，失业率上升	高通货膨胀	逆差	升值/贬值
7	经济繁荣，失业率下降	高通货膨胀	顺差	升值/贬值
8	经济繁荣，失业率下降	高通货膨胀	逆差	升值/贬值

在表2–3中，随着内外经济目标的增加，内外均衡的矛盾几乎无所不在：菲利普斯曲线短期内不成立时，物价与就业的矛盾；国际收支与汇率的矛盾；本币内外价值背离的矛盾；国际收支同国内经济目标的矛盾；就业、经济增长与汇率变动的矛盾；物价稳定与汇率稳定的矛盾；等等。从前面的分析可以看出，随着一国开放度的提高和国与国之间经济联系的不断加深，宏观经济外部均衡与内部均衡需要兼顾的目标增多，目标之间的关系更加错综复杂，这些目标在一定条件下是相互矛盾的，实现内外均衡的宏观调控面临的难度也将不断加大。[①]

（三）内外均衡冲突产生的原因

在经济开放度不断提高的背景下，一国内外部均衡除了受到国内经济体内部的自发扰动影响外，[②] 外国经济变动带来的冲击也会越来越大。在开放经济之

① 刘晓喆：《米德冲突：国际经验与中国面临的难题》，25~27页，上海社会科学院博士学位论文，2008。

② 国内经济内部一些变化，如国内支出的自发性波动、技术进步带来的劳动生产率提高和供给增加、经济发展带来的消费结构变化、市场化和国际化过程中的结构效应等，往往会导致内外均衡向不同方向发展，引起冲突。

间，冲击传递主要有以下几种渠道：

1. 贸易性渠道

（1）需求调整的“溢出”和“反馈”效应。当A国国内支出自发增加（减少）时，其对进口商品的需求也相应增加（减少），进口需求的增加（减少）将直接影响到B国的外部平衡（假设B国为A国的贸易伙伴），通过乘数效应带动B国的国民收入增加（减少），最终使B国从A国的经济扩张中受益（受损）。这种一国国民支出变动通过贸易渠道引起他国国民收入相应变动的现象，被称为“溢出效应”。而当B国国民收入增加（减少）后，又将增加（减少）对A国产品的进口，从而导致A国国民收入增加（减少），这种效应被称为“反馈效应”。显然，两国的边际进口倾向越高、乘数效应越大，两国间的“溢出”和“反馈”效应也将越大，两国内外均衡受到的冲击就越大。

（2）价格调整渠道。当A国（主导国）国内支出自发增加（减少）时，往往伴随着A国或世界产品价格的相对上升（下降）。通过国际贸易，这一价格调整冲击将对B国的工资、就业和物价产生一定的影响，从而对B国内部均衡的目标产生影响。而B国经济的扩张或收缩，也将通过上述途径传递到贸易伙伴国家（地区）或整个世界。而诸如“石油冲击”式的国际商品市场价格剧烈变化，对内外均衡的冲击要更大。

上述研究的是直接贸易渠道，间接贸易途径的影响也不可忽视。发展中国家往往在很大程度上依赖于一个共同的出口市场，这样，一些发展中国家（如C国）通过竞争同一市场（如A国）而与B国出现了间接的贸易关系。若A国经济出现收缩，且B国经济原本就不景气，则B国会为走出经济低迷而采取加大出口支持力度，甚至不惜采取货币贬值的政策，这将使C国对A国的出口商品失去竞争力，最终C国将遭受更大的冲击。这种间接的贸易联系往往使一国内外均衡冲突加剧。

2. 金融性渠道

（1）利率冲击。利率冲击是指由于“大国”金融市场利率出现明显的上升（下降），大量资本流出（流入）一国，导致该国经济内外失衡加剧的现象。大量外资的流入会导致一国产生通货膨胀和汇率升值压力；大量外资的流出可能引发东道国经济衰退，同时迫使东道国货币汇率贬值。因此，对于经济规模较小的开放经济而言，来自国外的经济周期冲击会迫使其顺从于大国的经济周期安排，内部均衡服从于外部均衡的需要；而对于经济规模较大的开放经济而言，国外经济周期波动对本国的影响虽然可以在对外经济部门得到较长时间的缓冲，但这种影响的效应积累最终也会产生政策调整的要求，从而导致内部均衡与外部均衡之间的矛盾。

（2）汇率冲击。汇率冲击指汇率的突然大幅变动对一国经济内外均衡的影响。现行国际货币汇率制度以浮动汇率制度为特征，各主要国际货币的频繁波动与广大发展中国家和地区的固定汇率制度、准固定汇率制度及宏观经济政策不协调，往往成为货币危机的突破口，发展中国家很容易出现外部经济失衡，其货币汇率首当其冲会受到短期资本的冲击，甚至出现剧烈的大幅贬值，有的还会导致货币制度的崩溃。亚洲金融危机期间，由于泰铢汇价水平已不能反映其应有的价值，不可避免地成为投机商攻击的对象，导致泰铢大幅贬值，泰国经济金融几近崩溃。

（3）投机性资本流动冲击。投机性资本流动冲击是指以投机套利为目的的国际资本突然大量进入或撤离一国，导致该国出现金融、经济动荡的现象。目前国际资本流动以超出世界产出几倍的速度扩张，大量的国际游资频繁流入流出新兴市场，使国际金融市场风险空前增大。国际资本流动加快，国际虚拟资本大幅扩张，加大了一国经济面临的内外部均衡矛盾。

（4）证券市场波动冲击。随着国际证券市场一体化程度的日益提高，各国证券市场形成了高度相互依存的关系，不仅发达国家股市的动荡会显著波及新兴市场，而且新兴市场的股市波动对发达国家股市的波及效应也不断增大。资产价格的波动加大了经济金融的波动和风险，增加了宏观经济政策协调的难度。

（5）跨国银行体系风险传递的冲击。一国经济的萧条引起的金融风险，可能会通过国际银行间多边支付清算体系而影响别国银行的资产与负债，从而引发别国的银行风险和经济萧条。

3. 政策性渠道

（1）国内政策不协调的冲击。一国经济政策的变化首先会影响该国的总需求和国内居民的消费和投资行为，从而影响国内的产出；其次会改变国内金融资产的收益率，形成国内外金融资产的收益差，收益差将导致套利性的国际资本流动，资本流动将对国外经济产生影响；最后会影响国内物价水平，通过价格信号传递至国外，引起国内外经济波动的传递。由于各种微观和宏观经济政策会对不同经济部门发生作用，政策作用的方向不尽相同，因此，保持这些政策的协调配合非常重要。如果这些政策之间出现矛盾或不协调的状况，就会对该国宏观经济的内外均衡产生不利影响，导致内部均衡与外部均衡冲突。以汇率固定、资本自由流动与货币政策独立性之间的关系为例，根据“蒙代尔不可能三角”理论，以上三个目标中只有两个可以同时实现，即在固定汇率制下，一国要么选择资本管制，要么选择失去货币政策的独立性；如果将资本的自由流动视为前提，一国要么放弃固定汇率制度以保证货币政策的独立性，要么以牺牲货币政策的独立性为代价，保持汇率固定。例如，在固定汇率制度下，如果一国面临巨额国际收支顺差，为实现外部均衡，保持固定汇率，该国需要实施宽松的货币财政政策以刺激需求，减少国际收支顺差，同时该国中央银行要在外汇市场上买进外汇以减轻本币升值压力。这两项政策都会引起国内货币供给的扩张并产生物价上涨压力。如果此时紧缩货币以压制国内通货膨胀，实现内部均衡，本国利率的提高和国内的信贷需求会刺激外国资本涌入，将会发生更为严重的国际收支顺差，本币汇率将面临更大的升值压力。

（2）国际经济政策不协调的冲击。随着各国经济相互依存度的日益提高，各国经济运行状况的相互影响越来越大，各国国内经济政策之间的相互影响也越来越强烈。小国开放经济只能被动接受主要经济大国国内经济政策和经济周期的影响，丧失了实行独立经济政策的能力；大国开放经济之间的经济周期和经济政策相互影响，如果在主要经济大国之间出现了相互矛盾的经济政策，各国就会面临复杂的内外均衡矛盾。最有说服力的例子是 1992 年 9 月中旬在欧洲货币市场上发生的“九月危机”。1990 年，当时的联邦德国为了实现两德的统一和复兴东德经济，投入了巨额资金，导致了财政赤字和货币发行明显增加。德国政府担心引发通货膨胀，从而引起习惯于低通胀率的德国人的不满，爆发政治和社会问题，于是不顾其他国家的强烈反对，于 1991 年起开始提高中央银行的贴现率，联邦银行贴现率由 1990 年底的 6%上调到 1992 年 6 月底的 8.8%。此时西欧各国为刺激本国经济复苏先后调低利率，德国的高利率使得外汇市场出现抢购马克的风潮，资金从这些国家流向德国，马克坚挺。德国在欧洲货币体系中占有举足轻重的地位，马克价值的变化，或者说德国货币政策不仅能左右德国的宏观经济，而且对欧共体其他成员国的宏观经济也会产生很大的影响。其他国家便面临这样一种选择：若要维持本国货币与马克和欧洲货币单位的固定比价，就必须调高利率，但这将对国内经济复苏产生冲击；若要刺激本国经济复苏，就必须调低利率，但这将迫使本国货币对马克贬值，破坏欧洲货币体系的汇率机制。经过一段时期的协商和协调干预，英国和意大利终于抵挡不住外汇市场的巨大压力，于 1992 年 9 月 13 日宣布英镑和里拉暂时退出欧洲货币体系的汇率机制，由此酿成了欧洲货币体系历史上的“九月危机”。这场危机一直延续到 1993 年夏天，西班牙比塞塔和法国法郎也先后遭到冲击，不得不暂时退出欧洲货币体系的汇率机制或对马克大幅度贬值，使欧洲货币体系在此后很长一段时间处于一种半瓦解的状态。

欧洲货币危机在很大程度上反映了欧共体主要工业国家货币金融政策的不协调。当时德国在其经济实力不断增强，马克坚挺的情形下，偏执于本国利益，不仅不顾英、意两国为了刺激经济复苏而降低利率的现实要求，反而提高利率。各国为保证各自货币对马克的固定汇率，就不得不实行随德国国内物价目标变化而制定的货币政策，使各国经济的内外均衡产生冲突。这种内部均衡与外部均衡之间的矛盾，成为欧洲货币体系内部长期以来争吵的根源，某些不愿意跟随德国经济政策的国家如英国，在这种政策不协调严重时就只有退出联合浮动的汇率安排。

(3) 各国政策趋同的冲击。各国相关经济政策的趋同往往容易导致经济波动的趋同。各国贸易联系的增强，需要有关财政政策、贸易政策等的进一步协调，然而作为协调与合作的结果，无论是关税同盟、自由贸易区还是经济同盟，其在促进贸易的同时，也使各国经济易于被同一类冲击所影响，经济周期波动也会趋向于同步。

4. 预期性渠道

预期性冲击是指由于国内外经济金融波动、宏观经济政策转向，企业、居民预期发生变化，进而影响其投资、消费信心，从而导致经济金融大幅波动的现象。预期（Expectation）是指参与经济活动的人对经济变量在未来某一时期的数值做出估计。在一国经济与世界经济的互动中，即使该国与相关国家不存在贸易、金融等联系，经济运行波动也有可能相互影响。这正是由于预期在相互影响中的重要影响力，这种相互影响渠道就被称为预期性渠道。

在预期性渠道中，经济的相互影响无法用宏观经济基础变量来解释，如有时我们会发现 A 国与 B 国经济联系较为薄弱，B 国的经济波动并没有恶化 A 国的经济基础，但若 B 国的经济出现异常波动，会使投资者重新评价其他类似国家（如 A 国）的经济基础，从而可能使 A 国的经济运行态势也受到一定的冲击。东南亚金融危机之后的 1999 年，在全球 FDI 流入额的年增长率超过 50%的情况下，中国的 FDI 流入额不增反降，与上年相比却减少了 11.3%。这与中国与东亚国家地域邻近、同为儒家文化、产业结构有相似之处等“原因”不无关系，正是上述这些“原因”使得国际投资者觉得中国经济的大幅波动也可预期，从而使他们减少了对中国的直接投资。正是他们的这种预期使中国的经济增长受到了一定影响。

在经济波动的预期性渠道中，可通过经济波动的示范效应、国家间的中心周边模型以及板块联动效应来传递经济波动。典型国家发生的经济大幅波动会通过示范效应传递到类似国家，而相邻地域或相同文化背景的国家的经济波动更容易相互传递。

三、开放条件下经济内外均衡冲突的政策调节

（一）内外均衡冲突政策调节的原则

1. 丁伯根原则（Tinbergen's Rule）

米德论述了内外均衡冲突中政策搭配的现实必要性，但没有给政策搭配提

供一个系统的定量分析框架，计量经济学重要开创人、1969 年诺贝尔经济学奖得主荷兰经济学家丁伯根（Jan Tinbergen）完成了这个工作。丁伯根在米德研究的基础上对政策目标和政策工具之间的关系进行了深入研究，得出了“丁伯根原则”：要想实现一个给定目标，政府至少要运用一种有效的政策；要想实现多个目标，必须至少要运用相同数量的相互独立的有效政策工具。

丁伯根的一般分析方法将米德的内外均衡冲突细化为政策目标和政策工具的数量匹配冲突：[①] 只要政府可以操纵的政策工具，或者说，政府能够施加作用的外部变量，在数量上少于政策调控意图达到的目标种类，那么全部目标的同时实现就不可能发生，“米德冲突”将在不同程度上、以不同的表现形式频繁出现。丁伯根通过引入系统工程分析理念，建立了一个描述全部经济变量相互作用、相互关系的一般结构模型。[②] 此模型可以被表述为以下一般模式：

$$f_i(x_1, x_2, \cdots, x_n; a_1, a_2, \cdots, a_m) = 0 \qquad i = 1, 2, \cdots, n$$

其中，$x_1, x_2, \cdots, x_n$ 表示的是经济系统中的内生经济变量（Endogenous Variables），$a_1, a_2, \cdots, a_m$ 表示的是自然外生经济变量（Exogenous Variables）、滞后性变量（Lagged Variables）、政策可控变量（比如汇率、税率、基础货币、贸易壁垒、计划指数等）的一个组合。后一组变量是外生性的，不会受到模型构造的影响，政策制定者和执行者与普通市场参与者的区别在于他们可以通过政策工具对其中一部分外生性的经济变量施加政策影响（这些变量就是政策可控变量）。

丁伯根政策模型里，政策目标（这些目标可能由政府、投票人、监管者、经济学家等市场参与者在不同影响之下共同决定）表示为两种模式：一是使内生变量 $x_1, x_2, \cdots, x_n$ 中的一个、几个或是全部趋近于潜在固定目标值 x_1^*, $x_2^*, \cdots, x_n^*$；二是使目标偏好函数 $T(x_1, x_2, \cdots, x_n)$ 最大化（或是最小化，具体视目标偏好函数的性质）。政策制定者和执行者则通过对可控外生变量 $a_1', a_2', \cdots, a_p'$（$p \leq m$）施加政策影响来谋求政策目标的实现。

在政策目标明确的前提下，这个简单的一般模型能够得到两个广为人知的“拇指法则”（Rules of Thumb）：一是政策目标全部实现的必要条件是政策目标数目不大于政策工具数目，[③] 这也就是所谓的“丁伯根法则”；二是每一个政策工具不一定必然指向一个特定经济目标，但政策间的协调配合是必要的。

丁伯根用数理分析方法将“米德冲突”更为具体地表述为政策目标和政策

① 从数量意义上看，米德冲突是丁伯根一般模型的一个特例。

② 此模型被称为丁伯根决策模型（Tinbergen Decision Model），或是丁伯根政策模型（Tinbergen Policy Model）（Eggertsson，1997）。

③ 在模型中表示为 $p \geq q$，其中，q 代表政策工具个数（一个政策工具对一个可控外生变量施加影响），p 代表政策目标个数（$p \leq n$）。

工具数量匹配上的冲突，由于开放经济中内外均衡所包含的政策目标更加复杂和多样，所以单一、较少的政策调控难以保障目标的同时实现，这时候广泛、大量的政策搭配成为维持经济稳健发展的一种客观要求。

对于开放经济而言，这一结论具有鲜明的政策含义：只运用支出增减型政策来同时实现内外均衡两个目标是不够的，必须寻找新的政策工具并进行合理配合。总之，丁伯根的贡献在于给政策搭配提供了一个有效的模型工具，并通过对政策目标和政策工具相互关系的研究凸显了政策搭配的数量匹配必要性，正是出于保证多样性政策目标同时有效实现的目的，政策搭配才成为政策制定者寻求内外均衡的必然之选。但丁伯根原则也具有明显缺陷：一是它假定各种政策工具可以供决策当局集中控制，从而通过各种工具的紧密配合来实现政策目标，这与现实不符；二是它论证了政策配合方法的存在和方位，但并没有明确指出每种政策工具有无必要在调控中侧重于某一政策目标的实现，因此，无法满足实际调控的需要。因此，丁伯根虽然在政策目标和政策工具之间进行了数量上的横向比较，但并没有对政策目标之间进行效力上的纵向比较，这种对政策搭配效力匹配必要性的研究由蒙代尔继续完成。

2. 蒙代尔政策指派法则（Mundell Policy Assignment Rule）

蒙代尔在米德和丁伯根研究的基础上，进一步提出了“蒙代尔政策指派法则”（有效市场分类原则，The Principle of Effective Market Classification）。他认为，虽然在许多情况下，不同的政策工具实际上掌握在不同的决策者手中，但是如果每一工具被合理地指派给一个目标，并且在该目标偏离其最佳水平时按规则进行调控，那么在分散决策的情况下仍有可能得到最佳调控目标。这一原则的含义是，每一目标应指派给对这一目标有相对最大的影响力，因而在影响政策目标上有相对优势的工具。如果在指派问题上出现错误，则经济会产生不稳定性而距均衡点越来越远。

蒙代尔借用简单的两目标—两工具模型分析提出了“绝对优势原则”和“比较优势原则”，构成了“蒙代尔政策指派法则”的核心内容。

蒙代尔的简单政策决策模型如下：

$$T_1 = a_1I_1 + a_2I_2$$

$$T_2 = b_1I_1 + b_2I_2$$

其中 T 为政策目标，I 为政策工具，a、b 为未知具体数值的相应结构系数。为了达到政策目标 T^*，政策制定者必须具备将政策工具效力进行排序的能力，也就是能够对结构系数进行交叉比较。

如果系数的绝对值交叉大于对应方，即 $|a_1|>|a_2|$ 且 $|b_1|<|b_2|$，或是 $|a_1|<|a_2|$ 且 $|b_1|>|b_2|$，这就意味着不同工具对不同目标在效力上具有绝对优势，也就是说绝对优势是一一对应的，这时候可以将政策工具指派给其具有绝对优势

的目标，这就是“绝对优势原则”。

如果系数的绝对值同边大于对方，即$|a_1|>|a_2|$且$|b_1|>|b_2|$，或是$|a_1|<|a_2|$且$|b_1|<|b_2|$，这就意味着同一工具对不同目标在效力上都具有绝对优势，这时“绝对优势原则”无效，需要比较政策相对效力。如果$|a_1/a_2|>|b_1/b_2|$，则意味着工具I_1对目标T_1具有比较优势，工具I_2对目标T_2具有比较优势。如果$|a_1/a_2|<|b_1/b_2|$，则意味着工具I_1对目标T_2具有比较优势，工具I_2对目标T_1具有比较优势，这时候可以将政策工具指派给其具有相对比较优势的目标，这就是“比较优势原则”。

在“蒙代尔政策指派法则”指引下，宏观经济将以“走走停停”（Stop and Go）的动态调整方式逐渐趋向内外均衡。如果忽略了这种政策搭配的效力匹配必要性，宏观经济有可能在复杂影响下趋于无序游走，或是趋向发散，无法收敛于均衡路径。因此，“蒙代尔政策指派法则”重要的理论价值在于它首次注意到了政策效果不同可能带来的深远影响，正是由于政策差异性的存在，复杂经济中以政策搭配实现效力匹配成了寻求内外均衡中的必然选择。

（二）内外均衡冲突政策调节的工具

内外均衡冲突需要政策进行适度干预，政府调节手段基本上可以分为需求调节政策、供给调节政策、融资型政策以及它们之间的配合。

1. 需求调节政策

需求调节政策是指通过影响社会总需求的总量水平或结构来影响经济运行的政策，包括支出增减型政策和支出转换型政策。

（1）支出增减型政策（Expenditure-Changing Policy）。支出增减型政策是改变社会总需求或国民经济支出总水平的政策，主要包括财政政策和货币政策。财政政策与货币政策都可以直接影响社会总需求，由此调节内部均衡；同时社会总需求的变动又可以通过边际进口倾向影响进口和通过利率影响资金流动，改变对外国商品、劳务和金融资产的需求，从而达到调节国际收支和外部平衡的目的。紧缩性（扩张性）的财政政策和货币政策，具有压低（扩大）社会总需求和总支出的作用。当社会总需求和总支出下降（增加）时，对外国商品、劳务和金融资产的需求也相应下降（增加），从而使国际收支状况得以改变。

（2）支出转换型政策（Expenditure-Switching Policy）。支出转换型政策指不改变社会总需求和总支出而改变需求和支出方向（在本国商品和国外商品之间转移）的政策，主要包括汇率政策、补贴和关税政策、直接管制政策等，它们对外部均衡的影响一般大于对内部均衡的影响。本国货币的贬值，对进口商品和劳务课以较高的关税或减少补贴，都会使进口商品和劳务的价格相对上升，从而使国内居民将一部分支出转移到购买进口替代品或国内劳务上来。此外，外汇管制、进口许可证等直接管制政策亦可通过改变进口品和进口替代品的相对可获得性来达到支出转换的目的。

2. 供给调节政策

在短期内，一国宏观经济政策调控的重点在于调整总需求的水平和结构，使之与总供给保持平衡，从而在此基础上实现开放经济的内外均衡。但是，宏观经济是在社会总需求和总供给的相互作用中运行的，供给方面的因素或状况也会影响到开放经济运行，尤其是在经济发展水平较低的发展中国家，其内外均衡目标难以实现的重要原因在于经济供给的低效率，因此，供给调节政策也是实现内外均衡目标不可或缺的一部分。

（1）供给调节的政策工具。供给调节政策是指可以改善一国的经济结构和产业结构，提高生产效率，降低生产成本，提高产品质量和出口品的附加值，从而增强社会产品（含出口品和进口替代品）的供给能力和竞争能力以改善国际收支的政策工具。供给调节政策又称结构政策，主要包含科技政策、产业政策、制度创新政策等。供给政策的特点在于长期性和微观性，通过直接或间接的鼓励技术创造和革新，刺激私人投资以加速资本货物的积累，增加对教育、科研、技术创新的投入，改善劳动力的素质及流动性，加强必要的社会基础设施的建设，从根本上提高一国的经济实力与科技水平，使一国的短期供给曲线和长期供给曲线发生右移，对于收入和就业都会产生持久性的积极影响，从而为实行内外均衡创造条件。

（2）供给调节政策的理论依据：结构论。主张结构论的经济学家，大多数是来自于发展中国家或发达国家的从事发展问题研究的学者，其理论渊源与发展经济学中的结构主义思路密切相关。结构论认为，国际收支失衡的根源在于供给方面存在问题，即经济结构的老化、单一和落后，经济发展速度的长期缓慢甚至停滞和经济发展阶段的落后，因此支出增减型政策和支出转换型政策不能从根本上解决问题，有时甚至是十分有害的。因此，政策调节的重点应放在经济的供给方面，以加快经济发展、提高劳动生产率来改善经济结构，实现内外均衡。

3. 融资型政策

融资型政策是指政府通过使用官方储备或者国际信贷来调节国际收支的政策。融资型政策与需求调节政策之间具有一定的互补性和替代性。当一国面临国际收支不平衡时，既可以采用支出型政策加以调节，也可以采用融资型政策或两者并用。例如，当国际收支为逆差时，本国政府通过出售外汇储备或者对外借款来实现外部均衡；当国际收支为顺差时，政府可以购买外汇或者通过外汇冲销来实现经济稳定。但是，这种国际收支不平衡只能是由临时性的、短期的冲击引起的，如果是长期的“根本性失衡”，这种方法就难有成效。因为如果引起外部失衡的因素是中长期的，经济必须进行调整，即运用适当的社会总需求政策或者社会总供给政策调节国民经济。例如，当国际收支出现持续的巨额逆差时，外汇储备最终会耗尽，对外借款的成本会增加而且难度会越来越大，最终会难以抵挡货币贬值的压力；当国际收支持续出现巨额顺差时，该国的外汇储备就会迅速增加，外汇冲销的难度会越来越大，资本投机猖獗，经济过热难以控制，最后不得不付出较大的经济调节成本。

从以上的分析可以看出，当内外均衡冲突时，既可以通过需求调节政策使需求适应供给，也可以通过供给调节政策使供给适应需求，或是通过融资型政策来化解。采用何种政策来进行调节，首先取决于国际收支失衡的性质，其次取决于国内经济社会状况、内外部平衡之间的关系、该政策是不是有利于经济持续健康发展。一般来说，不同性质的国际收支失衡要采用不同的调节工具，但为了提高政策效果，以最小的经济和社会代价实现内外均衡，往往多种政策并举。

（三）内外均衡冲突政策调节的经典模型

1. 斯旺曲线（Swan Curve）

澳大利亚经济学家斯旺（Trevor Swan）提出了可用支出转换型政策与支出增减型政策相搭配以实现内外均衡，即斯旺模型或斯旺曲线。在假定不存在国际资本流动和价格水平保持不变的前提下，斯旺分析了浮动汇率下支出增减型政策与汇率政策的搭配，以及采用不同的经济政策实现经济内外部均衡的机制。斯旺曲线证明了米德内外均衡说的基本观点，即要实现内部均衡和外部均衡双重目标，必须同时使用支出增减型政策和支出转换型政策。

该曲线可表述为：

$$R = ep^*/p$$
$$Y = C + I + G + (X - M) \quad \Longrightarrow \quad Y - A = X - M$$
$$A = C + I + G$$

其中 R 为实际汇率，e 为直接标价法的名义汇率，p、p^* 分别为国内外价格，Y 为国民收入，C 为消费支出，I 为投资支出，G 为政府购买支出，X、M 分别代表出口和进口，A 代表国内总支出。

图 2-2 中，横轴 D 表示国内总支出，包括消费、投资和政府支出等。纵轴 R 表示汇率，汇率提高意味着本国货币贬值，反之则意味着本币升值。在斯旺模型中，本国总供给是一定的，总需求包括国内支出和净出口两部分，内部均衡意味着国内总需求等于总供给，外部均衡意味着净出口为零。

EE′线上的任何一点都代表一定的汇率和国内支出相配合所取得的外部均

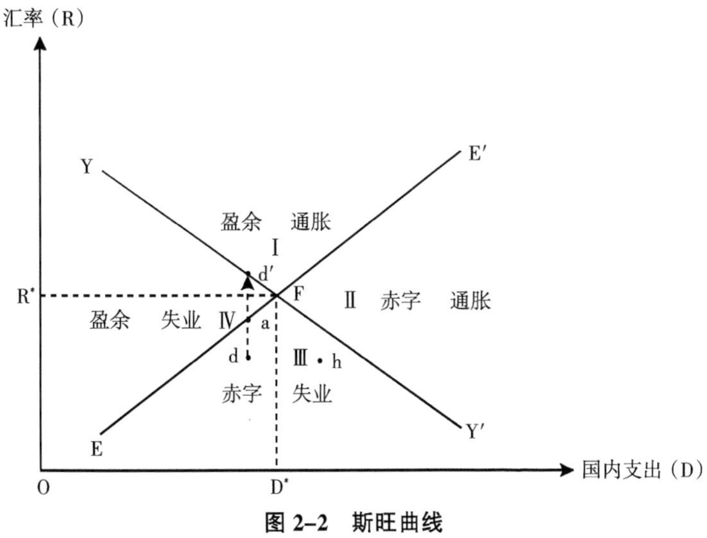

图 2–2　斯旺曲线

衡状态。它向右上方倾斜，斜率为正，表明汇率与国内支出呈同方向变动才能实现国际收支平衡。因为国内支出 D 增加，将使国民收入增加，进口增加，只有在汇率上升，进口减少，出口增加时才能实现外部平衡。EE′线左上方的任意一点，都意味着国际收支存在顺差，EE′线右下方的任意一点都意味着对外收支存在逆差。YY′线上的任意一点都代表一定的汇率水平和国内支出相结合所决定的国内均衡状态。它向右下方倾斜，斜率为负，表明汇率与国内支出呈反方向变动才能实现内部均衡。因为在汇率下降，出口减少时，只有国内支出 D 增加才能使国内支出与净出口之和维持在充分就业水平，实现内部均衡。YY′线右上方任意一点，都意味着国内出现了超额需求，有通货膨胀存在；在 YY′线左下方的任意一点，都意味着需求不足，有失业存在。

只有在 EE′线和 YY′线的交点 F，对内均衡与对外均衡才能同时实现。而在这两条线之间，则形成四个处于不同内外均衡状态的区域，它们是：区域Ⅰ，外部顺差与内部通货膨胀；区域Ⅱ，外部逆差与内部通货膨胀；区域Ⅲ，外部逆差与内部失业；区域Ⅳ，外部顺差与内部失业。从图形中我们可以确定，为了同时实现对内对外经济均衡，即达到 F 点，必须合理地配合使用支出增减型和支出转换型政策，但为了使这些政策更有针对性，必须首先弄清一国经济是处于哪种不均衡状态。例如，在 d 点，经济处于对外逆差与对内失业并存的失衡状态，为实现全面均衡，必须同时采取货币贬值和扩大支出的政策。如果仅采取货币贬值的政策，而未采取扩大支出的政策，虽可实现国际收支均衡（达 a 点），但国内失业仍存在；若 R 进一步增长则可达到 d′点，但外部又出现了顺差，仍不能同时达到内外部均衡；相反，若只采取扩大支出的政策而未采取货币贬值的政策，那么国内充分就业虽可实现，但国际收支逆差仍存在。值得注意的是，尽管点 d 和点 h 都在区域Ⅲ，点 d 需要国内支出增加，而点 h 则需减少国内支出以达到 F 点。

一般来说，必须配合使用支出增减型政策和支出转换型政策，才能使内外均衡最终得以实现，至于在什么样的情况下，如何配合使用这两方面的政策，怎样才能使政策运用更为有效和合理，不同的时期、不同的学者在不同的背景下都进行着不同的组合尝试。由于不同的汇率制度对宏观经济政策的效果有着不同的影响，因而在实施财政政策和货币政策时不得不考虑汇率的影响。

同 20 世纪 50~60 年代的国际经济发展相一致，最初的斯旺曲线假定汇率受管制，忽略了国际资本流动和国内储蓄脱离投资的可能性。一旦允许汇率自由浮动，由于外汇市场的均衡要求进口等于出口，所以模型将自动达到外部均衡。因此，经济总是处于斯旺图形的外部均衡线上，外部均衡目标就成了多余。由于该模型无法适用于资本流动的情形，其在分析国际收支决定上的应用受到极大限制。

2. 蒙代尔模型

蒙代尔提出的政策搭配理论沿袭了米德的同时实现内外均衡的思想，同时强调货币政策和财政政策在国际资本流动条件下的不同效应。考虑到在资本流动的情况下，利率对国际收支的有力影响，而货币政策对利率的影响较财政政策更为直接、更为有效，货币政策用于实现外部均衡，财政政策用于实现内部均衡。

蒙代尔的结论可用图 2-3 加以说明：

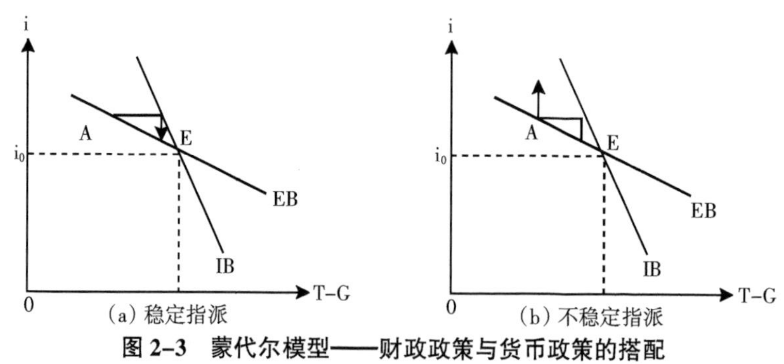

图 2-3 蒙代尔模型——财政政策与货币政策的搭配

图 2-3 中横轴代表财政盈余，从而说明财政政策的方向，箭头所指财政政策越来越紧，纵轴表示利率，从而说明货币政策的方向，箭头所指货币政策越来越紧。内部平衡线用 IB 表示。当财政盈余增加时，对需求产生收缩效应，需要更扩张的货币政策来抵消，因此 IB 具有负的斜率，其左边的点是过度需

求点，右边是失业。外部平衡线用 EB 表示。紧缩的财政政策将增加经常账户差额，为保持外部均衡，需要放宽货币政策，扩大进口并且使资本流出，平衡国际收支，因此 EB 线也向下倾斜，顺差在上，逆差在下。EB 没有 IB 陡峭，在于利率的变动将同时影响经常账户和资本账户，从而要维持外部均衡，财政政策的变动幅度要大于仅维持内部均衡的幅度。

如果由财政政策负责外部均衡，而货币政策负责内部均衡的话，将是不稳定的。如图 2-3（b），经济处于 A 点的状况，外部平衡而内部经济存在过度需求，因此应采取紧缩的货币政策，利率将提高。但当内部均衡达到后，国际收支又出现了盈余，因此采用扩张性的财政政策，结果是国内经济更严重的膨胀，中央银行着手进行下一轮的提高利率的紧缩政策，结果是经济逐渐偏离了位于 E 的内外均衡点。而同样是对 A 点的处理，若用财政政策处理内部经济，货币政策处理外部经济问题，则经济将向 E 点渐进收敛。

因此，蒙代尔基于财政政策、货币政策对国内外经济变量影响不同的假定，提出用财政政策调节内部均衡，用货币政策调节外部均衡，以期用较小的代价使经济重新回到内外均衡的位置上。

表 2-4 列出了几种蒙代尔模型所给出的财政政策与货币政策的搭配。

表 2-4　财政政策与货币政策的搭配

国际收支状况	国内经济状况	
	高失业率	高通胀率
逆差	扩张性的货币政策 扩张性的财政政策	扩张性的货币政策 紧缩性的财政政策
顺差	扩张性的货币政策 紧缩性的财政政策	紧缩性的货币政策 紧缩性的财政政策

3. 蒙代尔—弗莱明模型

蒙代尔模型是在固定汇率制度背景下提出的，没有考虑汇率变动对一国外部账户的影响，及由此引发的对国内支出的影响。因此，在汇率浮动的经济环境中，该理论就失去了参考价值。基于此，蒙代尔和弗莱明（J. M. Fleming）根据凯恩斯主义 IS-LM 框架，提出了将国际收支均衡曲线 BP（Balance of Payment）与 IS-LM 模型结合在一起的 IS-LM-BP 模型。它既是分析开放经济偏离均衡时政策搭配的工具，又是分析不同政策手段调节效果的工具。这里仅讨论它在内外均衡实现过程中政策搭配的相关分析，在第四章中，我们将重点讨论它对不同政策调节效果的分析。

（1）开放经济下的 IS 曲线。IS 曲线描述了商品市场处于均衡状态时，产出和利率的关系。开放经济下，从需求角度考察，国民收入组成如下：

$$Y^d = C + I + G + NX \tag{2.1}$$

其中：C 为居民消费、I 为投资、G 为政府支出、NX 为净出口，即出口 X 减去进口 M。简单起见，这里假设政府支出 G 为外生变量。

凯恩斯认为消费的主要决定因素是实际的可支配收入，其消费函数可写为：

$$C = \bar{C} + c\ (Y - T) \tag{2.2}$$

其中的 $\bar{C}$ 是自发消费，即不受收入变化影响的那部分消费，Y 为总收入，T 为总税收，c 为边际消费倾向。

投资即资本形成，投资函数可表述为：

$$I = \bar{I} - br \tag{2.3}$$

其中的 $\bar{I}$ 是自发投资，表示不受利率影响的部分，即企业自身进行最基本生产所必须进行的投资，r 是实际利率，b 为投资的利率弹性，它主要衡量利率对投资的影响程度。

影响净出口的主要因素是汇率、本国收入和国外需求。净出口函数形式为：

$$NX = -mY - ne + fY^f \tag{2.4}$$

NX 为净出口，是由本国的总收入 Y、实际汇率 e（e 上升代表本币升值）以及国外需求 Y^f 决定，m 代表边际进口倾向，n 表示出口对实际汇率的敏感程度，f 表示边际出口倾向。

将方程式（2.2）~方程式（2.4）代入到方程式（2.1），就可以得到开放经济下的总收入函数：

$$Y = [\bar{C} + c\,(Y - T)] + (\bar{I} - br) + G - mY - ne + fY^f \tag{2.5}$$

凯恩斯的 45°均衡线描述了商品市场处于供求均衡时的状况，也就是总供给 Y^s 等于总需求 Y^d，其中的总供给 Y^s 就等于总产出 Y，将方程式（2.5）代入，就可得到开放经济下 IS 曲线的代数表达式：

$$Y = \mu - \beta r - \delta e + \theta Y^f \tag{2.6}$$

其中，Y 代表实际收入（也就是总供给 Y^s），T 是宏观税率，$\mu = (\bar{C} + \bar{I} + G)/\alpha_G$，$\alpha_G = 1/[1 - c\ (1 - t) + m]$，表示含有国际贸易影响的简单财政政策乘数；$\beta = b/\alpha_G$，大于 0，表示 GDP 对利率的敏感程度，即利率每变化一个百分点，GDP 的变动大小，β 越大，表示利率政策对经济的作用越大；$\delta = n/\alpha_G$，δ 是 GDP 对汇率的敏感程度，同样，δ 越大表示汇率的波动对总产出的影响越大。$\theta = f/\alpha_G$，大于 0，表示本国收入对世界收入的敏感程度，θ 越大，国外需求的变动对本国产出影响就越大。实际利率 r 和实际汇率 e 的变动与总产出 Y 的变动相反，这是因为利率提高，投资减少，导致总产出减少，而汇率升高意味着本币升值，外国商品相对于本国商品变得便宜，因此进口增加，出口减少，导致总产出降低。

（2）开放经济下的 LM 曲线。LM 曲线描述了当货币市场处于均衡状态时，利率与产出的组合。建立这一曲线的基本出发点是凯恩斯发展的货币需求函数。凯恩斯主义经济学认为对货币需求的动机有三种。

交易动机。这部分货币的需求数量是由收入水平决定的，收入增加，这项支出也会相应增加，因此可以把它看成是收入的递增函数，表示为 $L_{11} = k_1Y$。

谨慎动机。这部分货币需求也是由收入决定的，是收入的增函数，即 $L_{12} = k_2Y$，因此可以将货币需求的交易动机和谨慎动机需求合并表示为 $L_1 = kY$，其中的 $k > 0$，表示收入每增加一个单位，货币需求增加的单位数量。

投机动机。由投机动机决定的对货币的需求，可以看做是利率的递减函数。表示为 $L_2 = -hr$，其中，$h > 0$ 表示货币的投机需求对实际利率的敏感程度。

货币需求是这三种动机导致的需求总和，可表示为 $L = L_1 + L_2 = kY - hr$，而货币的供给 M 是指实际货币供给量，它由中央银行发行的名义货币供给量与价格水平来决定。这样货币市场的均衡条件是：$M = kY - hr$，其中的 M 为实际货币存量。求出利率就得到了 LM 曲线的代数形式：

$$r = \frac{1}{h}(kY - M) \tag{2.7}$$

（3）国际收支平衡的 BP 曲线。当国际收支平衡时，外汇市场处于均衡状态，即经常项目收支 U 和资本项目收支 K 的流入和漏出（或者是漏出和流入）相等。BP 曲线表示在汇率不变的条件下一国处于国际收支均衡时利率 r 与国民收入 Y 的各种组合。若汇率固定，经常项目收支取决于本国收入 Y 和外国收入 Y^f，即 $U = -mY - ne + fY^f$，其中 m 表示边际进口倾向，n 表示出口对实际汇率的敏感程度，f 表示边际出口倾向；而资本项目收支 K 取决于本国利率 r 和世界利率 r^*，即 $K = l(r - r^*)$，这里的 l 表示国际资本流动的利率弹性，则 BP 曲线可表示为 $U + L = 0$，即：

$$-mY + ne + fY^f + l(r - r^*) = 0 \tag{2.8}$$

BP 曲线的斜率 m/l 为正，表明一国的利率变动同该国产出的变动呈正向关系，因为利率越高，意味着该国的资本收益越高，则资本流入越多（或流出越少），资本账户盈余，为保持国际收支平衡，就需要由更高的国民收入及由此带来的进口增加来平衡。斜率的大小表示为了维持国际收支平衡，一国产出增加了一个单位时，利率需要提高几个百分点，斜率越大，为了保持国际收支平衡，利率提高相同幅度时就需要产出提高得更多。BP 曲线斜率的形状取决于：边际进口倾向（m 越大，BP 曲线越陡峭）；国际资本流动的利率弹性（资本流动程度越高，BP 曲线越平缓）。类似于 IS 曲线，也可以将式（2.8）表示成利率与产出之间的关系：

$$y = \frac{1}{m}[-ne + fY^f + l(r - r^*)] \tag{2.9}$$

（4）IS–LM–BP 模型与政策搭配。IS 曲线、LM 曲线和 BP 曲线，分别代表了商品市场、货币市场和外汇市场上的均衡，将所有曲线加在一起构建的 IS–LM–BP 模型，则考虑了商品市场、货币市场和外汇市场同时实现均衡的情况。

在开放经济条件下，IS 曲线与 LM 曲线的交点所对应的状态被称为内部均衡，BP 曲线上每一点所对应的状态，即国际收支平衡被称为外部均衡。图 1–4 表明，当商品市场的 IS 曲线、货币市场的 LM 曲线和外汇市场的 BP 曲线相交于一点时，一国同时实现了内部均衡和外部均衡，即图中的 E 点。图中有两条 BP 曲线，BP_1 的斜率高于 LM 曲线的斜率，表示对资本项目实行管制，BP_2 曲线的斜率低于 LM 曲线的斜率，就表示了实行资本项目开放政策国家的国际收支平衡曲线。

三条曲线的交点 E 所对应的总产出 Y_0 和利率 i_0，表示了整个宏观经济实现均衡时的均衡产出和利率水平。在图 2–4 中 IS 曲线、LM 曲线和 BP 曲线相交的 E 点上，产品市场、货币市场、外汇市场都处于均衡状态。而任何偏离 E 点的利率和国民收入的组合，都不能实现这三个市场的同时均衡。

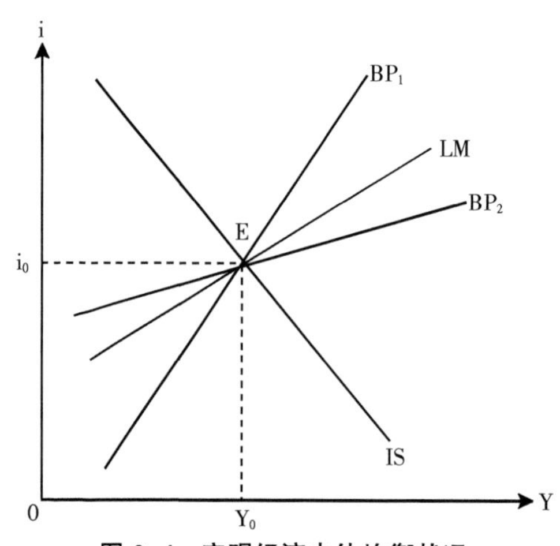

图 2–4　宏观经济内外均衡状况

对大多数国家来说，这三条曲线很难交于一点，因此就会出现国内外经济失衡的状况：在 IS 曲线右侧，存在过剩产品供给；在 IS 曲线左侧，存在过剩产品需求；在 LM 曲线右侧，存在过剩货币需求，在 LM 曲线左侧，存在过剩货币供给。当存在产品过剩供给时，产出就会减少。当存在货币过剩供给时，利率就会下降；在 BP 曲线的左侧，表示该国存在国际收支盈余，右侧则表明存在国际收支赤字。

由于汇率制度有固定和浮动之分，资本流动有完全流动、部分流动和完全不流动之分，因此用蒙代尔模型来分析政策搭配问题存在多种情况。我们选取三种情况来加以考察。

一是资本完全不流动、固定汇率制度下的内外均衡调节。资本完全不流动时，BP 为垂线，外部均衡由贸易余额决定。初始均衡点为 E_1 点，此时的产出水平超过了能使国际收支平衡的水平，存在国际贸易逆差。在此情况下，市场会产生自发调节。逆差导致外汇市场上对本币需求减少，外币需求增加，央行需要买入本币、卖出外币来维持固定汇率，这样就减少了货币供给，LM_1 曲线左移至 LM 的位置，利率上升，产出下降，国际收支平衡（见图 2–5）。

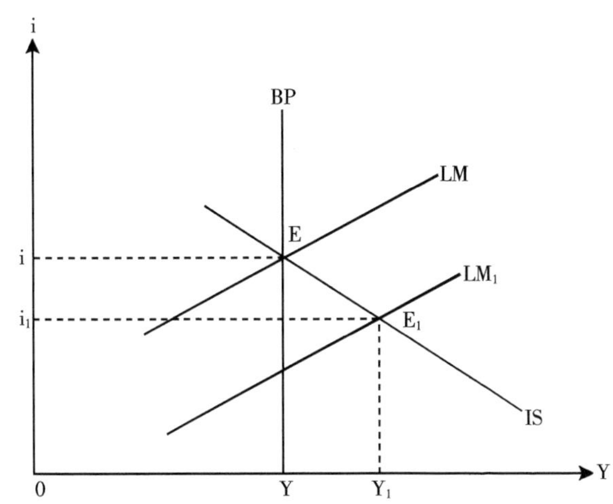

图 2–5　资本完全不流动、固定汇率制度下的内外均衡调节

二是资本不完全流动，浮动汇率制度下的内外均衡调节。此时，BP 曲线是一条向右上方倾斜的直线，即利率上升能够吸引资本流入，以弥补收入上升带来进口增加造成的贸易逆差。初始均衡点在 E_1 点，在 BP_1 曲线的下方，相对于国际收支平衡水平而言，产出偏高、利率偏低，存在国际收支逆差，外汇市场外币需求大于供给，导致本币贬值。本币贬值使得出口增加，从而 BP_1 曲线、IS_1 曲线右移到 BP 曲线、IS 曲线，和 LM 曲线交于 E 点，达到新的平衡。此时，本币有所贬值、利率和产出有所提高（见图 2–6）。

三是资本完全流动、浮动汇率制度下的内外均衡调节。此时，BP 曲线是一条水平的直线，国内利率和国际利率完全一致，国际收支完全由资本流动决定。初始均衡点在 E_1 点，利率高于国际水平，发生国际收支顺差，外汇市场供给大于需求，导致本币升值。本币升值导致 IS_1 左移，一直持续到 IS 的位置。此时，均衡点为 E 点，IS 曲线与 IM 曲线决定的利率等于国际利率，产出下降，利率下降（见图 2–6）。

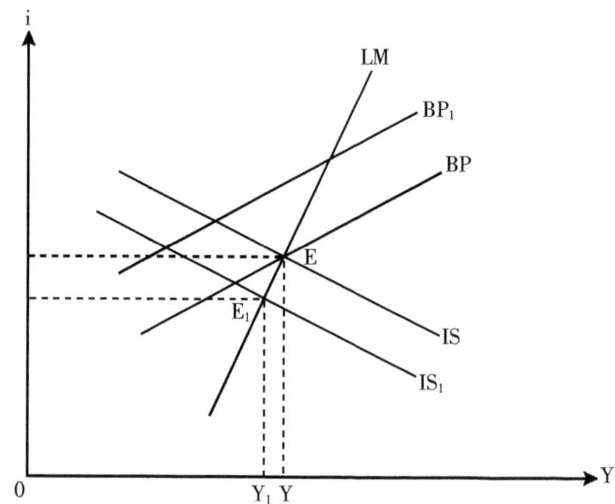

图 2-6　资本不完全流动、浮动汇率制度下的内外均衡调节

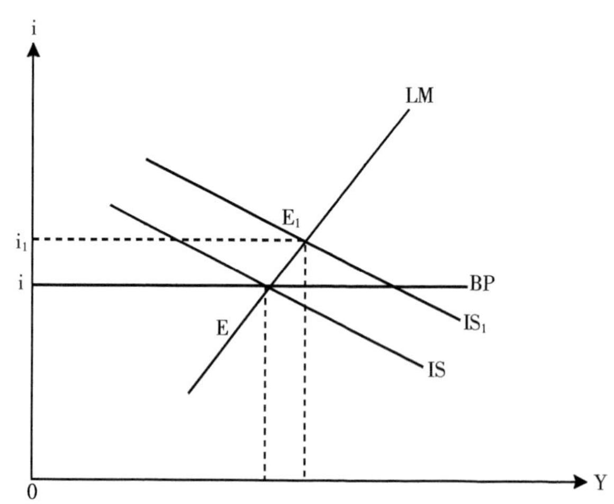

图 2-7　资本完全流动、浮动汇率制度下的内外均衡调节

根据汇率制度和资本流动状况的不同组合，可将国际收支失衡引发的曲线移动归纳为表 2-5。

表 2-5　不同条件下，国际收支失衡引发的曲线移动

资本流动状况	汇率制度	IS 曲线	LM 曲线	BP 曲线
完全不流动	固定	不移动	移动	不移动
	浮动	移动	不移动	移动
不完全流动	固定	不移动	移动	不移动
	浮动	移动	不移动	移动
完全流动	固定	不移动	移动	不移动
	浮动	移动	不移动	不移动

蒙代尔—弗莱明模型是 20 世纪 60 年代开放经济宏观理论的主要模型。该模型的主要功绩在于研究了资本在国际间的运动对宏观经济政策操作的影响。从该模型中可以得出的结论是：①开放经济条件下各种宏观经济政策的作用发生了根本性的变化。②宏观调节措施的作用程度也比在封闭经济条件下小许多，反映在模型上就是开放经济的乘数比封闭经济的乘数小许多。③开放经济条件下，货币政策和财政政策的有效性主要取决于资本在国际间的流动程度和所实行的汇率制度。

同其他模型一样，蒙代尔—弗莱明模型同样具有相应的约束条件，如总供给曲线平缓、资本流动不完全等，这些限制导致了蒙代尔—弗莱明模型具有相应的缺陷，如该模型是在忽略了国内支出变化对外资本输出的影响的条件下，得出经常项目与国内支出之间的直接关系的，没有考虑到除利率以外其他因素对资本流动的影响，认为两种政策对国内经济、国际收支影响的大小关系相同，而没有根据不同国家及不同时期的实际情况具体分析。另外，蒙代尔—弗莱明模型的初衷是为了证明即使不使用支出转换型政策，仅通过支出增减型政策就能够同时实现一国的内外均衡，因此在他的模型中没有使用汇率政策，这与当前的世界经济发展态势明显相悖。

第三章　中国经济内外失衡的主要表现和相互关系的实证分析

改革开放前，我国政府宏观调控关注的是内部均衡，宏观经济政策目标追求的是经济高增长、物价基本稳定、就业增加。改革开放以来，我国经济逐步由封闭走向开放，政府的宏观调控也逐渐将外部平衡纳入视野，并且随着对外开放程度的提高，外部平衡在宏观调控中的地位不断上升，政府由追求内部均衡的单一目标转向追求内部均衡和外部平衡的双重目标。21 世纪以来，随着中国加入 WTO，中国经济进一步融入了全球分工体系，全球劳动密集型和技术密集型产业的加工环节纷纷向中国转移，引进的外商直接投资快速增加。在美国和世界经济进入新一轮高增长的背景下，中国对外贸易快速发展，贸易顺差大幅增加，中国经济对外需的依赖日益加大。内外经济联动性的加强，外需对中国经济影响的日益加大，一方面在促进中国经济快速增长的同时，带来了内外需失衡、内需不足的问题；另一方面，由于对外贸易的快速发展和资本流入的不断加快，中国经济也出现了明显的外部失衡问题，集中体现在经常项目和资本项目双顺差持续大幅增加。与此同时，由于经济增长方式没有改变、收入分配差异日益扩大、政府职能转变滞后等因素，中国经济内部失衡也在不断加剧，突出表现在储蓄—投资缺口不断扩大，最终消费率持续下降。

一、中国经济内部失衡的主要表现

（一）改革开放以来中国经济发展取得了巨大成就

1978 年以来，我国进入改革开放的历史新时期，在新中国成立以后取得的成就的基础上，取得了举世瞩目的新的伟大成就。

第一，成功实现了从高度集中的计划经济体制向社会主义市场经济体制的历史转折，建立和完善社会主义市场经济体制，建立以家庭承包经营为基础、统分结合的农村双层经营体制，形成以公有制为主体、多种所有制经济共同发展的基本经济制度，形成以按劳分配为主体、多种分配方式并存的分配制度，形成在国家宏观调控下市场对资源配置发挥基础性作用的经济管理制度。

第二，成功实现了从封闭半封闭到全方位开放，从建立经济特区到开放沿海、沿江、沿边、内陆地区再到加入世界贸易组织，从“引进来”到“走出去”的历史转折，利用国际国内两个市场、两种资源的水平显著提高，国际竞争力不断增强。从 1978 年到 2008 年，我国进出口总额从 206.4 亿美元提高到 25616.3 亿美元，位居世界第三，外汇储备位居世界第一，对外投资大幅增长，实际使用外资额累计达 10498.1 亿美元。广泛深入的国际合作加快了我国经济发展，也为世界经济发展作出了重大贡献。

第三，综合国力不断增强。从 1978 年到 2008 年，我国国内生产总值由 3645.2 亿元增长到 300670.0 亿元，年均实际增长 9.8%，是同期世界经济年均增长率的 3 倍多，我国经济总量上升为世界第三位。依靠自己力量稳定解决了 13 亿人的吃饭问题。我国主要农产品和工业品产量已居世界第一位，具有世界先进水平的重大科技创新成果不断涌现，高新技术产业蓬勃发展，水利、能源、交通、通信等基础设施建设取得了突破性进展，生态文明建设不断推进，城乡面貌焕然一新。

第四，人民生活总体上达到小康水平。从 1978 年到 2008 年，全国城镇居民人均可支配收入由 343.4 元增加到 15780.8 元，实际增长 7.16 倍；农民人均纯收入由 133.6 元增加到 4760.6 元，实际增长 6.93 倍；农村贫困人口从 2.5 亿减少到 4007 多万。城市人均住宅建筑面积和农村人均住房面积成倍增加。群众家庭财产普遍增多，吃穿住行用水平明显提高。改革开放前长期困扰我们的短缺经济状况已经从根本上得到改变。

第五，社会和谐稳定得到巩固和发展。城乡九年义务教育全面实现，高等教育总规模、大中小学在校生人数位居世界第一，办学质量不断提高。就业规模持续扩大，全社会创业活力明显增强。社会保障制度建设加快推进，覆盖城乡居民的社会保障体系初步形成。公共卫生服务体系和基本医疗服务体系不断健全，新型农村合作医疗制度覆盖全国。社会管理不断改进，社会大局保持稳定。

（二）改革开放以来内部均衡指标变化态势

从反映经济内部均衡的传统宏观总量指标经济增长、物价水平和就业状况变化态势来看，以 1997 年为分界点，1978~1997 年 GDP 平均增速为 9.9%，物价平均增幅为 8.1%，经济增长和物价水平都是大起大落，波动明显，年度物价增幅基本上滞后年度 GDP 增幅一年（见图 3-1）。从城市登记失业率来看，1983~1997 年基本上在 3%以内。1998 年以后，GDP 增速和 CPI 增速都比较平稳，1998~2008 年 GDP 平均增速为 9.7%，比 1978~1997 年回落 0.2 个百分点；

CPI 平均增幅为 1.8%，比 1978~1997 年回落 6.3 个百分点，CPI 增幅的回落远远大于 GDP 增速的回落。城市登记失业率控制在 4.3%以内。

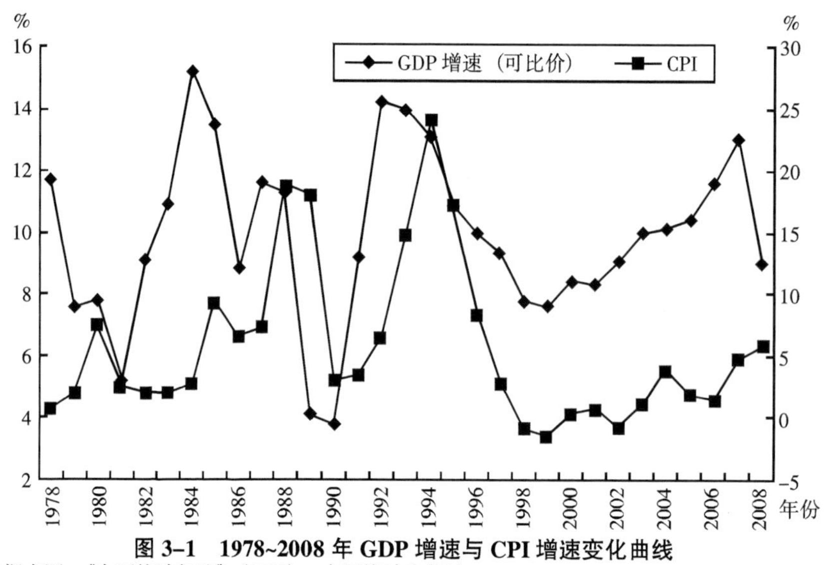

图 3-1　1978~2008 年 GDP 增速与 CPI 增速变化曲线

数据来源：《中国统计年鉴》(2009)，中国统计出版社，2009。

根据宏观经济学理论，一个经济体的长期经济增长路径由其潜在经济增长率决定。而其短期增长由消费、投资及净出口所构成的总需求决定。改革开放以来，我国国民经济经历了五次大的周期波动，[①] 分别是：1979~1981 年、1982~1986 年、1987~1990 年、1991~1999 年、2000~2008 年，其中包括四个膨胀和四个收缩阶段。这几次周期波动期间，衡量内部均衡状况的经济增长率、通货膨胀率及消费、投资及净出口等指标具有以下不同的特点：

（1）1979~1981 年。这一阶段是改革开放的起步阶段，针对前一阶段的经济过热，中央政府进行了改革开放以来的第一次紧缩型宏观调控，提出了“调整、改革、整顿、提高”的八字方针，用三年时间进行经济调整。GDP 增长率从 1978 年的 11.7%下降到 1981 年的 5.2%，社会商品零售价格除 1980 年达到 6%外，其余年份都在 3%以内。投资增长率[②] 从 25.1%下降为−0.8%，投资率[③] 从 38.2%下降到 32.5%；与之相应，消费增长率[④] 从 7.8%上升为 9.3%，消

---

① 五个经济周期按照经济周期波动“谷—谷”法划分。

② 投资增长率指支出法 GDP 中资本形成总额的实际增长率。

③ 也称资本形成率，即资本形成总额占支出法 GDP 的比重。

④ 消费增长率指支出法 GDP 中最终消费支出的实际增长率。

费率[①] 由 62.1%上升为 67.1%。从对经济增长的贡献来看，投资贡献率[②] 从 66.0%下降到-4.3%，消费贡献率[③] 从 39.4%上升到 93.4%，消费对经济增长的贡献远远大于投资。这一时期，内部失衡的突出表现是社会需求尤其是投资需求的急剧下降导致经济增速大幅回落。

（2）1982~1986 年。这一阶段，我国工业化进程开始起步，消费需求十分旺盛，年均经济增长率达到 11.5%，投资率从 1981 年的 32.5%上升为 1986 年的 37.5%，消费率从 67.1%下降为 64.9%。1984 年，达到了此轮经济周期的波峰，当年经济增长率为 15.2%。中央政府为了抑制经济过热，出台了一系列紧缩型宏观经济政策，1985 年经济增速有所回落，但投资继续加速增长，增长率达到 28.4%，社会商品零售价格指数上涨 8.8%。投资增长率和消费增长率最终于 1986 年回落到 10%以下。这一阶段的最大特点是投资和消费对经济增长的双拉动作用，投资年均增长 14.3%，消费年均增长 11.4%，投资和消费对经济增长的贡献率分别为 41.8%和 67.7%，均保持在较高的水平，两者之和超过了 100%。这一阶段内部失衡的突出特征是社会总需求扩张速度快于社会总供给的增长能力，投资和消费双膨胀引起物价总水平的较快上升，产生了比较严重的通货膨胀。

（3）1987~1991 年。1987~1988 年经济再次过热，经济增长率分别为 11.6%和11.3%，商品价格改革闯关导致抑制性通胀压力集中释放，1988 年社会商品零售价格指数上涨 18.5%。针对经济出现过热的情况，从 1989 年开始，中央政府采取了一系列治理整顿措施，大力压缩固定资产投资，经济增长随着投资增速的放缓而明显回落，居民收入增长放慢，消费增长也呈现回落的趋势。这一阶段，投资和消费对经济增长的贡献率分别为 21.1%和 50.5%，均处于较低的水平，两者之和仅为 71.6%。投资率、消费率也同时下降，投资率从 1986 年的 37.5%下降为 1991 年的 34.8%，消费率从 64.9%下降为 62.4%。年均经济增长率仅为 8.0%，其中投资增长率为 5.8%，消费增长率为 7.4%。外需成为拉动经济增长的一个因素，净出口贡献率[④] 为 28.44%，平均拉动经济增长 1.8 个百分点。此阶段内部失衡主要特征是由于政府大力压缩固定资产投资，内需急剧收缩，经济增长速度大幅回落。

（4）1992~1996 年。1992 年初邓小平南方谈话和中国共产党十四大的召开，确立了社会主义市场经济体制的改革目标，中国的改革开放进入新阶段。

---

① 也称最终消费率，即最终消费支出占支出法 GDP 的比重。

② 投资贡献率，也称投资对经济增长的贡献率，等于资本形成总额增量占支出法 GDP 增量的比重。

③ 消费贡献率，也称消费对经济增长的贡献率，等于最终消费增量占支出法 GDP 增量的比重。

④ 净出口贡献率，也称货物和服务净出口对经济增长的贡献率，等于货物和服务净出口增量占支出法 GDP 增量的比重。

从 1992 年开始，全国又掀起了一个经济建设的新高潮，固定资产投资迅猛增长，并伴随着严重的通货膨胀，居民消费价格指数和固定资产投资价格指数快速上升，经济再次出现过热现象。1992~1995 年，商品零售价格年均上涨率为 13.8%，年均经济增长率为 13%。其中投资增长率和固定资本形成增长率分别为 17.6%和 20.1%，消费增长率为 10%；年均投资率高达 40.2%，消费率为 59.1%；投资贡献率达到 52.9%，消费贡献率为 51.7%。投资对经济增长的贡献已超过消费，其中 1994 年、1995 年两年固定资本形成的贡献率也超过了消费贡献率，固定资产投资成为经济增长的主要拉动力。从 1993 年年中开始，中央采取了一系列以压缩投资和控制信贷投放为主的宏观调控措施。到 1996 年底，成功实现了“软着陆”，GDP 增长率回落到 9.6%，商品零售价格上涨率回落到 6.1%。这一阶段中国经济内部失衡的主要特征是投资膨胀带动经济高增长和高通胀，而由于经济过热而产生的生产过剩初露端倪。

（5）1997~2001 年。1997 年 7 月在泰国爆发了金融危机，随后蔓延至亚洲其他国家，形成了亚洲金融危机。亚洲金融危机对中国经济的影响，在 1998 年初逐渐显现。尽管 1998 年年中中国政府采取了一系列扩大内需、启动经济的政策措施，使中国经济避免了“大落”，但国内有效需求仍严重不足，出现了物价水平负增长的通货紧缩现象。在此期间，年均经济增长率为 8.3%，年均 CPI 上涨 0.34%。其中投资增长率为 5.6%，消费增长率为 8.7%；投资率为 36.2%，消费率为 60.7%。投资和消费对经济增长的贡献率分别为 28.3%和 56.9%，均处于较低的水平，两者之和为 85.2%，说明对经济增长的贡献中有相当一部分来源于外需。同时，由于企业开工不足，存货增加连年下降，固定资本形成对经济增长的贡献率超过全部投资贡献率。这一阶段中国经济失衡的特征由总需求过剩转化为总供给过剩，出现了有效需求不足和通货紧缩问题。

（6）2002~2008 年。2002~2006 年，由于多年实施积极财政政策的累积效应的释放，国民经济进入持续扩张期，固定资产投资增长开始加快，机器设备厂房开始更新换代。投资率迅速回升，从 2001 年的 36.5%迅速上升到 2006 年的 42.6%，年平均为 41.5%；消费率快速下降，从 2001 年的 61.4%跌落到 2006 年的 49.9%，年平均为 55.6%。我国经济保持了“高增长、低通胀”的黄金组合，年均 GDP 增长率达到 10.2%的较高水平，居民消费价格年增长率保持在 4%的低水平以内（见表 3-1）。这一阶段的经济增长仍是投资主导型的，投资对经济增长的贡献率为 49.5%，远远大于消费对经济增长的贡献率 38.9%，而外需对经济增长的贡献率也达到 11.6%，其中 2005 年、2006 年分别达到 24.1%和 19.3%。

2007 年，中国的 GDP 增长率达到 13%，比 2006 年提高 1.4 个百分点。伴随着经济增长的不断提速，我国自 2002 年下半年进入新一轮经济增长周期以

表 3-1　1991~2008 年我国内部经济均衡的衡量指标

单位：%

年　份	GDP 增长率	城镇登记失业率	CPI 同比变化率
1991	9.2	2.3	3.4
1992	14.2	2.3	6.4
1993	14.0	2.6	14.7
1994	13.1	2.8	24.1
1995	10.9	2.9	17.1
1996	10.0	3.0	8.3
1997	9.3	3.1	2.8
1998	7.8	3.1	−0.8
1999	7.6	3.1	−1.4
2000	8.4	3.1	0.4
2001	8.3	3.6	0.7
2002	9.1	4.0	−0.8
2003	10.0	4.3	1.2
2004	10.1	4.2	3.9
2005	10.4	4.2	1.8
2006	11.1	4.1	1.5
2007	13.0	4.0	4.8
2008	9.0	4.2	5.9

数据来源：《中国统计年鉴》(2009)，中国统计出版社，2009。

后积累的投资增长过快、信贷投放过多、外贸顺差过大、高能耗高排放和资源性商品出口增长过快等矛盾进一步加剧，2007 年下半年 CPI 出现快速上升，2007 年 12 月的中央经济工作会议提出要把防止经济增长由偏快转为过热、防止价格由结构性上涨演变为明显通货膨胀作为宏观调控的首要任务。物价加速上升往往预示着经济调整的开始，而 2008 年全球经济危机的爆发，加速了中国经济调整的节奏，经济增长速度快速回落，通货膨胀快速转变为通货紧缩。2008 年 11 月 15 日，国务院常务会议决定调整原有的宏观经济政策，实行积极的财政政策和适度宽松的货币政策来“保增长、扩内需、调结构、惠民生”。

2002~2008 年，尽管从表面上看，国内经济运行多数时间接近于理想的均衡状态。但从深层结构角度分析，我国经济运行存在严重的内部失衡。主要表现为消费、投资、储蓄的不协调：一是投资率不断走高、消费率不断降低；二是储蓄率和投资率双高，而且储蓄率高于投资率，储蓄—投资正缺口持续大幅提高。下面我们对 2002 年以来我国经济内部失衡的最关键特征进行详细分析。

（三）2002年以来中国经济内部失衡的主要特征

1. 投资持续高增长，投资率已达偏高水平

1978年以来，我国的投资率基本保持在30%~45%之间。1978~2000年，投资率最高的年份为1993年，达到42.6%；最低的年份为1982年，为32.1%；平均水平为37.3%。2002年以来，在多年实施积极财政政策的累积效应释放、世界经济持续高速增长等境内外积极因素的综合作用下，我国国民经济进入持续扩张期，固定资产投资增长开始加快，机器设备厂房开始更新换代，导致投资率迅速回升，从2000年的35.3%迅速上升到2008年的43.5%，年平均高达41.9%（见表3-2）。

表3-2 1978~2008年我国支出法GDP及投资率、消费率

年份	GDP（亿元）	最终消费（亿元）	资本形成（亿元）	投资率（%）	消费率（%）
1978	3605.6	2239.1	1377.9	38.2	62.1
1979	4092.6	2633.7	1478.9	36.1	64.4
1980	4592.9	3007.9	1599.7	34.8	65.5
1981	5008.8	3361.5	1630.2	32.5	67.1
1982	5590	3714.8	1784.2	31.9	66.5
1983	6216.2	4126.4	2039.0	32.8	66.4
1984	7362.7	4846.3	2515.1	34.2	65.8
1985	9076.7	5986.3	3457.5	38.1	66.0
1986	10508.5	6821.8	3941.9	37.5	64.9
1987	12277.4	7804.6	4462.0	36.3	63.6
1988	15388.6	9839.5	5700.2	37.0	63.9
1989	17311.3	11164.2	6332.7	36.6	64.5
1990	19347.8	12090.5	6747.0	34.9	62.5
1991	22577.4	14091.9	7868.0	34.8	62.4
1992	27565.2	17203.3	10086.3	36.6	62.4
1993	36938.1	21899.9	15717.7	42.6	59.3
1994	50217.4	29242.2	20341.1	40.5	58.2
1995	63216.9	36748.2	25470.1	40.3	58.1
1996	74163.6	43919.5	28784.9	38.8	59.2
1997	81658.5	48140.6	29968.0	36.7	59.0
1998	86531.6	51588.2	31314.2	36.2	59.6
1999	90964.1	55636.9	32951.5	36.2	61.2
2000	98749.0	61516.0	34842.8	35.3	62.3
2001	108972.4	66878.3	39769.4	36.5	61.4
2002	120350.3	71691.2	45565.0	37.9	59.6

续表

年　份	GDP（亿元）	最终消费（亿元）	资本形成（亿元）	投资率（%）	消费率（%）
2003	136398.8	77449.5	55963.0	41.0	56.8
2004	160280.4	87032.9	69168.4	43.2	54.3
2005	188692.1	97822.7	80646.3	42.7	51.8
2006	221651.3	110595.3	94402.0	42.6	49.9
2007	263093.8	128793.8	110919.4	42.2	49.0
2008	306859.8	149112.6	133612.3	43.5	48.6

数据来源：《中国统计年鉴》（2009），中国统计出版社，2009。

（1）我国投资率显著高于国际水平。由于存在经济发展水平、经济发展阶段、历史文化传统等方面的差异，在进行国际比较时，必须考虑“参照国”的类别一致性、可比性。以下我们分别按照收入水平、经济增长速度、文化传统、地域特征等分类标准进行比较，通过比较，我们发现我国的投资率均远远高于各种分类经济体的平均投资率水平，也超过各类经济体的历史最高水平。①

按照收入水平分类进行比较。根据消费函数理论，不同收入水平条件下会产生不同的消费—储蓄比率水平。利用国际货币基金组织的《国际金融统计年鉴》提供的1960~2003年的数据，按照人均收入水平，把纳入统计的国家或地区分为低收入、中下等收入、中上等收入及高收入四组，计算得出各个组别国家或地区的平均投资率分别为24.3%、24.7%、23.5%和20.8%。我国的投资率水平（37.3%）显著超过了其他比较组的平均水平。

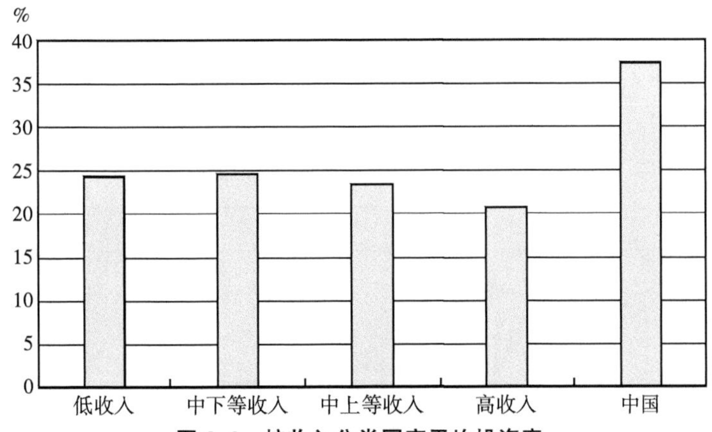

图 3-2　按收入分类国家平均投资率

数据来源：IMF，International Financial Statistics Yearbook，2001，2002，2004。

① 国家发改委宏观经济研究院投资研究所课题组：《促进消费、投资、出口协调拉动经济发展的思路和对策研究》（主报告），3~5 页，2008。

按照经济增速分类进行比较。根据增长理论，经济体的增长在相当程度上取决于储蓄和投资水平。我们按照不同的年均增长速度对纳入统计的国家进行了五组分类，分别为2%~3%、3%~4%、4%~5%、5%~6%及6%以上，五类国家的平均投资率分别为20.8%、23.1%、22.5%、22.6%和30.4%。我国37.3%的投资率同样大大高于所有水平。

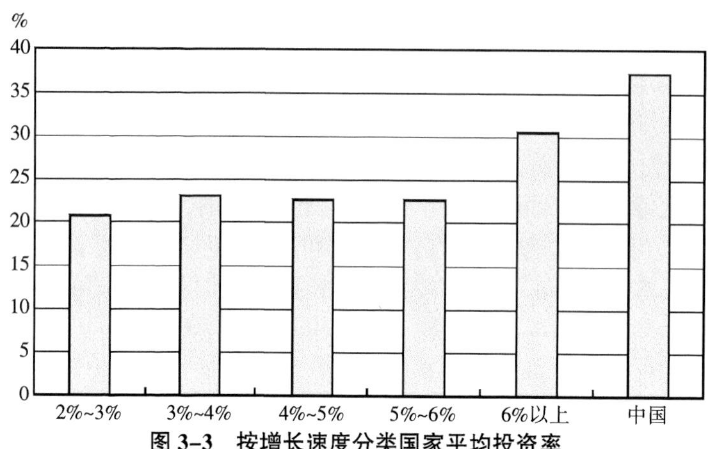

图3-3 按增长速度分类国家平均投资率

数据来源：IMF，International Financial Statistics Yearbook，2001，2002，2004。

按文化传统差异、地域特征差异分类进行比较。根据消费理论，不同文化传统背景对消费—储蓄决策后果影响显著。我们分别计算了全球国家或地区和欧美基督教背景的工业化国家、以儒教传统为背景的亚洲国家、伊斯兰背景的中东国家以及拉丁美洲国家四类分组的年平均投资率，分别为23.7%、22.1%、28%、25.7%和21.6%。我国投资率依然高居榜首。

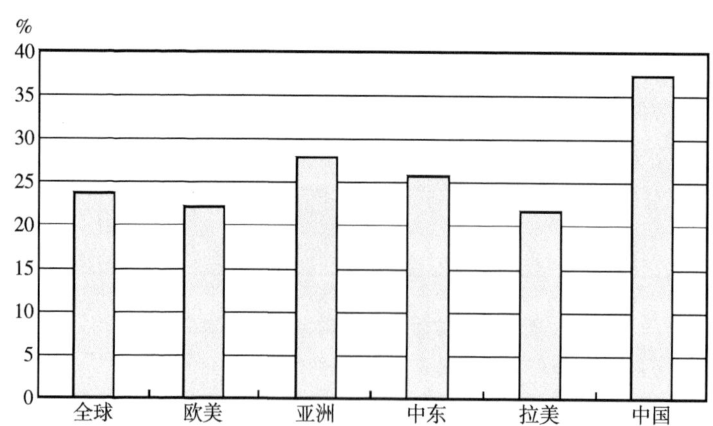

图3-4 按文化传统差异、地域特征差异分类国家平均投资率

数据来源：IMF，International Financial Statistics Yearbook，2001，2002，2004。

与同属东亚地区、文化传统相近及同样经历高增长的日、韩对比。我们使用日本投资率最高时期（1952~1973 年）和韩国投资率最高时期（1991~1997 年）以及我国 1978~2008 年间平均投资率和 2002~2008 年间平均投资率。和其他比较相比，尽管这个结果的差距要比其他比较差距缩小很多，但此七年我国平均投资率仍然显著高出日、韩最高投资率时期的投资率水平。

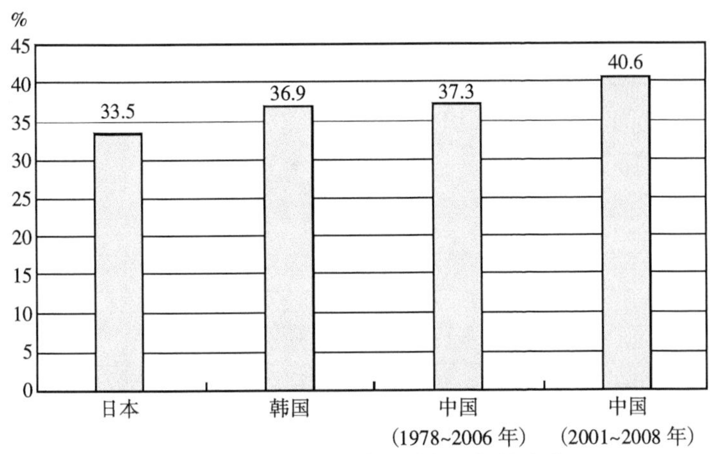

图 3-5　中、日、韩高速增长时期投资率

数据来源：Japan Statistical Yearbook，1975，2002。

（2）政府投资增长快于民间投资，政府投资是投资率偏高的关键。1993~2004 年我国政府部门资本形成总额的年均名义增长率为 24.7%，高于非政府部门近 8 个百分点；政府部门资本形成总额占全部资本形成总额的比重从 1992 年的 5.8%上升为 2004 年的 11.9%。虽然政府投资占全部资本形成总额的比重较小，但是由于其增长率大大高于民间投资，因而对我国投资率上升的拉动作用已接近甚至将超过民间投资。政府投资率① 从 1992 年的 2.1%上升为 2004 年的 5.1%，上升了 3 个百分点；民间投资率② 从 1992 年的 34.5%上升为 2004 年的 38.1%，上升了 3.6 个百分点。可以看出，政府投资率的上升速度大大快于民间投资率。

（3）住宅投资从 2005 年后对投资增长的拉动加大。从 20 世纪 90 年代初开始，我国全面开展了住房体制改革。对比房改前后数据可以看出，住宅投资占 GDP 的比重稳中有升，1996 年住宅投资额占支出法 GDP 的比重为 7.0%，2008 年为 10.1%，年平均为 8.1%。但是，住宅投资额占固定资本形成总额的

① 政府部门资本形成总额占支出法 GDP 的比重。

② 非政府部门资本形成总额占支出法 GDP 的比重。

比重却呈现先升后降再升的走势，从 1996 年的 18.1%上升为 2000 年的 21.8%，后降至 2005 年的 19.1%，再升至 2008 年的 23.1%，年平均为 20.4%。从住宅投资增长速度和固定资本形成的增长速度看，2005 年以前住宅投资增长速度低于固定资本总额增长速度，只有 2006 年、2007 年和 2008 年住宅投资增长速度高于固定资本总额增长速度。可见 2005 年以后，居民住宅投资对投资率上升的贡献加大。

表 3–3 1996~2008 年住宅投资变化情况

年 份	支出法 GDP（亿元）	资本形成总额（亿元）	住宅投资（亿元）	住宅投资 /GDP（%）	住宅投资/资本形成总额（%）	住宅投资增速（%）	资本形成总额增速（%）
1996	74163.6	28784.9	5198.5	7.0	18.1	9.7	13.0
1997	81658.5	29968	5370.7	6.6	17.9	3.3	4.1
1998	86531.6	31314.2	6393.8	7.4	20.4	19.0	4.5
1999	90964.1	32951.5	7058.8	7.8	21.4	10.4	5.2
2000	98749	34842.8	7594.1	7.7	21.8	7.6	5.7
2001	108972.4	39769.4	8339.1	7.7	21.0	9.8	14.1
2002	120350.3	45565	9407.1	7.8	20.6	12.8	14.6
2003	136398.8	55963	10792.3	7.9	19.3	14.7	22.8
2004	160280.4	69168.4	13461.1	8.4	19.5	24.7	23.6
2005	188692.1	80646.3	15427.2	8.2	19.1	14.6	16.6
2006	221651.3	94402	19333.1	8.7	20.5	25.3	17.1
2007	263093.8	110919.4	25005	9.5	22.5	29.3	17.5
2008	306859.8	133612.3	30881.2	10.1	23.1	23.5	20.5

数据来源：《中国统计年鉴》（2009），中国统计出版社，2009。

2. 消费增长较慢，消费率持续下降后处于偏低水平

（1）消费率持续较大幅度下降，处于偏低水平。消费增长落后于 GDP 增速，消费率持续较大幅度下降。按照当年价格计算，1978~2000 年支出法 GDP 年均增长 16.2%，最终消费总量年均增长 16.3%，两者增速基本一致。2001~2008 年，GDP 年均增长 16.0%，而最终消费总量年均增长 12.1%，比 GDP 增长低 3.9 个百分点，与同期投资增速超过 GDP 增速 2.8 个百分点形成鲜明对比。消费需求增长慢于 GDP 增长，导致消费率不断下降。消费率的平均值由 1978~2000 年的 62.8%下降到 2008 年的 48.6%，下降 14.2 个百分点。同期，投资率由 36.5%提高到 43.5%，提高 7 个百分点。

与国际水平相比较，可以发现我国消费率居于世界较低水平，明显偏离了世界消费率变化的一般趋势和标准结构。2003 年，我国消费率为 56.8%，世界低收入国家为 79.7%，中低收入国家为 72.8%，中等收入国家为 71.7%（其中，中上等国家为 76.1%，中下等国家为 69.7%）。我国目前消费率不仅大大低于世界平均水平，而且也明显低于发展中国家平均水平。

（2）居民消费增长缓慢，居民消费率偏低是我国消费率偏低的主要原因。与政府消费相比，居民消费增长缓慢。最终消费分为政府消费和居民消费两大部分。1980~1990 年政府消费年均增长 14.6%，居民消费年均增长 15%，居民消费增速高于政府消费 0.4 个百分点；政府消费率和居民消费率分别为 14.2%和 51%。可以说，1980~1990 年的 10 年间在国民经济高速发展的推动下，居民消费水平大幅提高，城乡居民是经济发展的最大受益者。但是，20 世纪 90 年代以后情况发生了变化，政府消费增速逐年加快，占总消费的比重不断提高，居民消费增速则逐年减缓，占总消费的比重不断降低。1991~2008 年政府消费年均增长为 15.8%，居民消费年均增长为 14.6%，居民消费年增长低于政府消费 1.2 个百分点；政府消费率和居民消费率分别为 14.5%和 42.9%，与 1980~1990 年相比，政府消费率提高了 0.3 个百分点，而居民消费率却下降了 8.1 个百分点。

与国际水平相比，我国存在居民消费率偏低、政府消费率偏高的情况。2001 年世界中下等收入国家和地区居民消费率和政府消费率分别为 57%和 13%，我国为 45%和 16%，我国居民消费率比中下等收入国家低 12 个百分点，但是政府消费率却比中下等收入国家高 3 个百分点。由此可见，我国政府消费率与国外相比基本持平或略高，差距并不大，居民消费率却大大低于国际水平。因此，我们认为，我国消费率偏低主要是由于我国居民消费率偏低造成的。

（3）农村居民消费增长明显慢于城市。从消费品零售额看，城乡市场增幅差距较大。以当年价格计算，1990~2008 年，城市消费品零售总额年均增长 20.3%，农村消费品零售总额年均增长 12.2%，农村消费比城市消费增速低 8.1 个百分点。分阶段看，城市消费品零售额增速快于农村的优势十分明显。1979~2008 年 29 年间只有 1982 年和 1986 年两年农村消费品零售额增幅高于城市，其余 27 年均是城市消费品零售额增长快于农村，两者在新增量上的差距很大。1994 年以前城乡消费增速差距较大，大约为 6~7 个百分点，1995~1999 年差距有所缩小，但是，2000 年以后差距进一步扩大，虽然 2005 年以后，农村消费增长有加快趋势，但与城市消费增长差距仍保持在 1.5 个百分点左右。

从城乡消费品零售额占总消费的比重来看，呈现出农村比重不断降低、城市比重不断提高的趋势。1979~2008 年城市消费占总消费的比重由 32.5%提高为 68.0%，年均提高 1.9 个百分点；农村消费占总消费的比重由 1979 年的 67.5%降低为 2008 年的 32.0%，年均下降 1.9 个百分点，城乡消费对总消费的贡献作用，与改革开放初期相比发生了根本性的逆转。

1979~1984 年农村消费品零售额占总消费额的 60%以上，城市消费占比不足 40%，农村消费是整个社会消费的主力。1985~1992 年处于城市消费占比不断上升、农村消费占比不断降低的阶段。农村消费占比由 1985 年的 56.5%降

表 3-4 城乡消费品零售额增速、规模比较

年份	全社会消费品零售总额		城市消费品零售额			农村消费品零售额			城乡比较	
	绝对额（亿元）	增长（%）	绝对额（亿元）	增长（%）	比重（%）	绝对额（亿元）	增长（%）	比重（%）	增幅之差	比重之差
1979	1800.0	15.5	584.7	15.7	32.5	1215.3	15.4	67.5	0.4	−35.0
1980	2140.0	18.9	733.6	25.5	34.3	1406.4	15.7	65.7	9.7	−31.4
1981	2350.0	9.8	843.3	15.0	35.9	1506.7	7.1	64.1	7.8	−28.2
1982	2570.0	9.4	920.5	9.2	35.8	1649.5	9.5	64.2	−0.3	−28.4
1983	2849.4	10.9	1057.3	14.9	37.1	1792.1	8.6	62.9	6.2	−25.8
1984	3376.4	18.5	1348.7	27.6	39.9	2027.7	13.1	60.1	14.4	−20.1
1985	4305.0	27.5	1874.5	39.0	43.5	2430.5	19.9	56.5	19.1	−12.9
1986	4950.0	15.0	2018.0	7.7	40.8	2932.0	20.6	59.2	−13.0	−18.5
1987	5820.0	17.6	2427.0	20.3	41.7	3393.0	15.7	58.3	4.5	−16.6
1988	7400.0	27.8	3260.8	34.4	44.1	4179.2	23.2	56.5	11.2	−12.4
1989	8101.4	8.9	3666.8	12.5	45.3	4434.6	6.1	54.7	6.3	−9.5
1990	8300.1	2.5	3888.6	6.0	46.9	4411.5	−0.5	53.1	6.6	−6.3
1991	9415.6	13.4	4529.8	16.5	48.1	4885.8	10.8	51.9	5.7	−3.8
1992	10993.7	16.8	5470.3	20.8	49.8	5523.4	13.1	50.2	7.7	−0.5
1993	14270.4	29.8	7138.1	30.5	50.0	7132.3	29.1	50.0	1.4	0.0
1994	18622.9	30.5	9387.8	31.5	50.4	9235.1	29.5	49.6	2.0	0.8
1995	23613.8	26.8	12979.4	38.3	55.0	10634.4	15.2	45.0	23.1	9.9
1996	28360.2	20.1	16199.2	24.8	57.1	12161.0	14.4	42.9	10.5	14.2
1997	31252.9	10.2	18499.5	14.2	59.2	12753.4	4.9	40.8	9.3	18.4
1998	33378.1	6.8	20294.1	9.7	60.8	13084.0	2.6	39.2	7.1	21.6
1999	35647.9	6.8	22201.8	9.4	62.3	13446.1	2.8	37.7	6.6	24.6
2000	39105.7	9.7	24555.2	10.6	62.8	14550.5	8.2	37.2	2.4	25.6
2001	43055.4	10.1	27379.1	11.5	63.6	15676.3	7.7	36.4	3.8	27.2
2002	48135.9	11.8	31376.5	14.6	65.2	16759.4	6.9	34.8	7.7	30.4
2003	52516.3	9.1	34608.3	10.3	65.9	17908.0	6.9	34.1	3.4	31.8
2004	59501.0	13.3	39695.7	14.7	66.7	19805.3	10.6	33.3	4.1	33.4
2005	67176.6	12.9	45094.3	13.6	67.1	22082.3	11.5	32.9	2.1	34.3
2006	76410.0	13.7	51542.6	14.3	67.5	24867.4	12.6	32.5	1.7	34.9
2007	89210.0	16.8	60410.7	17.2	67.7	28799.3	15.8	32.3	1.4	35.4
2008	108487	21.6	73734.9	22.1	68.0	34752.8	20.7	32.0	1.4	35.9

数据来源：《中国统计年鉴》(2009)，中国统计出版社，2009。

为 1992 年的 50.2%，7 年降低了 6.3 个百分点；城市消费占比由 1985 年的 43.5%提高为 1992 年的 49.8%，7 年提高了 6.3 个百分点。1993 年以后，城、乡消费角色发生根本性逆转，城市消费快速增长、占比迅速提高，而农村消费增速缓慢、占比迅速下降，城市消费成为推动全社会消费需求增长的主要力量。1994 年城、乡消费品零售额占比分别为 50.4%和 49.6%，城市占比首次超过农村，此后几年城市消费比重连年上升，持续保持在 60%以上，2000 年达到 62.8%，2008 年上升为 68%，而农村消费占比连年下降，2000 年降为 37.2%，2008 年进一步降低为 32%。

从耐用消费品拥有量来看，农村居民落后于城市的程度远远大于 10 年。2007 年农民家庭平均每百户彩色电视机、洗衣机和电冰箱的拥有量分别为 94.4 台、45.9 台和 26.1 台，农民彩电拥有量相当于城市居民 1996 年的水平，农村落后城市 11 年；洗衣机拥有量相当于城市居民 1985 年的水平，农村落后城市 22 年；电冰箱的拥有率相当于城市居民 1987 年的水平，农村落后城市 20 年。农民收入增长缓慢，可实现的购买力严重不足，此外，水、电、道路等基础设施环境较差等，也是农村耐用消费品普及率远远低于城市的主要因素。

3. 投资的贡献率不断上升，消费的贡献率不断下降

1978~2008 年，投资的贡献率为 36.7%，消费的贡献率为 55.3%，消费对经济增长的贡献远大于投资。其中，1978~1990 年，投资的贡献率为 30.3%，消费的贡献率为 62.9%；1991~2000 年，投资的贡献率为 36.2%，消费的贡献率为 56.7%；1978~2000 年，投资对经济增长的贡献率逐步上升，但仍小于消费的贡献率；2001~2008 年，投资的贡献率为 47.8%，消费的贡献率为 41.4%。投资对经济增长的贡献大于消费，平均高出 6.4 个百分点（见表 3–5）。

表 3–5　三大需求对经济增长的贡献率和贡献度

年　份	GDP 增速（%）	最终消费支出		资本形成总额		货物和服务净出口	
		贡献率（%）	贡献度（百分点）	贡献率（%）	贡献度（百分点）	贡献率（%）	贡献度（百分点）
1978	11.7	39.4	4.6	66.0	7.7	–5.4	–0.6
1979	7.6	87.3	6.6	15.4	1.2	–2.7	–0.2
1980	7.8	71.8	5.6	26.4	2.1	1.8	0.1
1981	5.2	93.4	4.9	–4.3	–0.2	10.9	0.5
1982	9.1	64.7	5.9	23.8	2.2	11.5	1.0
1983	10.9	74.1	8.1	40.4	4.4	–14.5	–1.6
1984	15.2	69.3	10.5	40.5	6.2	–9.8	–1.5
1985	13.5	85.5	11.5	80.9	10.9	–66.4	–8.9
1986	8.8	45.0	4.0	23.2	2.0	31.8	2.8
1987	11.6	50.3	5.8	23.5	2.7	26.2	3.1
1988	11.3	49.6	5.6	39.4	4.5	11.0	1.2

续表

年 份	GDP 增速 (%)	最终消费支出		资本形成总额		货物和服务净出口	
		贡献率 (%)	贡献度 (百分点)	贡献率 (%)	贡献度 (百分点)	贡献率 (%)	贡献度 (百分点)
1989	4.1	39.6	1.6	16.4	0.7	44.0	1.8
1990	3.8	47.8	1.8	1.8	0.1	50.4	1.9
1991	9.2	65.1	6.0	24.3	2.2	10.6	1.0
1992	14.2	72.5	10.3	34.3	4.9	-6.8	-1.0
1993	14.0	59.5	8.3	78.6	11.0	-38.1	-5.3
1994	13.1	30.2	4.0	43.8	5.7	26.0	3.4
1995	10.9	44.7	4.9	55.0	6.0	0.3	0.0
1996	10.0	60.1	6.0	34.3	3.4	5.6	0.6
1997	9.3	37.0	3.4	18.6	1.7	44.4	4.2
1998	7.8	57.1	4.4	26.4	2.1	16.5	1.3
1999	7.6	76.8	5.8	24.7	1.9	-1.5	-0.1
2000	8.4	63.8	5.4	21.7	1.8	14.5	1.2
2001	8.3	50.0	4.1	50.1	4.2	-0.1	0.0
2002	9.1	43.6	4.0	48.8	4.4	7.6	0.7
2003	10.0	35.3	3.5	63.7	6.4	1.0	0.1
2004	10.1	38.7	3.9	55.3	5.6	6.0	0.6
2005	10.4	38.2	4.0	37.7	3.9	24.1	2.5
2006	11.6	38.7	4.5	42.0	4.9	19.3	2.2
2007	13.0	40.6	5.3	39.7	5.1	19.7	2.6
2008	9.0	45.7	4.1	45.1	4.1	9.2	0.8

数据来源：《中国统计年鉴》(2009)，中国统计出版社，2009。

从图 3-6 可以看出，投资率高的年份，投资对经济增长的贡献率就高，经济增长速度就快；同时，消费率较低，消费对经济增长的拉动力减弱。数据显示，凡投资率超过 40%的年份，除个别年份外，投资贡献率均高于消费贡献率，经济增长率也处于较高的水平。相反地，投资率低的年份，投资贡献率也相应降低，消费率和消费贡献率较高，经济增长速度减慢。

1979~2006 年，投资增长率的振幅为 29.2 个百分点，而消费增长率的振幅仅为 13.4 个百分点，前者超过后者的两倍；投资增长率和消费增长率的变异系数① 分别为 0.67 和 0.31，前者也是大大高于后者。这主要是由于消费需求的刚性较强，增长相对平稳，因此不像投资那样大起大落。同时，消费对经济增长的拉动作用也不像投资那样明显。利用 1979~2006 年的投资增长率和消费增

① 序列的标准差与均值之比。

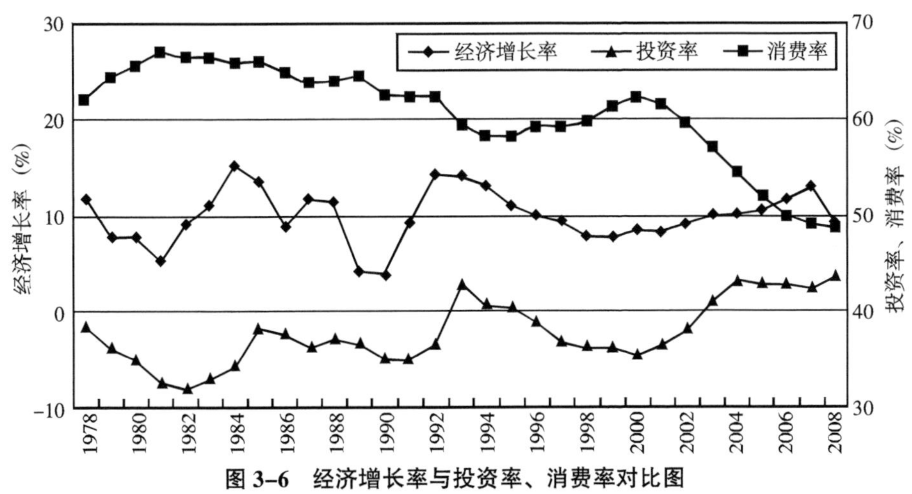

图 3–6　经济增长率与投资率、消费率对比图

数据来源：《中国统计年鉴》(2009)，中国统计出版社，2009。

长率与经济增长率进行相关分析，投资增长率与经济增长率的相关系数为 0.8，其中，固定资本形成增长率与经济增长率的相关系数为 0.84；消费增长率与经济增长率的相关系数为 0.58。可以看出，投资对经济的影响程度大于消费。

改革开放以来的每次经济升温都是投资增长加速引起的，投资的高增长带动了经济的高增长。当出现过快的经济增长局面时，中央政府就会采取紧缩政策，压缩固定资产投资，使经济增长回到正常水平。每当经济建设处于高涨时期，总是伴随着一个以扩大投资为先导的扩张阶段；而每当经济建设进行调整时，就会出现一个以压缩投资为先导的紧缩阶段。因此可以认为，投资的过热和萎缩是造成经济波动的主要原因，而住宅投资对总投资的影响在 2005 年以后开始加大。①

4. 储蓄率长期高于投资率，储蓄正缺口不断扩大

（1）储蓄率不断提高，储蓄正缺口不断扩大。根据宏观经济学的基本理论，消费等于可支配国民收入减去国内储蓄，即 C = YD – S，其中，YD 表示可支配国民收入，C 表示消费，S 表示国内储蓄。在可支配收入一定的条件下，消费与储蓄是一对同时决定、此消彼长的宏观经济变量，因此，国民及政府的消费—储蓄决策，决定了国民资产中多少用于当期消费，多少用于未来消费，从而同时决定了消费规模和储蓄规模。

在开放经济条件下，Y = C + I + G +（X – M）= A +（X – M），S – I = CAB，其中，Y 表示国内生产总值（GDP），C 表示消费，I 表示投资，G 表示政府购

① 施发启等：《投资高增长与经济波动》，载傅志寰主编：《破解瓶颈制约　推进科学发展——制约经济可持续增长若干重大问题研究》，279~280 页，经济管理出版社，2008。

买，(X－M) 为净出口，A＝C＋I＋G 代表国内吸收（即国内需求），S 表示国内储蓄，CAB 为经常项目差额。从上述恒等式可以看出，国内储蓄和国内投资两者之间的缺口为经常项目差额。储蓄的规模决定投资和经常项目差额的规模，即 S＝I＋CAB。当经常项目差额为零（CAB＝0）时，国内储蓄规模刚好满足国内投资所需的融资支持。当经常项目赤字（CAB＜0），即存在负的储蓄缺口时，国内储蓄不足以为国内投资所需融资提供支持，差额部分需要通过利用国外储蓄加以弥补。而当经常项目盈余（CAB＞0），即存在正的储蓄缺口时，国内储蓄超过了国内投资的融资需要，多余部分将为外国投资提供融资支持，多余国内储蓄将以经常项目盈余的方式流出。

从表 3-6 可以看出，1993 年以前，我国储蓄缺口正负不一，但主要是负缺口。1993 年以来，一直保持储蓄正缺口，除 1997 年和 1998 年亚洲金融危机期间出口特别鼓励政策导致 4%左右的正储蓄缺口外，其他年份正缺口一般在 2%~3%，规模应该还算适度。但 2005 年以来，这种状态被迅速打破。储蓄正缺口迅速加大，2007 年最高达到 8.9%。

表 3-6　1978~2008 年我国消费率、储蓄率、投资率及储蓄缺口

单位：%

年　份	消费率	储蓄率	投资率	储蓄缺口
1978	62.1	37.9	38.2	−0.3
1979	64.4	35.6	36.1	−0.5
1980	65.5	34.5	34.8	−0.3
1981	67.1	32.9	32.5	0.4
1982	66.5	33.5	31.9	1.6
1983	66.4	33.6	32.8	0.8
1984	65.8	34.2	34.2	0.0
1985	66.0	34.0	38.1	−4.1
1986	64.9	35.1	7.5	−2.4
1987	63.6	36.4	36.3	0.1
1988	63.9	36.1	37.0	−0.9
1989	64.5	35.5	36.6	−1.1
1990	62.5	37.5	34.9	2.6
1991	62.4	37.6	34.8	2.8
1992	62.4	37.6	36.6	1.0
1993	59.3	40.7	42.6	−1.9
1994	58.2	41.8	40.5	1.3
1995	58.1	41.9	40.3	1.6
1996	59.2	40.8	38.8	2.0
1997	59.0	41.0	36.7	4.3

续表

年　份	消费率	储蓄率	投资率	储蓄缺口
1998	59.6	40.4	36.2	4.2
1999	61.2	38.8	36.2	2.6
2000	62.3	37.7	35.3	2.4
2001	61.4	38.6	36.5	2.1
2002	59.6	40.4	37.9	2.5
2003	56.8	43.2	41.0	2.2
2004	54.3	45.7	43.2	2.5
2005	51.8	48.2	42.7	5.5
2006	49.9	50.1	42.6	7.5
2007	49.0	51.0	42.2	8.9
2008	48.6	51.4	43.5	7.9

注：储蓄率 = 1 – 消费率；储蓄 – 投资缺口 = 储蓄率 – 投资率。
数据来源：《中国统计年鉴》（2009），中国统计出版社，2009。

我国消费—储蓄决策中的高储蓄倾向决定了高投资率，在投资难以吸收储蓄的常态下，政府通过出口激励政策来消除储蓄—投资缺口，产生了高净出口率，降低了内部需求占总需求的比重，内部需求不足则进一步激励出口，从而产生恶性循环，使我国的宏观经济日益依赖外部，内需不足，内外需之间失衡加剧。2003 年以后我国货物和服务净出口占支出法 GDP 的比重稳步上升，对经济增长的贡献率在 2005~2007 年保持在 19%以上，拉动经济增长 2 个百分点以上。2008 年，受全球金融危机的影响，外需急剧收缩，货物和服务净出口占支出法 GDP 的比重有所回落，对经济增长的贡献和拉动则明显降低，这表明外需对中国经济的影响日益加大，在外需强劲时，中国经济则不断走高，一旦外需萎缩，对中国经济的负向拉动也很大。

（2）政府和居民储蓄率上升是国民储蓄率上升的主要原因。为了更好地反映储蓄率变化的总量和部门结构，我们可以利用资金流量的实物表来计算国民储蓄率和各部门的储蓄率。[①] 在国民收入使用核算中，将可支配收入扣除消费之后的部分称为储蓄，当按国家、居民、政府和企业进行分类时，国民储蓄等于国民可支配收入与总消费的差；居民储蓄等于住户部门的可支配收入与其消费的差；政府储蓄等于政府部门的可支配收入与其消费的差；企业部门的储蓄等于非金融企业部门和金融机构部门的可支配收入；国民储蓄等于居民、政府和企业储蓄之和。表 3–7 为 1992~2007 年的国民储蓄率和部门储蓄率。

① 李扬、殷剑峰：《中国高储蓄率问题探究——1992~2003 年中国资金流量表的分析》，14~26 页，载《经济研究》，2007 年第 6 期。

表 3-7 1992~2007 年国民储蓄率和部门储蓄率

单位：%

年 份	国民储蓄率	居民储蓄率	企业储蓄率	政府储蓄率
1992	40.29	21.08	13.33	5.89
1993	41.72	19.32	16.15	6.24
1994	42.73	21.49	16.02	5.22
1995	41.62	20.04	16.70	4.88
1996	40.32	21.32	13.57	5.43
1997	40.76	20.75	14.73	5.65
1998	39.98	20.39	14.33	5.27
1999	38.61	18.55	14.31	5.75
2000	38.50	16.50	15.65	6.36
2001	38.89	16.18	15.14	7.57
2002	40.20	18.63	14.32	7.24
2003	42.90	18.11	15.47	9.32
2004	46.10	18.30	21.78	6.02
2005	47.45	21.16	20.03	6.26
2006	48.67	21.37	18.52	8.78
2007	50.88	21.82	18.42	10.64

注：①国民储蓄率 = 国内总储蓄/国内可支配总收入；
②居民储蓄率 = 住户部门总储蓄/国内可支配总收入；
③企业储蓄率 = （非金融企业部门总储蓄 + 金融机构部门总储蓄）/ 国内可支配总收入；
④政府储蓄率 = 政府部门总储蓄/国内可支配总收入；
⑤国民储蓄率 = 居民储蓄率 + 企业储蓄率 + 政府储蓄率。
数据来源：《中国统计年鉴》（1994~2009 年），中国统计出版社，1994~2009。

从表 3-7 可见，1992~2007 年在国民经济的三大部门中，居民储蓄率在 1998 年亚洲金融危机之后有一段较大的下跌，2002 年重又上升，2007 年达到 21.82%。企业储蓄率在 1993~1995 年和 2004~2005 年有两次显著的跃升，2004 年最高达到 21.78%，2005 年以后出现下降，但高于 2003 年以前的水平。政府储蓄率在经历了 1992~1999 年长达 8 年的低位徘徊之后，自 2000 年开始上升，2003 年最高达到 9.32%，2004~2005 年又回到 6%的平台，2006 年以后再次上升，2007 年达到 10.64%。根据以上分析，2002~2007 年中国国民储蓄率的上升主要归因于政府和居民两个部门。①

为了进一步分析政府和企业部门储蓄率的影响因素，可以引入部门储蓄倾向来反映各部门的消费—储蓄决策，引入各部门可支配收入占整个国民可支配

① 我们这一结论既不同于李扬、殷剑峰在 2007 年得出的中国储蓄过大的主要原因是政府储蓄过高，也不同于樊纲等在 2009 年得出中国储蓄过大主要原因在企业的结论。

收入比重来反映各部门在国民收入分配结构中的地位，则有部门储蓄率 = 部门储蓄倾向 × 部门可支配收入占整个国民可支配收入的比重。上述等式显示，各部门储蓄率不仅取决于本部门的储蓄意愿，也取决于各部门在国民收入分配结构中的地位。

表 3-8 是根据资金流量实物表计算出的居民和政府部门的储蓄倾向和可支配收入占比。由表 3-8 可见，2002~2007 年居民部门在其可支配收入占比不断下降的情况下，储蓄率出现上升，主要归因于居民储蓄倾向的提高。居民储蓄倾向的提高一方面是由于政府对公共产品和服务供应的不足强化了居民的储蓄动力，我们在第三章将加以分析；另一方面是由于居民储蓄倾向具有明显的顺周期特征：在 1992~1994 年经济高涨时期，其储蓄倾向较高；在 1997 年亚洲金融危机之后，其储蓄倾向逐步回落；从 2001 年经济进入上行期开始，其储蓄倾向再次回升，2004~2007 年又回到较高水平。居民储蓄倾向的顺周期特征可以用“持久收入假说”加以解释：在周期的上行阶段，当期收入水平超过了居民的持久收入水平，储蓄增加；在周期的下行阶段，当期收入低于持久收入水平，为维持既定的消费，储蓄减少。

表 3-8　1992~2007 年居民和政府部门储蓄倾向

单位：%

年份	居民部门储蓄倾向	居民部门可支配收入占比	政府部门储蓄倾向	政府部门可支配收入占比
1992	32.61	69.23	31.97	19.22
1993	33.43	67.76	33.02	19.32
1994	32.50	66.80	31.70	18.61
1995	29.12	67.94	33.56	17.42
1996	30.77	69.29	31.68	17.15
1997	30.46	68.13	32.25	17.51
1998	29.93	68.14	30.03	17.53
1999	27.63	67.11	30.96	18.58
2000	25.45	64.81	32.55	19.54
2001	25.37	63.78	35.92	21.08
2002	28.59	65.18	35.33	20.49
2003	28.89	62.68	42.66	21.85
2004	31.65	57.83	29.52	20.38
2005	35.61	59.41	30.45	20.55
2006	36.40	58.73	38.56	22.75
2007	37.94	57.52	44.22	24.09

注：①居民部门储蓄倾向 = 住户部门总储蓄/住户部门可支配总收入；

②居民部门可支配收入占比 = 住户部门可支配总收入/国内可支配总收入；

③政府部门储蓄倾向 = 政府部门总储蓄/政府部门可支配总收入；

④政府可支配收入占比 = 政府部门可支配总收入/国内可支配总收入。

数据来源：《中国统计年鉴》（1994~2009 年），中国统计出版社，1994~2009。

同居民部门不同，我国政府部门的储蓄率不断上升，其原因既来自其储蓄倾向的提高，也来自其可支配收入占比的上升。从表 3-8 可以看到，1992~2000 年的 9 年间，政府部门的储蓄倾向一直围绕着平均 32%的水平波动；自 2001 年开始，其储蓄倾向急剧上升。与居民部门对照来看，自 1995 年即分税制改革的第二年开始，政府的储蓄倾向就超过了居民部门，而且两者的差距越拉越大。2002 年以后，政府的可支配收入占比也不断提高。

从表 3-7 和表 3-8 的统计分析中可以看到，20 世纪 90 年代初期以来特别是 2002 年以来我国国民储蓄率的上升，主要归因于政府部门和居民部门的储蓄率的上升。其中，政府部门储蓄率的上升，既与政府部门的储蓄倾向的快速上升密切相关，也与该部门在 GDP 分配中的占比上升有关。

二、中国经济外部失衡的主要表现

（一）改革开放以来外商直接投资与贸易差额演变轨迹

1978 年以来，中国的外贸和投资开放过程可以分为四个阶段:①

1979~1987 年，试图打破政府对外贸的垄断，开始经济特区试点，为出口商提供激励。鼓励对外借款和直接投资，但外国直接投资规模较小，且主要（85%）来自中国香港地区和中国台湾地区，集中在经济特区。

1988~1993 年，推进市场发展的改革，引进承包责任体系和外汇收入分成制度，以促进各个层次（中央、地方和企业）的出口。这一时期实施了汇率双轨制，并开始削减进口关税。

1994~2000 年，建立了市场导向的国际贸易体系，1994 年实现外汇汇率并轨，单方面把平均关税税率从 40%削减到 16%，为加入世界贸易组织实施了积极的改革。

2001~2007 年，随着中国加入世界贸易组织，对外贸易和外国直接投资迅速增长，商品和服务贸易持续自由化，中国法律和制度同国际惯例接轨，为投资者提供了更加稳定的政策和法制环境。外贸总额以年均 35%以上的速度猛增，出口结构在加入世界贸易组织后迅速升级。外贸总额从 2001 年的 5100 亿美元增长到 2007 年的 2174 亿美元，中国也在 2007 年成为世界第三大贸易国。这一时期，外商直接投资和贸易差额变化有以下特点。

---

① 林毅夫、王燕：《中国与世界经济的融合——一个学习、积累和升级的发展过程》，载蔡昉主编：《中国经济转型 30 年》（1978~2008），183 页，社会科学文献出版社，2009。

1. 我国外商直接投资（FDI）的变化特点

（1）外商直接投资在我国引进外资中占绝对主导地位。与其他许多发展中国家不同的是，我国利用外资一直是以引进外商直接投资为主，外商直接投资在全部引进外商投资中所占的比重呈现出不断上升的趋势。1983 年我国实际使用的外资总额为 22.6 亿美元，其中实际使用的外商直接投资总额为 9.2 亿美元，外商直接投资占外资总额的 40.7%。到 2008 年，我国实际使用外商直接投资总额 924.0 亿美元，占实际使用外资总额 952.5 亿美元的 97.0%。

（2）外商直接投资实际利用规模增长迅猛。改革开放初期，我国利用外商直接投资的总体规模较小，1979~1982 年累计利用外商直接投资 17.7 亿美元。到了 20 世纪 80 年代中后期，随着吸引外资政策的不断推出，外资流入稳步增加。在 1992 年邓小平南方谈话和十四大以后，中国政府进一步开放了新的投资领域，下放了外商投资的审批权限，FDI 出现了跳跃式增长，由 1991 年的 43.7 亿美元快速增加到 1992 年的 110.1 亿美元，1993 年达到 275.1 亿美元，增长率分别高达 151.9%和 149.9%。1994 年以后，虽然 FDI 的增幅有所回落，但总量一直在增加。从 1993 年起，我国成为全球吸收 FDI 最多的发展中国家和世界利用外商直接投资第二大国，2002 年甚至超过美国成为世界吸收 FDI 最多的国家。1983~2008 年，外商直接投资从 9.2 亿美元增加到 924.0 亿美元，增长了 100.44 倍，年均增长率达 20.3%，累计达到 8526.2 亿美元（见图 3-7）。

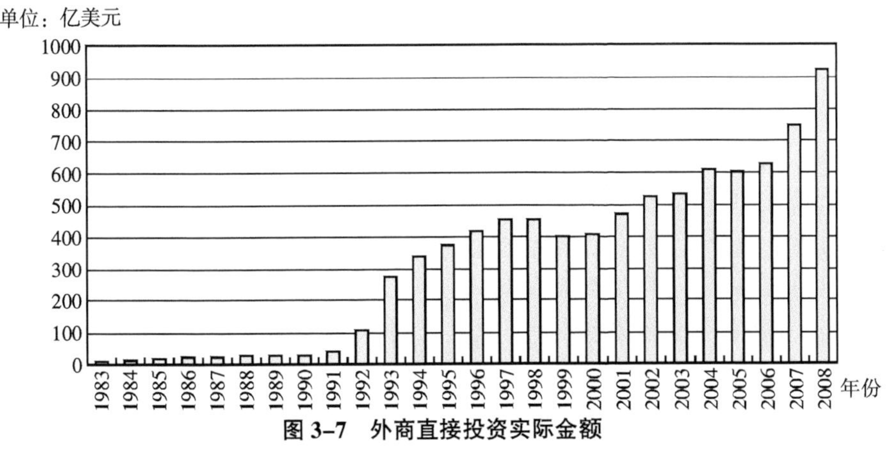

图 3-7　外商直接投资实际金额

数据来源：《中国统计年鉴》（2009），中国统计出版社，2009。

（3）外资主要投向第二产业特别是工业制造业。改革开放以来，外商直接投资（FDI）在我国的产业和空间分布日趋广泛，但工业一直是投资的集中领域，东部是投资的主引入地。1997~2005 年制造业实际利用外资比重高达 56%~70%，第一产业比重未超过 3%，第三产业比重在 20%~30%之间。地区分布以东部沿海省市最为密集，其中广东、江苏、福建、上海和山东五省市 1991~2003 年累计实际利用外资占东部地区合计的 58.9%。改革开放后的一个较长时期内，外商来华投资主要集中在东部沿海省市，近年来 FDI 明显加快了向中西部地区转移的速度。从 FDI 所进入的产业来看，对外开放初期主要是集中于劳动密集型的加工工业，随后逐步地加大在资金相对密集型行业的投资，近年 FDI 大规模进入我国汽车工业是一个明显的例子。

2. 我国贸易顺差的变化特点

（1）改革开放以来贸易顺差规模快速扩大。1978 年以来，我国贸易差额变化经历了三个阶段：

1978~1989 年为逆差阶段。在这一阶段，中国对外贸易处于较低的发展水平，政府推行的是进口替代与鼓励出口并举的贸易政策。进口替代政策的目的在于通过引进国外先进技术和先进设备，实现工业消费品的进口替代，促进本国工业发展，推动工业化的进程。鼓励出口的政策在初期主要是为了解决外汇资金短缺问题。这一时期，对外贸易主要是由国内企业推动的，出口的主要是低附加值的资源密集型初级产品和劳动密集型产品，而进口的主要是高附加值化学成品、机械设备等高附加值的工业制成品。当时的中国急于借助外部资源发展自己的经济，体现在政府的外贸计划上就是大规模地进口生产资料。在这一阶段，除了 1982 年、1983 年两年为贸易顺差外，其他年份均为贸易逆差。

1990~2000 年为持续顺差阶段。20 世纪 80 年代外资政策和出口部门的优异表现，使得中国在 90 年代转向实施出口导向的工业化战略和贸易政策，并把出口导向战略实施的重点放在引进外资上，利用外资带动出口成为中国贸易政策的核心。1990 年以后，外资企业在中国出口及进口中所占比重迅速上升，随着外资企业的大量进入，中国对外贸易快速增长，贸易结构也出现了重大变动。制成品出口份额从 1990 年的 74%提高到 2000 年的 89.8%，资本密集型制成品的两个主要类别（化学品、机械及运输设备）在总出口中所占份额从 1990 年的 15%上升到 2000 年的 38.0%。在来华外商投资企业中，东亚地区经济体的企业将其劳动密集型生产环节转移到中国，充分利用中国劳动力资源价格低廉的优势，在中国建立组装基地。这种产业转移的结果是，这些企业大规模进口生产所需的中间产品，使中国对周边经济体形成巨额的贸易逆差，如对台湾地区、韩国均有数百亿美元的贸易逆差。与此同时，这些产品在内地组装后输往这些企业原有的传统市场，主要是欧美市场，导致中国对欧美市场出现较大贸易顺差。在这一阶段，除 1993 年外，中国贸易保持了持续的顺差，且这种顺差是一种加工贸易基础上的顺差。

在 1997~1998 年东南亚金融危机期间，中国出口增速大幅回落，但由于内需严重不足，进口增速回落更大，贸易顺差均超过 400 亿美元。

2001 年以来为贸易顺差快速攀升阶段。2001 年后以中国加入 WTO 为标志，中国对外贸易迅速从东亚金融危机的影响中恢复，进入一个新的快速增长阶段。除了外资企业以外，更多的民营企业获得外贸出口权。2002~2004 年进出口增速均在 20%以上，贸易顺差均在 200 亿美元以上，2004 年贸易顺差达到 319.8 亿美元。2005 年以后，虽然存在阻碍贸易顺差进一步增长的因素，例如石油价格上涨、贸易摩擦以及人民币升值的滞后效应等，但是受出口旺盛、进口增速相对较低的影响，贸易顺差出现急剧增加，2005 年全年贸易顺差突破 1000 亿美元，达到 1019 亿美元。2006 年、2007 年则达到 1774.8 亿美元和 2618.3 亿美元，2008 年尽管受全球金融危机的影响，下半年出口增速大幅回落，但由于进口增幅回落更快，出现所谓“衰退性顺差”，全年贸易顺差高达 2954.6 亿美元，再创历史新高（见图 3-8）。

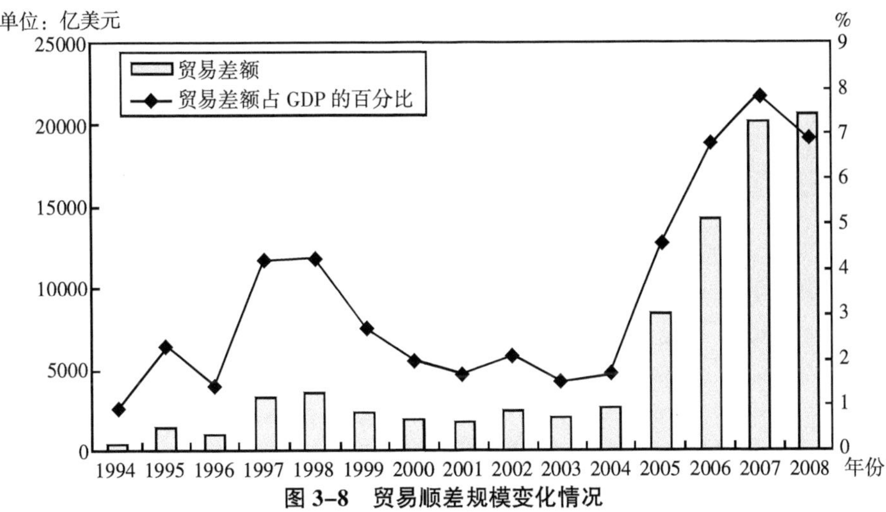

图 3-8　贸易顺差规模变化情况

数据来源：《中国统计年鉴》（2009），中国统计出版社，2009。

（2）贸易顺差主要集中在外资企业主导的加工贸易领域。从贸易方式看，加工贸易是我国外贸的一个主要组成部分，贸易顺差也主要集中在加工贸易领域（见表 3-9）。加工贸易始于东南沿海地区的对外加工装配活动，早期主要是以国内企业为主。虽然很多从事来料加工的国内企业实质上是由外商投资机器设备并进行生产管理的，但这些企业都挂靠在拥有外贸权的外贸公司下，由外贸公司负责办理其进出口手续。20 世纪 80 年代外商投资企业在加工贸易中的比重一直不高，1990 年才达到 28.8%。随着 90 年代初外商来华投资逐渐进入高潮，外商投资企业在加工贸易中的比重迅速攀升，1994 年即超过一半，达到 56.1%。2003 年我国外资企业加工贸易进出口额已达 3220 亿美元，占全国加工贸易总额的 79.6%。另外，我国国有企业或民营企业等内资企业的来料加工业务也主要是由外资经营管理的。总体上看，外资经营的加工贸易约占全国加工贸易进出口额的 90%。

表 3-9 我国贸易顺差（按贸易方式）情况（1997~2008）

单位：亿美元

年 份	总 额	一般贸易	加工贸易	其 他
1997	404.2	389.4	294.0	-279.2
1998	434.7	305.6	358.6	-229.4
1999	292.3	121.0	373.0	-201.7
2000	241.1	51.0	450.9	-260.9
2001	225.4	-15.8	534.6	-293.4
2002	304.3	70.8	577.3	-343.8
2003	254.7	-56.7	789.1	-477.7
2004	320.9	-45.9	1062.5	-695.6
2005	1020.0	353.7	1424.5	-758.2
2006	1774.8	831.4	1888.8	-945.2
2007	2618.3	1098.4	2490.9	-971.0
2008	2954.6	899.1	2967.7	-912.2

数据来源：《中国统计年鉴》（2009），中国统计出版社，2009。

自 20 世纪 90 年代初以来，我国连续多年成为吸收外商直接投资最多的发展中国家，并形成了以外资企业为主的加工贸易基地。据国家统计局统计，2000~2004 年，外资企业在我国内地加工贸易总顺差中所占比重分别为 63.6%、67.9%、70.1%、74.1%和 77.8%，同期，外资企业在进出口总顺差中所占比重依次为 56.7%、62.2%、61.8%、73.6%和 76.7%。从我国加工贸易的发展历史可以看出，传统制造业加工贸易是我国参与亚太地区乃至全球产业分工与转移的起点，通过加工贸易承接发达国家和新兴工业化国家、地区转移的劳动密集型产业和某些中等技术产业，充分发挥了我国的劳动力比较优势。

（3）我国贸易顺差来源地较为集中，主要在欧美地区。从近年来我国与主要贸易伙伴的贸易平衡情况来看，主要有以下三种情况：①顺差较大的国家：美国、欧盟是我国最大的贸易伙伴，也是我国贸易顺差的主要来源。据商务部统计，从 1993 年起，中国一直在中美贸易中处于顺差地位。2008 年，中美贸易顺差达到 1710.2 亿美元。从 1997 年开始，中国在中欧贸易中一直是顺差，从 2003 年开始顺差数额出现较大幅度的增加，到 2007 年增长到了 1342.3 亿美元。②逆差较大的国家或地区主要包括中国台湾地区、韩国、东盟。内地在与台湾贸易中一直是逆差，且逆差数额不断增加，到 2008 年增长到 774.61 亿美元。目前中国台湾地区是内地最大的逆差地区。我国在中韩贸易中一直是逆差，且逆差数额不断增加，2008 年已达 382.06 亿美元。目前韩国是我国第二大逆差国。20 世纪 90 年代到 2002 年我国对日本有时逆差有时顺差，贸易差额规模都不大。2003 年以后，我国对日本持续出现贸易逆差，2008 年对日贸易逆差达到 344.7 亿美元。日本为我第三大逆差国。我国在与东盟贸易中一直是逆差，且逆差数额不断增加，到 2007 年增长到 141.9 亿美元。③转口贸易较大的地区主要有中国香港特别行政区、新加坡、阿联酋等。内地与中国香港特别行政区贸易主要是转出口，转进口数量较小，因此内地主要是贸易顺差。1995~2001 年，内地贸易顺差在 250 亿~400 亿美元之间，2002 年以后贸易顺差增长很快，2008 年达到 1778.1 亿美元。转口贸易在中新双边贸易中占有特殊地位，2008 年中国对新贸易顺差为 121.3 亿美元。阿联酋是继中国香港、新加坡后世界第三大转口贸易中心，也是我国一个重要的转口贸易伙伴，2008 年我国对阿联酋贸易顺差为 190.3 亿美元。

（二）双顺差是我国经济外部失衡的突出特征

外部失衡是指国际收支的失衡，在实际当中，国际收支或其不同项目总是会出现不同程度的顺差或逆差。国际收支平衡表主要由经常项目、资本和金融项目、储备资产项目、误差与遗漏项目组成。国际收支失衡一般是指自主性交易（经常项目、资本和金融项目、净误差与遗漏项目）的不平衡，是指在剔除掉周期和外生性冲击之后，具有自主性交易特征的基本项目余额（主要是经常项目与资本和金融项目）的不平衡。如果造成外部不平衡的原因在于经济周期性因素或者是暂时性的外部冲击，那么外部不平衡格局是暂时情况，这种不平衡局面就不太值得担心，因为随着周期性因素的更迭和外部冲击影响的逐步减弱，在经济基本面因素的作用之下外部经济会重新走向平衡。但是，如果剔除周期性因素和外部冲击后，国际收支仍长期保持大额的顺差或逆差，则属于国际收支失衡。对于国际收支平衡的判断标准，最常用的是综合账户差额。综合账户差额是指国际收支平衡表中的经常项目、资本和金融项目差额之和。从国际收支整体状况看，当综合账户差额出现长时间、较大规模的顺差或逆差时，就属于失衡状态。

考察 1982~2008 年我国历年的国际收支平衡表，可以发现，我国国际收支失衡问题在 20 世纪 80 年代和 90 年代初并不严重，只是到了 1994 年人民币汇率制度改革以后才严重起来。从国际收支整体结构看，1982~1993 年，我国国际收支总差额既曾出现顺差，又曾出现逆差，但各年国际收支总体差额规模较小，多数时间不足百亿美元。从结构来看，在这 12 年间，只有 1982 年、1987 年、1990 年和 1991 年这四年的国际收支经常项目与资本和金融项目下均出现顺差，其余各年或者经常项目顺差、资本和金融项目逆差，或者经常项目逆差、资本和金融项目顺差。由于经常项目与资本和金融项目同时出现顺差的时间较短，大多数时间是两者一为顺差，另一为逆差，两相抵消后，国际收支总体差额规模不大，因此这段时间我国外部经济可以被认为是平衡的。

但自1994年之后，我国的国际收支形势出现了根本性的变化，除了1998年资本项下出现63.21亿元的小幅逆差外（1997年曾发生亚洲金融危机），其他年份都是经常项下和资本项下“双顺差”并存，国际收支总体顺差规模持续快速攀升，同时外汇储备不断累积。特别是2000年以来，我国已经连续九年保持两个账户双顺差结构，经常账户的顺差规模持续扩大，国际收支总体顺差规模快速攀升，我国外汇储备规模也因为国际收支总体差额的扩大而迅速增加。经常项目与资本和金融项目顺差之和占GDP的比重在此9年期间由2000年的1.87%，迅速攀升至2007年的13.16%，2008年回落至10.28%（见图3-9、表3-10）。持续的国际收支双顺差和维持盯住美元的汇率政策使得中国外汇储备逐年增加，1991~1997年外汇储备的增加主要来自于资本项目中外国直接投资（FDI）的平稳增长。1998年至今，外汇储备大幅增长主要来源于经常项目顺差，且份额呈逐渐上升趋势。1996年年底，我国外汇储备首次超过1000亿美元。此后5年，外汇储备平稳上升。2001年以来，外汇储备加速攀升，到2006年2月底我国外汇储备规模超过日本，跃居全球第一，2006年外汇储备突破10000亿美元，2008年年底外汇储备达到19460.30亿美元。

如此长时间、大规模的国际收支“双顺差”，说明并非由内部经济周期因素或者是暂时性的外部冲击所导致。这种长期、持续、规模较大的国际收支“双顺差”结构表明我国存在国际收支失衡现象。

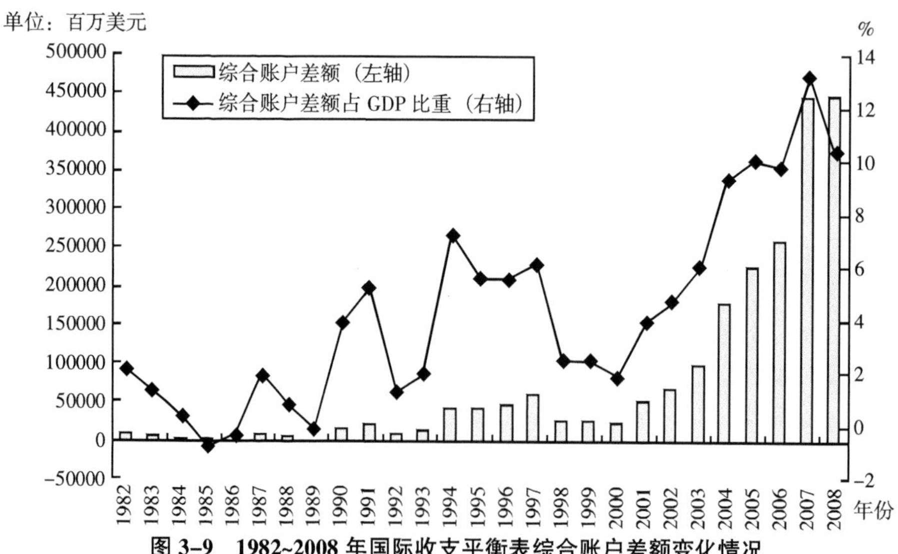

图3-9 1982~2008年国际收支平衡表综合账户差额变化情况

数据来源：国家外汇管理局网站，《中国统计年鉴》（2009），中国统计出版社，2009。

表 3-10　1982~2008 年国际收支平衡表主要项目差额

单位：百万美元

年份	国际收支总差额	综合账户差额	经常项目差额	资本与金融项目差额	净误差与遗漏	储备资产增减额
1982	6291	6012	5674	338	279	-6291
1983	4131	4014	4240	-226	117	-4131
1984	95	1027	2030	-1003	-932	-95
1985	-2353	-2445	-11417	8972	92	2353
1986	-1954	-1091	-7035	5944	-863	1954
1987	4931	6302	300	6002	-1371	-4931
1988	2318	3329	-3803	7132	-1011	-2318
1989	-503	-593	-4317	3724	90	503
1990	12118	15252	11997	3255	-3134	-12118
1991	14554	21302	13270	8032	-6748	-14554
1992	-2102	6150	6401	-251	-8252	2102
1993	1767	11571	-11903	23474	-9804	-1767
1994	30527	40302	7658	32644	-9775	-30527
1995	22481	40293	1618	38675	-17812	-22481
1996	31643	47209	7242	39967	-15566	-31643
1997	35724	57978	36963	21015	-22254	-35724
1998	6426	25150	31471	-6321	-18724	-6426
1999	8505	26294	21114	5180	-17788	-8505
2000	10548	22441	20519	1922	-11893	-10548
2001	47325	52181	17405	34775	-4856	-47325
2002	75507	67713	35422	32291	7794	-75507
2003	117023	98601	45875	52726	18422	-117023
2004	206364	179319	68659	110660	27045	-206364
2005	207016	223782	160818	62964	-16766	-207016
2006	246981	259930	253286	6662	-12949	-246981
2007	461744	445342	371833	73509	16402	-461744
2008	418978	445072	426107	18965	-26094	-418978

注：①当表中变动额为正值时，国际收支总差额、经常项目差额、资本与金融项目差额为顺差，为负值时为逆差，储备资产增减额为正值时，表明储备资产减少，为负值时，表明储备资产增加。

②综合账户差额 = 经常项目差额 + 资本与金融项目差额。

③国际收支总差额 = 综合账户差额 + 净误差与遗漏。

数据来源：国家外汇管理局网站。

表 3-11 对 2004 年全球进出口总额排名前 51 个国家和经济体［第 33 位的阿拉伯联合酋长国（United Arab Emirates）因缺失数据没有包括］，一共 50 个经济体的“双顺差”情况进行了比较。50 个经济体在 1337 个观察年份中出现“双顺差”的年份占总数的 11.6%，而我国这一比例高达 62.5%。如果把“双

顺差”占 GDP 的比重同时超过 2%定义为显著“双顺差”，则除中国外，发生显著“双顺差”的还有中国台湾、新加坡等 12 个国家和地区，但它们都属于小型经济体。作为一个大国，中国多年来保持“双顺差”，这在国际经济历史上是罕见的，中国的“双顺差”是一种独特的现象。

表 3-11　双顺差现象发生频率的国际比较（1970~2005 年）

国家和地区	起止年份	观察年数	经常和资本金融账户同时出现顺差年数		
美国	1970~2004	35	2	0	0
德国	1971~2004	34	6	0	0
中国	1982~2005	24	15	8	6
日本	1977~2004	28	1	0	0
法国	1975~2004	30	2	0	0
意大利	1970~2003	34	4	0	0
荷兰	1970~2003	34	1	0	0
加拿大	1970~2004	34	1	0	0
比利时	1975~2001	27	0	0	0
中国香港	1998~2004	7	0	0	0
韩国	1976~2004	29	8	3	3
西班牙	1975~2004	30	5	1	0
墨西哥	1979~2004	26	1	0	0
新加坡	1972~2003	32	5	5	5
中国台湾	1981~2004	24	8	7	6
俄罗斯	1994~2004	11	2	1	0
马来西亚	1974~2003	30	5	2	1
奥地利	1970~2004	35	3	0	0
瑞士	1977~2004	28	0	0	0
瑞典	1970~2004	34	4	0	0
澳大利亚	1970~2004	35	1	0	0
泰国	1975~2004	30	1	0	0
印度	1975~2003	29	7	2	0
爱尔兰	1974~2004	31	2	2	0
沙特阿拉伯	1971~2004	32	3	0	0
巴西	1975~2004	30	4	1	0
波兰	1985~2004	20	2	0	0
土耳其	1974~2004	31	1	0	0
丹麦	1975~2003	27	6	4	1
捷克	1993~2003	11	1	1	0
挪威	1975~2004	30	7	2	2
印度尼西亚	1981~2003	23	0	0	0

续表

国家和地区	起止年份	观察年数	经常和资本金融账户同时出现顺差年数		
匈牙利	1982~2004	23	3	1	0
芬兰	1975~2004	30	1	1	0
南非	1970~2004	35	3	0	0
葡萄牙	1975~2004	30	3	1	0
菲律宾	1977~2003	27	2	0	0
伊拉克	1970~2004	35	5	2	2
伊朗	1976~2000	23	1	0	0
希腊	1976~2003	27	0	0	0
乌克兰	1994~2003	10	2	1	0
越南	1996~2002	7	2	2	1
斯洛伐克	1993~2003	10	2	2	1
智利	1975~2004	30	2	1	0
阿根廷	1976~2004	29	4	2	0
罗马尼亚	1987~2003	17	0	0	0
阿尔及利亚	1977~2004	15	3	0	0
委内瑞拉	1970~2004	35	7	2	1
尼日利亚	1977~1999	23	4	2	1
50 经济体合计		1337	155	57	30

数据来源：卢锋：《我国国际收支结构变动及对人民币汇率影响》，CCER 讨论稿，2006.5。

（三）双顺差的构成分析

1. 货物贸易顺差是经常项目顺差的基础和主要来源

经常项目是国际收支平衡表中最主要的项目，包括货物贸易、服务贸易、收益、经常转移四个子项目。[①] 考察 1994 年以来经常项目顺差的构成可以看出，货物贸易顺差是我国经常贸易顺差的基础和主要来源，而服务和收益项下都持续出现逆差。经常转移项下虽然持续顺差，但顺差规模远远小于同期货物贸易顺差规模（见表 3–12）。决定经常项目收支是顺差还是逆差的主要因素是货物贸易收支状况。1994~2008 年，贸易收支出现顺差（逆差）的年度，经常项目必然是顺差（逆差）。

1994 年以来我国的货物贸易都处于顺差状态（见图 3–10）。1994~1997 年货物贸易顺差规模持续扩大。1999~2001 年，受东南亚金融危机和全球经济增长放缓影响，贸易顺差连续三年呈下降趋势。从 2002 年开始，随着全球经济

① 1996 年之前经常项目构成分为对外贸易、非贸易往来和无偿转让；1996 年之后经常项目构成分为货物和服务、收益、经常转移。由于统计口径不同，我们在分析经常项目构成时，主要选取 1997 年以后的数据。

的转暖，货物贸易顺差又重新开始呈上升趋势，2005 年以后出现快速攀升，2005~2008 年各年货物贸易顺差规模分别达到 1342 亿、2177 亿、3154 亿和 3607 亿美元。

表 3-12　年度经常项目构成差额变动情况（1993~2008 年）

单位：亿美元

年　份	经常项目	货物和服务	货物	服务	收益	经常转移
1993	-119	—	-107	—	—	—
1994	77	—	73	—	—	—
1995	16	119	180	—	—	—
1996	72	—	195	—	—	—
1997	370	428	462	-34	-110	51
1998	315	438	466	-28	-166	43
1999	211	306	360	-53	-145	49
2000	205	289	345	-56	-147	63
2001	174	281	340	-59	-192	85
2002	354	374	442	-68	-150	130
2003	459	361	447	-86	-78	176
2004	687	493	590	-97	-35	229
2005	1608	1248	1342	-94	106	254
2006	2499	2089	2177	-88	118	292
2007	3718	3075	3154	-79	257	387
2008	4261	3489	3607	-118	314	458

数据来源：国家外汇管理局网站。

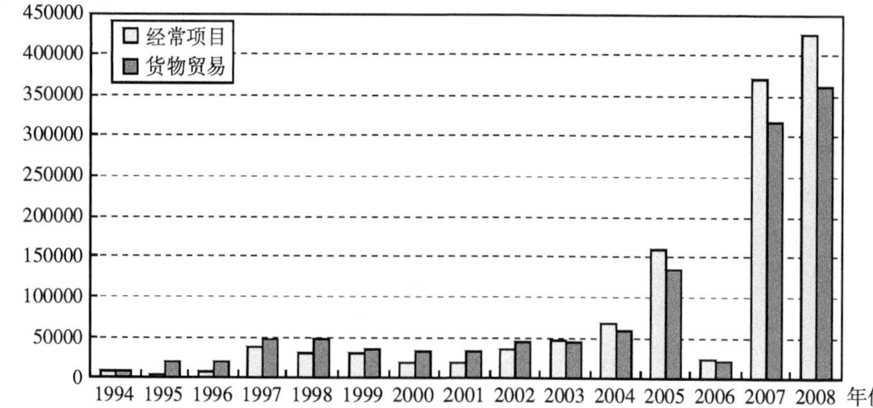

图 3-10　1994~2008 年经常项目及货物贸易差额

数据来源：国家外汇管理局网站。

1994 年以来，服务贸易持续逆差，但逆差规模不大。服务贸易逆差的规模不足货物贸易顺差的 1/5，对经常项目差额影响有限。服务贸易包括运输、旅游、通信、建筑、保险、金融、专有权力使用费和特许费等。我国服务贸易本身缺乏供给竞争力，在服务业对外开放程度扩大的条件下，服务贸易账户很可能将长期呈现逆差状态。

1994 年以来，收益项目逆差规模不断缩小，2005 年转为顺差，且顺差规模不断扩大。收益项目包括职工报酬和投资收益。收益项目顺差表明职工报酬和投资收益的汇入大于汇出，逆差则表明汇入大于汇出。2000 年以来，我国职工报酬和投资收益的汇入数额出现较快的增长，而汇出数额变化不大。特别是自 2002 年以来，职工报酬和投资收益随着经济的高速增长而快速增加。收益账户差额占经常账户差额的比重一般与一国金融业的开放成正比。2005 年以来收益账户顺差不断扩大反映出我国金融业的开放程度在加大。1998 年以来经常转移项目顺差持续扩大，经常转移包括侨汇、无偿捐赠和赔偿。近年来，越来越多的中国人走出国门，必然带来经常转移顺差的快速扩大。尽管收益和经常转移项目顺差增长较快，但仅相当于货物贸易顺差规模的 1/5 左右。

2. FDI 快速增长是资本和金融账户顺差增长的主要来源

从资本和金融账户的构成要素① 来看，1982 年以来，外国在华直接投资（FDI）始终保持顺差状态，总体呈现增长或高位稳定的态势，1992 年以后增长势头更为良好，FDI 顺差成为资本和金融账户整体顺差的主要来源（见表 3-13、图 3-11）。

1982~2008 年，直接投资差额一直维持顺差，其中，外国在华直接投资持续顺差，并且顺差规模持续扩大；我国在外直接投资只有在 2003 年一年出现小规模的顺差，其余年份均是逆差。2005 年以后，受我国企业“走出去”战略的影响，我国对外直接投资净流出规模增长较快，但仍远低于同期外国在华直接投资的净流入规模。

1997 年以来，证券投资出现逆差的时间较多，且差额规模波动较大，但总体差额规模较小，对资本和金融项目总体差额的整体影响也较小。受目前外汇管理体制的约束，购买境外债券仍然是国内金融机构参与国际金融市场，实现外汇资产保值和增值的主要手段。一些国内金融机构不断增持境外证券，导致证券投资出现逆差。2003 年、2004 年两年证券投资由逆差转为顺差，主要

① 1996 年之前的“资本和金融项目”被称为“资本往来项目”，构成分为长期资本往来和短期资本往来。其中长期资本往来又分为直接投资和证券投资。1996 年之后的资本和金融项目构成分为直接投资、证券投资和其他投资。由于统计口径不同，我们在分析资本和金融项目构成时，主要选取 1997 年以后的数据。

表 3-13　年度资本和金融项目构成差额（1995~2006）

单位：亿美元

年　份	1995	1996	1997	1998	1999	2000	2001
资本和金融项目	386.8	399.7	210.2	-63.2	51.8	19.2	347.8
A. 资本项目	—	—	-0.2	-0.5	-0.3	-0.4	-0.5
B. 金融项目	—	—	210.4	-62.7	52.1	19.6	348.3
1. 直接投资	338.5	380.7	416.7	411.2	369.8	374.8	373.6
1.1　我国在外直接投资	-20.0	21.1	-25.6	-26.3	-17.7	-9.2	-68.9
1.2　外国在华直接投资	358.5	401.8	442.4	437.5	387.5	384.0	442.4
2. 证券投资	7.9	17.4	69.4	-37.3	-112.3	-39.9	-194.1
3. 其他投资	—	—	-275.8	-436.6	-205.4	-315.3	168.8
年　份	2002	2003	2004	2005	2006	2007	2008
资本和金融项目	322.9	527.3	1106.6	629.6	100.4	735.1	189.6
A. 资本项目	-0.5	-0.5	-0.7	41.0	40.2	31.0	30.5
B. 金融项目	323.4	527.7	1107.3	588.6	60.2	704.1	159.1
1. 直接投资	467.9	472.3	531.3	678.2	602.7	1214.2	943.2
1.1　我国在外直接投资	-25.2	1.5	-18.1	-113.1	-178.3	-169.9	-534.7
1.2　外国在华直接投资	493.1	470.8	549.4	791.3	780.9	1384.1	1477.9
2. 证券投资	-103.4	114.3	196.9	-49.3	-675.6	186.7	426.6
3. 其他投资	-41.1	-58.8	379.1	-40.3	133.1	-696.8	-1210

数据来源：国家外汇管理局网站。

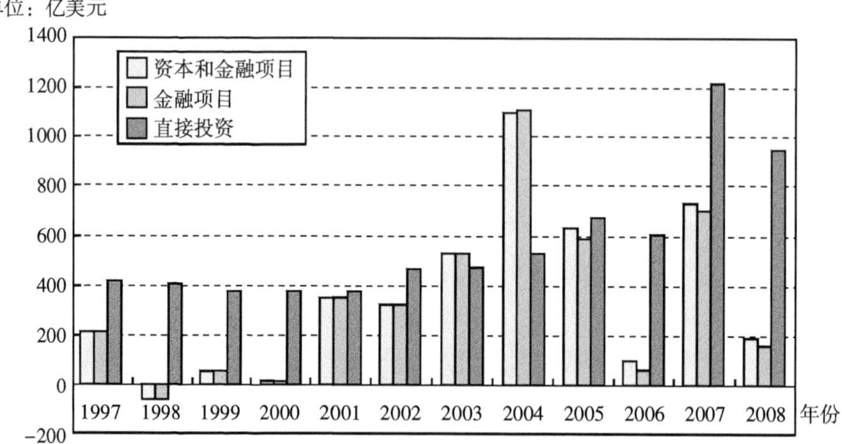

图 3-11　1997~2008 年各年度资本和金融项目及其主要构成差额变化情况

数据来源：国家外汇管理局网站。

原因是国内经济增长加快，资金需求加大，我国金融机构改变了近年来不断增持境外证券的做法，纷纷将资金调回国内，满足国内日增的贷款需求。同时，我国企业境外筹资和吸引外资来华进行证券投资步伐加快，也是证券投资项下呈现顺差的重要原因。

1997 年以来，其他投资差额对资本和金融项目总体差额的影响在不断加大。1997~2000 年，其他投资持续出现较大规模逆差，最终使同期资本和金融项目总体顺差规模出现下降，1999~2000 年保持在不足百亿美元的水平。2001~2006 年，其他投资逆差规模开始逐年缩小，2001 年、2004 年、2006 年甚至由“逆”转“顺”，2007~2008 年逆差又再次急剧增加。短期资本项目绝大多数集中在其他投资项内，其他投资项下的顺、逆差反映出短期资本流动方向和规模的变化。其他投资逆差主要是由贸易信贷等短期资本项目的巨额逆差造成的，其中包含了短期资本外逃因素的影响，而其他投资顺差扩张则反映出国际短期资本在不断涌入我国，2004 年在直接投资顺差增长相对平稳的情况下，其他投资出现 379.1 亿美元顺差，最终使资本和金融项目总体顺差规模突破千亿美元，创下历史最高水平。

3. 误差与遗漏反映在政府监控之外的短期资本流动

误差与遗漏项目是国际收支平衡表中既特殊又十分重要的一个项目。其特殊性体现在它是国际收支平衡表中人为设置的项目，目的是用以轧平国际收支平衡表中的借贷差额，是在国际收支中经常项目与资本金融项目出现缺口时，进行调整的项目。过去，各国非常重视经常项目与资本和金融项目中的相关项目，而忽视了误差与遗漏这一项目，认为它是统计过程中不可避免的现象，是不遵循任何规律的，但近几年，根据对国际收支平衡表数据的观察和研究，特别是针对误差和遗漏经常出现在借方的现象，一些外国经济学家提出，其大小和符号不是随机的，而是有其原因的。它反映了一国金融体系和管制、汇率变动以及利率差异等严重的经济问题。

1982~2008 年，我国国际收支平衡表中的误差与遗漏项在多数年份中出现在借方，表现为逆差。1986~2001 年的 16 年间，误差与遗漏项始终在借方。1999 年以前，误差与遗漏项数值保持上升趋势，大量的国际收支盈余因此被抵消。1999 年以后，误差与遗漏项数值开始下降，2002~2004 年连续三年出现在贷方，表现为顺差，使国际收支顺差规模在综合账户较大顺差的基础上进一步放大（见图 3-12）。一般来说，误差与遗漏的形成主要来源于两方面：一是统计方法和数据来源方面；二是脱离政府外汇收支监控的行为造成的。但由于我国国际收支表中该项相对于总差额的比率远远高于其他经济发展水平相近的国家，显然逃避监控部分占有相当大的比重。以保值及降低对外支付成本为目的的资本外逃或资本流入是误差与遗漏项的主要组成部分。许多国内学者将资本外逃视为我国“误差与遗漏”长期处在借方的一个重要的原因。2002 年以前，我国“误差与遗漏”项目一直反映在借方，说明我国长期以来存在严重的资本外逃现象。而 2002~2004 年连续三年出现在贷方，说明在人民币升值预期下，有大量国际短期资本（游资、热钱）涌入我国。而2005年、2006年误差与遗漏项再次出现在借方说明2005年7月人民币汇率改革后，有部分热钱获利撤出。2007年误差与遗漏项再次出现在贷方说明新的热钱的流入，而2008年下半年以后误差与遗漏项重新出现在借方说明受国际金融危机的影响，部分国际资本撤离我国。

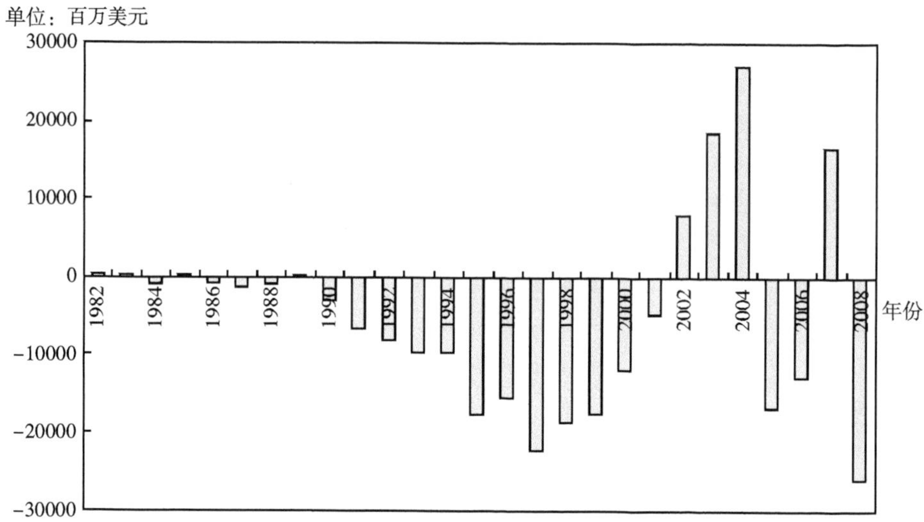

图 3-12 1982~2008 年误差与遗漏项下数值

数据来源：国家外汇管理局网站。

三、中国经济内外失衡相互关系的实证检验

（一）内部失衡不断加剧是外部失衡的根本原因

从前面的分析可以看出，当前中国经济的内部不平衡主要体现在储蓄和投资出现失衡，投资和消费关系不协调。中国经济的外部不平衡集中体现于经常项目和资本项目持续双顺差，外汇储备不断累积。从国民收入恒等式 $S-I=X-M$ 看，从等式左边分析，当国内储蓄大于国内投资时必然会出现贸易顺差，过剩的生产能力必然要寻求外部需求平衡；而从等式右边分析，国际贸易顺差的持续扩大也将导致国内储蓄缺口的扩大，加剧国内投资和消费的失衡。因此，

在两者的因果关系上，国内理论界存在较大的分歧。[①] 本节我们将通过 Johansen 协整检验分析和 Granger 因果关系检验[②] 对两者之间的关系加以验证。

1. Johansen 协整检验

在对内部失衡和外部失衡的关系进行实证检验时，我们用储蓄投资缺口 SI 表示内部失衡，SI 表示国内储蓄 S 减去资本形成 I，其中的 S 为支出法的 GDP 中剔除掉最终消费 C 后的部分；利用净出口额 XM 代表外部失衡，XM 是出口总额 X 减去进口总额 M 计算得到的。各项指标的数据均来自《中国统计年鉴(2009)》。

我们首先对这些指标进行平稳性检验，本书的平稳性检验采用 ADF 检验法，分别对 XM、C、I 和 SI 进行了单位根检验，结果表明，这 4 个变量均为 2 阶单整序列，即它们本身是不平稳的，但在二次差分后都变成了平稳的时间序列，由此我们可以判断采用协整分析应该更为合理。在区间 1990~2008 年内，我们将这四个指标分成两组，分别进行了 Johansen 协整检验，检验的结果如表 3–14 所示。

表 3–14　国内外失衡的 Johansen 协整检验结果

变量	原假设	特征根	迹统计量（P 值）	λ–max 统计量
XM 与 C、I	0 个协整向量*	0.858	70.36（0.000）	52.74（0.000）
	至少 1 个协整向量*	0.421	17.62（0.024）	14.73（0.042）
	至少 2 个协整向量*	0.101	2.89（0.089）	2.89（0.089）
XM 与 SI	0 个协整向量*	0.432	20.57（0.001）	15.27（0.0035）
	至少 1 个协整向量	0.178	5.31（0.021）	5.31（0.021）

注：* 代表在 5%的显著性水平下拒绝原假设。

从表 3–14 可以看出，在 XM、C 和 I 的这组指标的协整检验中，迹检验和最大特征根检验都显示，在 5%的置信水平下，这三个变量之间至少存在 2 个稳定的协整向量；在 1%的置信水平下，这三个变量之间仅存在 1 个稳定的协整向量。而 XM 与 SI 的检验结果显示，这两个变量之间存在一个稳定的协整向量。基于上述 Johansen 协整检验结果，我们可以得到以下两个长期方程：

$$XM = -1042 - 0.12*C + 0.29*I - 3846*D2003 - 5964*D2004 + 4217*D2007 \quad (3.1)$$

---

① 有关论文请参见中国人民大学经济研究所：《中国宏观经济分析与预测（2007~2008）——财富结构快速调整中的中国宏观经济》，339~340 页，中国人民大学出版社，2008。樊纲等：《中国经济的内外均衡与财税改革》，20~21 页，载《经济与研究》，2009 年第 8 期。

② 高铁梅：《计量经济分析方法与建模：Eviews 应用及实例》（第二版），第 9 章，清华大学出版社，2009。

t = (-1.37) (-2.65) (5.87) (-2.90) (-2.86) (-4.49)

R^2 = 0.97 D.W. = 1.62

方程（3.1）的因变量为代表外部失衡的净出口 XM，解释变量为最终消费 C 和资本形成 I，表示内部均衡对外部均衡的解释能力，其中的 D2003、D2004 和 D2007 分别代表了虚拟变量，用来表示相应年份净出口的奇异波动。

方程的结果显示，最终消费每增加一个单位，就会导致净出口减少 0.12 个单位，这是由于居民消费的增加一方面会减少部分产品的出口，另一方面会增加相关产品的进口，进而减少净出口；投资对净出口的影响为正，其系数为 0.29，是消费影响系数的 2.4 倍，即国内投资每增加一单位会引起净出口增加 0.29 单位，说明在只考虑消费和投资这两个内部经济指标时，中国投资的增加是引起中国贸易盈余的关键性因素。从中国实际出发，如果要控制净出口的快速增长，对投资进行管理是一个重要的政策取向。

$$XM = -104.98 + 0.87*SI + [AR(1) = 0.48] \tag{3.2}$$

t = (-0.59) (51.86) (1.97)

R^2 = 0.99 D.W. = 2.09

方程（3.2）中的残差存在自相关，利用 AR 项进行调节，从方程（3.2）可知，XM 和 SI 呈现正向关系，并且其系数为 0.87，即增加一单位的 SI 会使得 XM 增加 0.87 单位。这个协整方程基本符合 S - I = X - M 的理论基础，表明在中国由于国内储蓄大于国内投资，多余的储蓄转化为净出口，因而国内储蓄投资关系的失衡引发了外部的失衡。

2. Granger 因果关系检验

这里我们来检验我国三个内部经济变量 C、I 和 SI 与净出口 XM 之间的 Granger 因果关系，进一步判断是我国内部失衡影响了外部失衡，还是外部失衡导致了内部失衡，或者两者同时存在。

我们首先进行第一组检验，即内部失衡和外部失衡的检验，分别检验 XM 与 C、I 和 SI 是否存在 Granger 因果关系，检验的结果如表 3-15 所示。

表 3-15 外部失衡和内部失衡的 Granger 因果检验结果

零假设	F 统计量	概率值	95%置信度下是否接受原假设
C does not Granger Cause XM	4.56649	0.02351	拒绝
XM does not Granger Cause C	3.62977	0.04511	拒绝
I does not Granger Cause XM	5.23011	0.00565	拒绝
XM does not Granger Cause I	3.53871	0.02678	拒绝
SI does not Granger Cause XM	6.54522	0.00717	拒绝
XM does not Granger Cause SI	4.12737	0.03165	拒绝

表 3-15 的检验结果说明，中国经济的内部失衡与外部失衡之间互为因果，内部失衡既是导致外部失衡的原因，反过来也受到外部失衡的影响，中国的内部失衡和外部失衡之间的这种互为因果的关系，是导致中国投资、消费失衡和“双顺差”愈演愈烈的重要原因。

中国近年来巨额的贸易盈余和国内储蓄—投资缺口存在双向因果关系，双方互为因果，相互影响。中国长期储蓄大于投资（S>I），国内供给大于国内需求，过剩的产出必然要寻求其他出路抢占国外市场，这样自然形成了相对应的、数额相当的贸易顺差。储蓄大于投资是贸易顺差内因的理论，我们在利用格兰杰因果检验后得到了验证。同时，我们也发现，对外贸易差额对储蓄—投资差额也存在影响。

（二）外部不平衡对内部不平衡存在反作用

从理论分析来看，外部失衡对消费、投资和储蓄、物价等内部失衡指标都存在反作用。首先，进出口的顺差将改善对外贸易部门的经济效益，增加该部门的收入，而消费又是收入的函数，从而会使贸易部门及相关部门的消费水平提高，国内最终消费总量将相应增加。其次，对外贸易的盈余、产品在海外市场畅销的利好前景，都会增强国内投资者的预期，进而引起国内投资的增加。而 FDI 的流入更是直接增加了投资。再次，居高不下的国际收支“双顺差”带来的直接后果便是外汇储备的增加，为了保持汇率基本稳定，央行需要通过外汇市场的公开市场操作，购入大量外汇，带来了大量基础货币投放，而基础货币的投放又以乘数效应扩大了货币供给，从而导致国内流动性过剩。在流动性过剩的情况下，一方面会直接导致物价水平的上涨，引发通货膨胀；另一方面会刺激国内投资、信贷等指标的持续上升，容易引发经济过热，加剧国内经济的失衡。最后，国际收支“双顺差”对国内的储蓄—投资差额也有反作用，它分别通过对储蓄、投资的作用影响到储蓄投资差额。长期巨额的贸易顺差还会导致对外贸易部门及相关部门国民收入的增加，而储蓄也是收入的函数，收入提高，储蓄也会相应增加，并且边际储蓄倾向（MPS）也存在递增的现象，即储蓄随收入增加而增加，且增加的幅度越来越大，储蓄增加的幅度快于收入增加的幅度。因此从理论上来说，外部失衡对储蓄有正向的作用，而且贸易顺差数额越大，持续的时间越长，国内储蓄数量增加就越多，增长速度也越快，这样外部失衡就进一步强化了内部失衡。

1. 外部失衡对消费、投资和储蓄影响的实证分析

进行实证分析时，利用经常项目和资本金融账户共同形成的外汇储备作为外部失衡的指标。下面利用 1990~2008 年中国外汇储备增长率（FER）、国内消费增长率（CR）、投资增长率（IR）以及储蓄增长率（SR）进行实证分析，

考察外汇储备增长率分别与这几个变量之间是否存在长期稳定关系。

通过检验后我们发现，这四个变量都是不平稳的时间序列，经过一阶差分后变为平稳序列，表 3-16 是这几个变量的协整检验结果。

表 3-16 FER 与 C、I 和 S 的协整检验结果

变量	原假设	特征根	迹统计量（P 值）	λ-max 统计量
FER 与 CR	0 个协整向量*	0.919	41.34（0.000）	37.70（0.000）
	至少 1 个协整向量*	0.215	3.64（0.0567）	3.64（0.0567）
FER 与 IR	0 个协整向量*	22.91	15.49（0.003）	17.72（0.000）
	至少 1 个协整向量*	5.188	3.84（0.022）	3.84（0.022）
FER 与 SR	0 个协整向量*	0.613	23.83（0.002）	14.26（0.011）
	至少 1 个协整向量*	0.261	5.75（0.016）	5.75（0.016）

注：* 代表在 5%的显著性水平下拒绝原假设。

从表 3-16 可以看出，在 5%的显著性水平下，FER 与 CR、IR、SR 之间至少存在 2 个协整向量，协整关系不唯一，但在 1%的显著性水平下，FER 与 CR、IR、SR 之间存在着唯一的一个协整向量，它们之间的协整关系是唯一的，结合这几个变量的经济意义，由协整检验结果我们可以得到以下三个长期方程：

$$CR = 2.74 + 0.60*CR(-1) + 0.09*FER \quad (3.3)$$

$$t = (1.26) \quad (3.82) \quad (2.32)$$

$$R^2 = 0.72 \quad D.W. = 1.00$$

$$IR = 2.64 + 0.27*IR(-1) + 0.31*FER - 9.65*D1996 - 12.29*D1997 \quad (3.4)$$

$$t = (1.62) \quad (1.75) \quad (3.73) \quad (-4.55) \quad (-3.42)$$

$$R^2 = 0.92 \quad D.W. = 2.64$$

$$SR = 4.01 + 0.43*S(-1) + 0.13*FER \quad (3.5)$$

$$t = (1.90) \quad (2.89) \quad (2.43)$$

$$R^2 = 0.84 \quad D.W. = 0.54$$

方程（3.3）的经济含义是，外汇储备增长率每提高一个百分点会带来国内消费增长率提高 0.09 个百分点，该系数为正，说明外汇增长对带动国内消费有着积极的作用。作为外部失衡的一个表现，外汇储备增长并没有对内部经济产生消极影响，反而由于提高了本国的收入而改善了国内的消费。对消费产生正向作用的外汇储备主要是由进出口顺差形成的，可以通过促进出口来提高国内的消费水平。不过需要注意的是，进出口顺差所形成的收入增长主要是由对外贸易部门及其相关部门获得的，如果进出口顺差仍然不断扩大，持续的时间仍然加长，那么很可能会引起对内和对外经济部门收入差距的扩大。

方程（3.4）表明，外汇储备增长率每增长一个百分点会带来投资增长率提高 0.31 个百分点，该系数的大小是外汇储备增长对消费影响的系数的 3.4 倍多，是这三个方程中系数最大的变量，表明与消费相比，投资受到外汇储备变动的影响更大。外汇储备的增长通过两个渠道对投资产生影响。一是我国的政策倾向一直都是积极引进外国资本流入，2002 年我国已经成为世界第一大外资引入国，FDI 对中国投资增长做出了很大贡献。二是外汇储备的增长使得中国货币供给过剩，造成经济过热，一方面增强了投资者的预期从而扩大了生产规模，使投资增加；另一方面，在货币供给过多的条件下，银行倾向于放松银根，信贷投放的增加相应地带动了固定资产投资的过快增长。

方程（3.5）中，外汇储备增长率对储蓄增长率的影响系数为 0.13，从这三个估计结果看，外汇储备增长影响最大的是投资，其次是储蓄，最后才是消费。从收入的角度来看，外汇储备的增长会带来国民收入的增长，但收入增长中仅有 40%左右会用于消费，剩下的近 60%的收入的增长直接带来了储蓄的增加，这会进一步加剧内部失衡。

2. 外部失衡对国内物价水平影响的实证分析

“双顺差”使我国外汇储备得到了极大提高，外汇储备属于央行资产，外储增加意味着央行通过吸收外汇资产增加了基础货币的投放数额，从而导致中国货币流动性过剩。所以，考虑外部失衡对内部失衡的影响时，不能不涉及外汇储备的增加对中国物价水平的影响。

这里具体选取 1990~2008 年的外汇储备增长率（FER）作为外部失衡的计量指标，物价水平选取 CPI，来考察外汇储备增长率与国内物价水平之间的关系。首先对它们进行单位根检验，结果发现它们都是不平稳的时间序列，但经过一阶差分后变为平稳序列。下面是两个变量唯一存在的协整方程：

$$CPI = 98.48 + 0.1FER + 6.84*D1995 + 3.51*D2008 + [AR(1) = 0.60] \quad (3.6)$$

$$t = (56.7) \quad (2.33) \quad (3.38) \quad (2.09) \quad (4.08)$$

$R^2 = 0.92$　　D.W. = 2.12

这个方程告诉我们，外汇储备增长率和物价水平呈现正相关关系，前一变量的增加将引起后一变量同方向的变动，即外汇储备增长率每增加一个单位，国内物价水平将提高 0.1 个单位。

第四章　中国经济内外失衡的成因与风险分析

造成我国经济内外失衡的原因既有全球经济一体化、世界产业结构调整、世界货币体制缺陷以及世界经济失衡等外部因素，又有国内经济发展方式没有根本转变、收入分配失衡加剧、政府职能转变滞后和公共产品供给缺失等内部因素；既有制度、体制等长期因素，又有宏观经济政策不协调等短期因素。

一、中国经济内部失衡的成因分析

从国际经验看，一个国家在进入工业化加速阶段后，随着社会储蓄增加和国家积累能力的增强，以及社会基础设施和扩大再生产的需求的不断加大，会出现投资快速增长和投资率上升的趋势。第二次世界大战结束后，日本、韩国等东亚国家，都经历过一个投资率上升和消费率下降的时期。但即便是在那个时期，日本和韩国的投资率也没有达到我国现阶段水平。显然，我国投资增长过快，投资率明显偏高，除了与我国处于工业化、城市化进程加快的发展阶段有关，也与“人口红利”① 和历史文化传统等因素形成的高储蓄率有关，此外，我国特有的增长方式、收入结构和体制条件也起了一定的作用。

（一）粗放式经济发展方式尚未根本转变

为了尽快赶超发达国家，实现强国富民的理想，在当时国际、国内的政治、经济环境下，中国从第一个五年计划（1953~1957 年）开始，全面接受了苏联“优先发展重工业”的“社会主义工业化路线”这一经济建设指导方针。中国为了实现优先发展重工业的目标，在体制上，实行高度集中的资源计划配置制度，重工业、轻农业，重积累、轻消费；在经济政策上，长期低估各种要

① “人口红利”产生于人口年龄结构的变化，在一波“婴儿潮”后的数十年里，经济社会中适龄劳动人口的比重增加，而儿童人口比重和老年人口比重则会相对下降。如果适龄劳动人口获得就业，则总人口的劳动参与率上升。劳动参与率的上升，一方面通过全部人口的总收入增加，来提高储蓄水平；另一方面，由于年轻工作人口的增加，导致总人口的消费倾向下降、储蓄倾向上升，从而产生储蓄率提高效应。

素价格，向重化工业部门转移强制储蓄。通过这种以巨额投资驱动 GDP 高速增长的“赶超战略”,[①] 中国在“一穷二白”的基础上，从 1949 年到 1978 年的近三十年间，建立了独立的比较完整的工业体系和国民经济体系，GDP 从 1952 年的 679.0 亿元，增加到 1978 年的 3645.2 亿元，增长 4.7 倍，年均增长 6.1%。但是，“投资驱动增长模式”也带来了较大的负面作用，在经济高速增长的背后是国民经济的严重失衡，表现在：国民收入的积累率高，消费率低。据林毅夫等计算，1953~1978 年，中国的积累率高达 29.5%，不仅高于世界平均水平，也高于大多数发展中国家；工业增长特别是重工业增长明显高于农业和第三产业；城市化与工业化发展不协调，1980 年中国的城市化率仅仅达到 19.4%，同 1952 年相比只增长 6.9 个百分点；城乡居民的收入水平和消费水平增长缓慢。同时，经济大起大落，企业缺乏自生能力，职工缺乏积极性，这种经济增长模式显然不可能持续，难以实现经济的可持续发展。

改革开放以来，中国经济保持了持续高速增长。然而，虽然中国经济增长模式有所变化，但是这种变化是不稳定的，主要依赖于要素投入，尤其是资本要素投入驱动的粗放经济增长特征并没有发生根本性变化。[②]

1. 投资驱动型增长

改革开放以来，随着市场经济体制逐步确立，各个经济主体自我发展意识、利益最大化意识不断强化，都力图充分发挥自己的“比较优势”，在最短的时间内“初见成效”和“大见成效”，在这种背景下，粗放式增长就是必然的选择。目前我国经济发展基本上停留在外延扩张为主的粗放型增长阶段，自主创新能力弱，经济发展主要依靠增加资本和资源投入，在体制转换过程中，投资饥渴症和投资冲动延续下来，各种经济主体追求数量扩张，造成投资规模不断膨胀。一些地方政府片面追求经济增长速度，把增加投资作为推动经济快速增长的主要途径。从我国全社会固定资产投资的隶属关系看，有中央项目和地方项目之分，从中央项目和地方项目的增长速度和比重来看，一个显著的特点是地方项目投资增长过快，占全社会投资的比重过高，成为历次投资过热的主导力量。2003~2008 年的投资扩张中，地方项目投资膨胀更为明显。可以说，每次宏观调控的重要方面，就是控制地方投资扩张（见表 4-1）。

---

① 林毅夫、蔡昉、李周：《中国奇迹：发展战略与经济改革》，29 页，人民出版社，1994。

② 吴敬琏、范世涛：《超越东亚奇迹——中国经济增长模式的回顾和展望》，载蔡昉主编：《中国经济转型 30 年》（1978~2008），209 页，社会科学文献出版社，2009。

表 4-1　改革开放以来中央和地方项目投资变化情况

年　份	投资增长速度（%）		比重（%）	
	中央项目	地方项目	中央项目	地方项目
1985	30.4	65.3	53.5	46.5
1988	14.7	20.5	55.5	44.5
1993	36.8	66.4	39.8	60.2
2003	-6.3	33.8	11.0	89.0
2004	23.1	27.3	10.7	89.3
2005	21.1	26.5	10.3	89.7
2006	16.9	24.7	9.7	90.3
2007	23.6	25.0	9.6	90.4
2008	27.3	25.3	9.7	90.3

注：1985 年、1988 年和 1993 年数据为中央和地方基本建设投资数据。2003~2005 年数据为中央和地方全社会固定资产投资数据。

数据来源：《中国统计年鉴》（2009），中国统计出版社，2009。

与此同时，由于企业投资风险约束机制有待完善，对企业投资的有效监管体系还不健全，一定程度上存在着盲目投资、低水平重复建设现象，投资效率不高。在以高投入、高消耗为主要特征的粗放型经济增长方式下，投资效率不高进一步加剧了投资规模膨胀，导致投资率保持较高水平。从表 4-2 可以看出，改革开放以来，我国投资效率系数①整体上明显提高，并且波动幅度较小。在此期间，名义投资效率系数②平均达到 0.34，实际投资效率系数平均为 0.25。尽管比改革开放前有了明显提高，但整体水平仍不高。2001 年以来，我国投资效率系数极其稳定，基本上围绕 0.28 上下波动，平均为 0.28。

表 4-2　1978~2006 年我国投资效率系数

年　份	现价 GDP（亿元）	1978 年价 GDP（亿元）	资本形成总额（亿元）	资本形成总额（亿元）	名义投资效率系数	实际投资效率系数
1978	3645.2	3645.2	1377.9	1377.9	0.31	0.24
1979	4062.6	3921.3	1478.9	1428.9	0.28	0.17
1980	4545.6	4228.3	1599.7	1511.8	0.30	0.17
1981	4891.6	4450.1	1630.2	1499.6	0.21	0.13
1982	5323.4	4853.1	1784.2	1602.7	0.24	0.22
1983	5962.7	5380.5	2039.0	1784.3	0.31	0.25

① 投资效率系数等于一定时期内单位资本形成总额产生的国内生产总值增加量。在一定时期内，单位资本形成总额产生的 GDP 增量越大，表明投资的宏观效率越高；反之，则相反。

② 根据资本形成总额和 GDP 是现价还是不变价，投资效率系数可分为名义和实际两种。由于后者剔除了价格影响，因而比前者更能真实反映投资效率的变化情况。

续表

年　份	现价 GDP（亿元）	1978 年价 GDP（亿元）	资本形成总额（亿元）	资本形成总额（亿元）	名义投资效率系数	实际投资效率系数
1984	7208.1	6196.2	2515.1	2122.0	0.50	0.33
1985	9016.0	7030.6	3457.5	2724.4	0.52	0.26
1986	10275.2	7653.1	3941.9	2928.9	0.32	0.18
1987	12058.6	8539.3	4462.0	3118.5	0.40	0.24
1988	15042.8	9502.7	5700.2	3505.5	0.52	0.24
1989	16992.3	9888.7	6332.7	3561.0	0.31	0.09
1990	18667.8	10268.2	6747.0	3577.1	0.25	0.09
1991	21781.5	11210.9	7868.0	3875.0	0.40	0.21
1992	26923.5	12807.7	10086.3	4378.2	0.51	0.31
1993	35333.9	14596.3	15717.7	4831.9	0.54	0.32
1994	48197.9	16505.6	20341.1	5111.4	0.63	0.32
1995	60793.7	18308.8	25470.1	5610.2	0.49	0.28
1996	71176.6	20141.2	28784.9	5556.1	0.36	0.28
1997	78973.0	22013.8	29968.0	5511.5	0.26	0.29
1998	84402.3	23738.1	31314.2	5897.6	0.17	0.25
1999	89677.1	25546.9	32951.5	6064.1	0.16	0.26
2000	99214.6	27700.9	34842.8	6214.7	0.27	0.30
2001	109655.2	30000.1	39769.4	7070.1	0.26	0.28
2002	120332.7	32724.8	45565.0	8078.8	0.23	0.29
2003	135822.8	36005.6	55963.0	9706.1	0.28	0.29
2004	159878.3	39636.8	69168.4	11302.4	0.35	0.28
2005	183867.9	43770.3	80646.3	12658.8	0.30	0.27
2006	210871.0	48871.2	94098.7	14304.4	0.29	0.29
1978~2006 年平均					0.34	0.25
2001~2005 年平均					0.28	0.28

数据来源：《中国国内生产总值核算历史资料》（1952~1995）、《中国国内生产总值核算历史资料（1952~2004）》和历年《中国统计年鉴》。其中，1978 年价资本形成总额数据根据上述资料加工整理得到。

2. 工业主导型增长

从大多数国家经济发展历史看，工业化从粗放型增长方式起步是一个共同现象。在工业化初期，企业总是倾向于大量使用廉价的资源，最大限度地扩大生产规模，尽快进行资本积累。因此，高投入、高消耗、追求高增长率和大规模生产，是这一阶段工业增长的显著特点。而在发展中国家的工业化初期，除了上述特点外，往往还表现出直接模仿方式、从低端产业或低端产业环节进入获得成熟工业技术、因循发达国家的工业技术路线及对资源高度依赖等特点。作为一个发展中国家，中国的工业化进程也必然具有类似于一般发展中国家的某些共性。[①]

我国处在从二元经济向现代化经济转变时期，工业化是不可能超越的历史性阶段，实现工业化这一历史性任务主要目标有两个：一是把我国二元经济转化为现代经济，降低农业在国民经济中的比重，增加工业和服务业的比重，核心问题是把农业、农村中的大量过剩劳动力转移到工业和服务业中去；二是在大力发展制造业的同时，提升制造业结构水平，实现从中国制造到中国创造的转变。

改革开放以来，中国已经成为一个工业大国，国际竞争力有了一定程度的提高，但还不是一个工业强国，还处于工业化中期的后半阶段，处于世界分工体系的低端。[②] 我国三次产业结构转变明显加快，农业增加值和农业就业比重都有明显下降，工业和服务业的增加值和就业比重上升。虽然中国工业化进程表现出与世界工业化规律相一致的趋势，但由于片面强调工业尤其是重化工业主导的价值取向没有根本改变，从而使得第一、二、三产业发展失调，经济增长严重地依赖第二产业尤其是工业的高速扩张（见表 4-3 和表 4-4），服务业比重长期偏低。在工业内部，1999 年以后，重工业增长速度明显高于轻工业增长速度（见表 4-5），重工业化趋势十分明显。

表 4-3　国内生产总值构成

（国内生产总值构成=100）

年　份	第一产业	第二产业	工　业	第三产业
1990	27.1	41.3	36.7	31.6
1991	24.5	41.8	37.1	33.7
1992	21.8	43.4	38.2	34.8
1993	19.7	46.6	40.2	33.7
1994	19.8	46.6	40.4	33.6
1995	19.9	47.2	41.0	32.9
1996	19.7	47.5	41.4	32.8
1997	18.3	47.5	41.7	34.2
1998	17.6	46.2	40.3	36.2
1999	16.5	45.8	40.0	37.7
2000	15.1	45.9	40.4	39.0
2001	14.4	45.1	39.7	40.5
2002	13.7	44.8	39.4	41.5

① 金碚：《科学发展观与经济增长方式转变》，载中国社会科学院经济学部编：《全球经济失衡与中国经济发展》，288 页，经济管理出版社，2006。

② 陈佳贵、王欣：《中国工业经济的改革、开放和发展》，载蔡昉主编：《中国经济转型 30 年》（1978~2008），78 页，社会科学出版社，2009。

续表

年　份	第一产业	第二产业	工　业	第三产业
2003	12.8	46.0	40.5	41.2
2004	13.4	46.2	40.8	40.4
2005	12.2	47.7	42.2	40.1
2006	11.3	48.7	43.1	40.0
2007	11.1	48.5	43.0	40.4
2008	11.3	48.6	42.9	40.1

注：本表按当年价格计算。
数据来源：《中国统计年鉴》(2009)，中国统计出版社，2009。

表 4–4　三次产业对国内生产总值增长的贡献率和拉动

年　份	第一产业		第二产业				第三产业	
	贡献率	拉动	贡献率	拉动	工业		贡献率	拉动
					贡献率	拉动		
1990	41.7	1.6	41.0	1.6	39.7	1.5	17.3	0.6
1991	7.1	0.6	62.8	5.8	58.0	5.3	30.1	2.8
1992	8.4	1.2	64.5	9.2	57.6	8.2	27.1	3.8
1993	7.9	1.1	65.5	9.2	59.1	8.3	26.6	3.7
1994	6.6	0.9	67.9	8.9	62.6	8.2	25.5	3.3
1995	9.1	1.0	64.3	7.0	58.5	6.4	26.6	2.9
1996	9.6	1.0	62.9	6.3	58.5	5.9	27.5	2.7
1997	6.8	0.6	59.7	5.6	58.3	5.4	33.5	3.1
1998	7.6	0.6	60.9	4.8	55.4	4.3	31.5	2.4
1999	6.0	0.4	57.8	4.4	55.0	4.2	36.2	2.8
2000	4.4	0.4	60.8	5.1	57.6	4.9	34.8	2.9
2001	5.1	0.4	46.7	3.9	42.1	3.5	48.2	4.0
2002	4.6	0.4	49.7	4.5	44.4	4.0	45.7	4.2
2003	3.4	0.3	58.5	5.9	51.9	5.2	38.1	3.8
2004	7.8	0.8	52.2	5.3	47.7	4.8	40.0	4.0
2005	6.1	0.6	53.6	5.6	47.0	4.9	40.3	4.2
2006	5.2	0.6	53.1	6.2	46.6	5.4	41.7	4.8
2007	3.3	0.4	54.2	7.1	48.7	6.4	42.4	5.5
2008	6.5	0.6	50.6	4.5	46.1	4.1	42.9	3.8

注：①三次产业贡献率指各产业增加值增量与 GDP 增量之比，单位为%。
②三次产业拉动指 GDP 增长速度与各产业贡献率之乘积，单位为%。
数据来源：《中国统计年鉴》(2009)，中国统计出版社，2009。

表 4-5 1999~2008 年规模以上工业、重工业、轻工业增长速度

单位：%

年份 / 分类	1999	2000	2001	2002	2003	2004	2005	2006	2007	2008
工业增加值				12.6	17.0	16.7	16.4	16.6	18.5	12.9
轻工业				12.1	14.6	14.7	15.2	13.8	16.3	12.3
重工业				13.1	18.6	18.2	17.0	17.9	19.6	13.2

注：工业增加值增长速度按可比价格计算。

数据来源：《中国统计年鉴》(2009)，中国统计出版社，2009。

在这种工业主导型尤其是重化工业主导型增长模式下，为了保持经济的高增长，有限的资源高度向重工业倾斜，超越资源与环境的承载能力，产生资本对劳动力的替代，第二产业和第三产业吸引就业的能力下降，导致农业人口不能有效地向其他产业转移，引发城镇就业增长乏力，个人消费受到抑制，不利于投资与消费、重工业与轻工业、工业与农业的协调增长，不利于建立节约型社会，不利于中国经济的可持续发展。

3. 低要素成本型增长

现阶段，中国的经济竞争与其说是企业间的竞争，不如说是地方政府间的竞争。地区间竞争的基本规律是："最大限度利用不可流动资源（降低这些资源的价格）去吸纳可流动要素。"不可流动要素主要包括：税收、基础设施、土地、自然资源、生态环境等。可流动要素主要是：资本、企业家、技术等。[①]由于自主创新能力弱，整个经济的竞争力建立在低要素成本基础上。利用低价格资源对于资源使用者来说可以提高其竞争力，而对于供应者来说则是需求的来源。

长期以来我国水、电、油等资源性产品和土地、资本等生产要素价格受政府管制而明显偏低，劳动力相对过剩也使工资水平难以上升。地方政府为实现GDP 的增长目标以优惠价格甚至无偿供给土地，使许多本来无利可图的项目变为有利可图。再加上水、电、气、成品油等生产要素价格受到政府的严格控制，远低于市场均衡水平，企业以超低价格获取生产要素（这种超低的价格与市场均衡价格之差被称为"要素红利"）；同时，许多企业缺乏环境保护投入，污染企业造成的社会成本不计入企业的生产成本（这种社会成本被称为"环境红利"）。投资成本和生产要素价格过低，使经济增长过度依赖于投资和生产要素的投入，技术进步和生产效率提高缓慢，投资驱动经济增长的特征明显。

对土地和矿产资源的滥用和低价开发是当前一些地方政府扩大投资的主要

① 金碚：《科学发展观与经济增长方式转变》，载中国社会科学院经济学部编：《全球经济失衡与中国经济发展》，289 页，经济管理出版社，2006。

手段。由于地方政府在土地、矿产等资源配置中的权力过大，加上我国现行土地、矿产资源等在管理和税收方面还存在一些不完善的地方，使得土地违法、矿产资源滥采成为一种普遍现象。土地是投资的依托，大部分投资项目尤其是建筑安装工程，最终都要落到土地上，房地产的开发与建设更是离不开土地的供应。土地违法现象的增加和地根的放松，为地方政府推动投资扩张提供了两个条件：一是保证了新增建设项目的用地；二是为项目建设筹集了大笔资金。同样，低价开采或利用能源、原材料等矿产资源也成为了地方政府拉动当地投资的另一个重要手段：一方面资源性产业本身存在"本小、税低、利大"的特点，市场准入和技术准入的门槛很低，容易吸引粗放和短期性投资；另一方面由于各地区、城市间招商引资竞争空间激烈，竞相压低生产要素价格的现象十分普遍，外来投资者在近乎无偿得到水、电、气供应的同时，无形中扩大了盈利空间，使本不该上马的项目得以上马。

在我国劳动力无限供给的情况下，企业低工资、高竞争力的模式维持了20多年的时间，劳动力低成本对我国巨额贸易顺差和经常账户盈余快速增长做出了巨大贡献。一方面，企业通过雇用廉价劳动力、压低工资生产出低成本产品，提高了企业的国际竞争力，扩大了出口，给我国带来了巨额的外汇储备。另一方面，我国低成本的人力资源也是吸引外商直接投资的重要条件。据国际组织测算，目前我国制造业劳动力成本仅相当于发达国家的2%~3%，亚洲四小龙的5%~6%，亚洲四小虎的50%左右。

（二）收入分配失衡不断加剧

1. 宏观收入分配中居民所得份额下降

收入分配包括初次分配和再分配两个层次。初次分配是对生产要素的分配，再分配则是生产环节之后通过经常转移① 的形式对收入的分配。生产活动形成的原始收入，是整个收入分配的起点，经过初次分配，形成了一国的初次分配总收入；② 经过收入的再分配，最终形成了一国的可支配总收入。一国的初次分配总收入和可支配总收入，在政府、企业和居民之间分配的比例及其相互关系，即通常所说的三者分配关系，就是宏观收入的分配格局。③

（1）居民收入占国民总收入的比重明显下降。从表4-6可见，改革开放以来，以1996年为分界线，国民收入初次分配大体可划分为向居民倾斜（1978~

① 经常转移是指一个机构单位向另一个机构单位提供货物、服务或资产但不从对方获得回报的一种单方面交易。经常转移的主要形式有收入税、社会保险付款、社会补助和其他经常转移。

② 一国的初次分配总收入，过去称为国民生产总值（GNP），联合国1993年国民账户核算体系已改称为国民总收入（GNI）。

③ 张东升主编：《中国居民收入分配年度报告》（2008），9~10页，经济科学出版社，2008。

1995 年）和向政府、企业倾斜（1996 年至今）两个阶段。

表 4-6 收入初次分配结构

单位：%

年 份	政 府	企 业	居 民
1978	35.8	13.2	51.0
1988	21.3	8.5	70.2
1990	21.8	9.3	68.9
1992	16.6	17.4	66.0
1993	17.3	19.9	62.8
1994	17.1	18.0	64.9
1995	15.2	19.7	65.1
1996	16.5	16.0	67.5
1997	17.0	16.7	66.3
1998	17.6	15.8	66.6
1999	16.9	17.1	66.0
2000	17.4	17.9	64.7
2001	16.7	20.1	63.2
2002	17.3	20.0	62.7
2003	16.9	20.7	62.4
2004	17.3	22.9	59.8
2005	18.0	22.6	59.4
2006	18.6	22.4	59.0
2007	19.5	22.6	57.9

数据来源：《中国统计年鉴》（2009），中国统计出版社，2009。

第一阶段：1978~1995 年，这一时期收入初次分配的主要特点是向居民倾斜，居民收入比重上升较快，特别是在 20 世纪 80 年代后期，一度出现了收入向居民过快倾斜的现象。1988 年，居民收入所占比重达到了 70.2%。同时，政府收入所占比重下降较多，企业收入比重有降有升。1995 年，居民、政府和企业三者收入比重分别为 65.1%、15.2%和 19.7%，与 1978 年相比，分别上升了 14.1 个百分点、下降了 20.6 个百分点、上升了 6.5 个百分点。

第二阶段：1996~2007 年，随着国家宏观调控政策的变化，居民收入比重在不断下降，而政府收入比重和企业收入比重不断上升，收入初次分配出现向政府和企业倾斜的趋势。到 2007 年，居民、政府和企业三者收入比重变为 57.9%、19.5%和 22.6%。与 1995 年相比，分别下降了 7.2 个百分点，提高了 4.3 个百分点和 1.9 个百分点。

居民初次分配收入主要由劳动者报酬、营业盈余总额① 和财产净收入构成，其中劳动者报酬占 80%以上。从表 4-7 可见，劳动者报酬和居民财产净收入增长慢于国民总收入增长导致了 2000 年以后居民初次分配收入占国民总收入的比重出现快速回落的现象。2000 年以来，除了 2001 年和 2007 年两年劳动者报酬增速快于 GNI 外，其余 6 年劳动者报酬增速都慢于 GNI。2000~2007 年，居民财产净收入年均增长 9.3%，低于同期 GNI 增长 5.1 个百分点。居民财产净收入增长较慢导致其占居民初次分配收入的比重由 2000 年的 4.9%下降至 2007 年的 4.1%。

表 4-7　居民劳动者报酬、财产净收入、初次分配收入和 GNI 增长率

单位：%

年　份	劳动者报酬	财产净收入	初次分配收入	GNI
1993	24.5	50.9	24.5	30.9
1994	36.5	54.0	40.9	36.4
1995	27.8	7.3	24.7	24.3
1996	19.8	24.1	21.6	17.3
1997	10.3	–8.6	9.3	11.3
1998	6.8	6.7	6.9	6.4
1999	7.8	–15.5	5.7	6.6
2000	7.5	2.2	8.6	10.8
2001	10.1	5.8	7.7	10.3
2002	12.1	3.7	9.3	10.2
2003	11.2	–3.4	12.9	13.5
2004	14.0	–22.3	13.3	18.1
2005	13.5	36.5	14.5	15.4
2006	13.5	47.3	15.1	15.8
2007	18.8	20.5	19.4	21.6
平均	15.4	11.6	15.3	16.3

数据来源：《中国统计年鉴》（2009），中国统计出版社，2009。

居民初次收入增长较慢的主要原因：一是我国经济增长的就业效应不足，高增长伴随低就业。近年来，中国经济增长中技术进步和效率改进的贡献份额比较大，同样的物质和人力投入可以获得更大的产出，同样的产出对劳动力的需求更少。由于第三产业发展滞后，其吸纳劳动力就业的能力明显不足。与此同时，第二产业内部资本替代劳动的趋势日益明显，导致第二产业的就业效应在 20 世纪 90 年代中期以后就已经出现递减趋势。另外，在国有经济进行改制

① 因目前我国住户部门包括农户和个体户，故住户部门也存在一定规模的营业盈余收入（包括折旧）。

重组和调整产能过剩行业的过程中，必然会导致一部分劳动力下岗、失业。以上因素导致了我国经济总体上呈现高增长态势，但经济增长对就业带动的效应显著下降，1980 年的就业弹性是 0.418（1 个百分点的 GDP 能够创造 0.418 个百分点的就业），2000 年下降到 0.113，2007 年进一步下降到 0.063。近几年，投资驱动型的经济高增长伴随着失业率的不断攀升。2000~2007 年 GDP 的增长速度分别为 8.4%、8.3%、9.1%、10%、10.1%、10.4%、11.6%和 13.0%，而同期我国城镇登记失业率分别为 3.1%、3.6%、4.0%、4.3%、4.2%、4.2%、4.1%和 4.0%。

二是资本超分配导致劳动要素分配不足，职工工资增长缓慢。目前，我国工会虽然是劳动者的组织，但在劳资关系中缺乏谈判地位，在工资决定中没有发挥应有的作用。在劳动力市场供过于求的环境下，企业作为用工单位，处于强势的买方地位，在工资决定中发挥关键作用。由于资本的逐利性，企业倾向于压低工资水平，资本收益过分压低劳动报酬的现象相当普遍。从表 4–8 可见，自 2000 年以来，我国规模以上工业企业利润总额快速提高，年平均增长率高达 35.3%。与企业利润持续大幅增长形成鲜明对照的是，企业职工工资只增长 14.1%，不到利润增幅的一半。在整体工资水平较低的情况下，低收入者尤其是农民工的状况更加糟糕。作为城镇就业人员重要组成部分的农民工，不仅劳动时间过长、劳动报酬过低，拖欠甚至克扣工资的事情更是时有发生。更为重要的是，大多数农民工均缺乏必要的劳动保障。据国家统计局调查（2006

表 4–8　1996~2007 年我国工业企业利润、职工工资总额及增长情况

年　份	规模以上工业企业利润		职工工资总额	
	总额（亿元）	增速（%）	总额（亿元）	名义增速（%）
1996	1490	–8.9	9080.0	12.1
1997	1703	14.3	9405.3	3.6
1998	1458	–14.4	9296.5	–1.2
1999	2288	56.9	9875.5	6.2
2000	4393	92.0	10656.2	7.9
2001	4733	7.7	11830.9	11.0
2002	5784	22.2	13161.1	11.2
2003	8337	44.1	14743.5	12.0
2004	11929	43.1	16900.2	14.6
2005	14803	24.1	19789.9	17.1
2006	19504	31.8	23265.9	17.6
2007	22951	17.7	28244.0	21.4
平均		27.6		11.1

数据来源：根据《中国统计年鉴》（2009）相关数据计算。

年)，有近四成农民工未与单位签订任何劳动合同或协议，有一半的农民工拿不到加班补贴，57%的农民工得不到工伤补偿，近八成的农民工不能带薪休假。

三是居民投资渠道狭窄和不畅。银行储蓄仍然是居民的主要金融投资渠道，以股市和债券市场为主要形式的直接投资渠道不畅且投资风险较大，制约了居民投资的选择。而作为居民财产性收入的主体的银行储蓄存款，由于利息率较低，居民利息收入增长有限。

(2) 居民可支配收入在国民可支配总收入中的比重持续下降。由表 4–9 可见，国民可支配总收入结构的演变经历了以下三个阶段：

表 4–9　国民可支配总收入结构

单位：%

年　份	政　府	企　业	居　民
1978	35.9	12.9	51.2
1988	21.3	8.3	70.4
1990	21.9	9.1	69.0
1992	20.0	11.7	68.3
1993	18.0	16.3	65.7
1994	18.6	14.7	66.7
1995	16.6	16.3	67.1
1996	17.7	12.8	69.5
1997	18.3	12.9	68.8
1998	18.0	13.0	69.0
1999	17.9	13.9	68.2
2000	18.9	15.6	65.5
2001	18.7	17.4	63.9
2002	19.2	17.7	63.1
2003	19.6	18.0	62.4
2004	19.9	20.3	59.8
2005	21.0	19.8	59.2
2006	22.8	18.5	58.7
2007	24.1	18.4	57.5

数据来源：《中国统计年鉴》(2009)，中国统计出版社，2009。

第一阶段：1978~1990 年，由于经常转移力度很小，再分配结果与初次分配结果基本一致。这一阶段的主要特点是在居民可支配收入所占比重持续上升的同时，政府可支配收入占国民可支配总收入的比重大幅下降，企业可支配收入所占比重小幅下降。

第二阶段：1990~1995 年，由于政府对前一阶段分配政策进行调整，宏观收入分配过快向居民倾斜的状况得到一定矫正，政府可支配收入比重继续下降，但下降幅度明显减小，而企业可支配收入比重稳步上升。1990 年，政府、企业和居民三者间的收入分配关系为 21.9：9.1：69，到 1995 年则变为 16.6：16.3：67.1。其中，居民可支配收入所占比重比 1990 年下降了 1.9 个百分点，政府可支配收入比重下降了 5.3 个百分点，企业可支配收入比重则上升 7.2 个百分点。

第三阶段：1996~2007 年，居民收入可支配比重由 1996 年的 69.5%快速下降至 2007 年的 57.5%，下降了 12.0 个百分点，平均每年下滑 1.1 个百分点。由于国有企业改革的深化和非国有企业的迅猛发展，企业盈利能力明显增强，企业可支配收入比重从 1996 年的低点 12.8%逐年攀升到 2007 年 18.4%。由于财税体制改革、部分税种税率水平的提高以及税收征管力度的加大，政府可支配收入比重由降转升，从 1996 年的 17.7%上升到 2007 年的 24.1%。

与收入初次分配相比，1978 年以来，政府在收入再分配中总体上处于净得益地位，具体表现为政府初次分配收入占国民总收入的比重小于政府可支配收入占国民可支配总收入的比重；企业在再分配过程中一直处于净损失地位；居民在 2004 年以前处于净得益地位，并在 1997 年达到顶点，此后净得益逐渐缩小，2004 年以后居民已由再分配中的净得益方变为净损失方，特别是近 4 年来居民在再分配过程中收入损失有不断扩大趋势。收入再分配过程存在着向政府倾斜的现象，这主要是 1994 年开始推行的税改和 1998 年开始全面推进的养老、医疗和教育体制改革等多项改革的结果（详见表 4–10）。

表 4–10 可支配总收入与初次分配总收入结构之差

单位：%

年 份	企 业	政 府	居 民
1978	–0.30	0.10	0.20
1988	–0.20	0.00	0.20
1990	–0.20	0.10	0.10
1992	–5.67	3.39	2.28
1993	–3.63	0.78	2.85
1994	–3.25	1.43	1.82
1995	–3.31	1.33	1.98
1996	–3.21	1.25	1.96
1997	–3.79	1.22	2.58
1998	–2.74	0.39	2.35
1999	–3.10	0.95	2.15
2000	–2.35	1.55	0.80
2001	–2.69	2.01	0.68

续表

年　份	企　业	政　府	居　民
2002	-2.31	1.87	0.44
2003	-2.73	2.66	0.07
2004	-2.54	2.55	-0.01
2005	-2.89	3.07	-0.17
2006	-3.87	4.17	-0.29
2007	-4.15	4.55	-0.39

数据来源：《中国统计年鉴》(2009)，中国统计出版社，2009。

2000 年以后居民可支配收入在国民可支配总收入中的占比出现快速回落，一方面是因为居民初次分配收入比重下降，另一方面是因为居民经常转移净收入比重快速下降。居民经常转移净收入出现负增长，主要是因为随着居民收入水平的快速提高，居民缴纳的个人所得税大幅增长，并超过了社会补助和其他收入的增幅。在此期间，居民上缴的收入税年均增长 29.0%，分别比居民同期获得的社会补助和其他收入快 8.8 个和 17.7 个百分点（详见表 4-11 和表 4-12）。

表 4-11　1992~2007 年居民可支配收入

单位：亿元

年　份	初次分配总收入	经常转移	收入税	社会保险付款	社会补助	其他	可支配总收入
1992	17795.4	657.3	-4.7	-43.9	449.6	256.3	18452.8
1993	22149.9	751.8	-27.3	-35.3	443.5	370.9	22901.7
1994	31200.9	951.1	-72.7	-50.9	503.6	571.1	32152
1995	38920.9	1266.8	-131.5	-112.4	640	870.6	40187.6
1996	47336.2	1496.3	-193.2	-151.9	671.7	1169.7	48832.5
1997	51718.8	2304.6	-259.9	-141.6	792.9	1913.3	54023.4
1998	55286.1	2193.4	-338.7	12.1	974.4	1545.6	57479.5
1999	58411.2	2179.6	-414.3	-64	257.8	2400.2	60590.9
2000	63411.7	1125.2	-660.4	-144.5	308.6	1621.5	64536.9
2001	68283.4	1185.4	-996	-350	778.2	1753.1	69468.8
2002	74640.6	1203.3	-1211.1	-350	1086.6	1905.7	75843.9
2003	84301.7	1007.4	-1417.3	-350	548.4	2742.8	85309.1
2004	95502.8	1088.4	-1736.2	-350	617.9	3359.6	96591.2
2005	109698.1	911.4	-2094	-350	779	3800.9	110232.5
2006	126869.3	734.6	-2453.7	-350	979.6	4374.5	126529
2007	149475.8	664.3	-3185.5	-350	1126.6	5647.2	150816.3

数据来源：《中国统计年鉴》(2009)，中国统计出版社，2009。

表 4-12 居民初次分配收入、居民经常转移净收入和居民可支配收入占国民可支配总收入的比重

单位：%

年 份	初次分配收入	经常转移净收入	可支配收入
1992	65.91	2.43	68.34
1993	65.67	2.23	67.90
1994	64.70	1.97	66.67
1995	64.94	2.11	67.06
1996	67.32	2.13	69.44
1997	65.89	2.94	68.83
1998	66.31	2.63	68.94
1999	65.71	2.45	68.17
2000	64.36	1.14	65.50
2001	62.78	1.09	63.87
2002	62.11	1.00	63.11
2003	61.70	0.74	62.44
2004	59.14	0.67	59.81
2005	58.72	0.49	59.21
2006	58.38	0.34	58.73
2007	57.27	0.25	57.52

数据来源：《中国统计年鉴》(2009)，中国统计出版社，2009。

由于国民收入分配中政府和企业所得份额增长高于居民所得份额增长，在政府职能尚未转变的条件下，必然直接或间接地推动投资的高增长和投资率的攀升。企业可支配收入主要是较高的利润率带来的，而在高利润的驱动下，企业又会进一步扩大再生产和增加投资。由于国有资本预算制度迟迟没有实行，国有和国有控股企业利润不分红，而近年来垄断性领域利润大幅度增长，使其投资能力被过度放大。近年来银行信贷资金占企业投资份额不断下降表明，企业投资能力仍在不断增强。

长期以来的低工资状况也成为了扩大国内消费需求的阻碍。由于工资收入是城乡居民家庭的主要收入来源（在城镇，工薪收入占家庭收入来源的比重达到 70%，在农村，农民工工资收入占到农民工家庭收入的 40%），因此，职工工资的低水平增长直接导致居民可支配收入的增长速度长期低于经济增长速度。统计数据显示，1990 年以来，我国城乡居民人均收入增长速度长期低于人均国民生产总值增速。收入是消费的来源和基础，是影响消费的最重要因素，二者具有高度正相关关系。收入增长缓慢已成为居民消费需求不足、消费率连年下降的主要原因。

2. 居民收入差距呈持续扩大之势

（1）居民收入差距扩大的主要表现。改革开放以来，尤其是进入 20 世纪

90 年代之后，随着经济的发展，我国居民收入水平和生活质量迅速提高，如图 4–1 所示，在 1978~2008 年间，城乡居民实际收入均出现大幅增长，增幅分别达到 7.2 倍和 6.9 倍。但是，城乡居民实际增长速度仍远远低于 GDP 的增长速度。

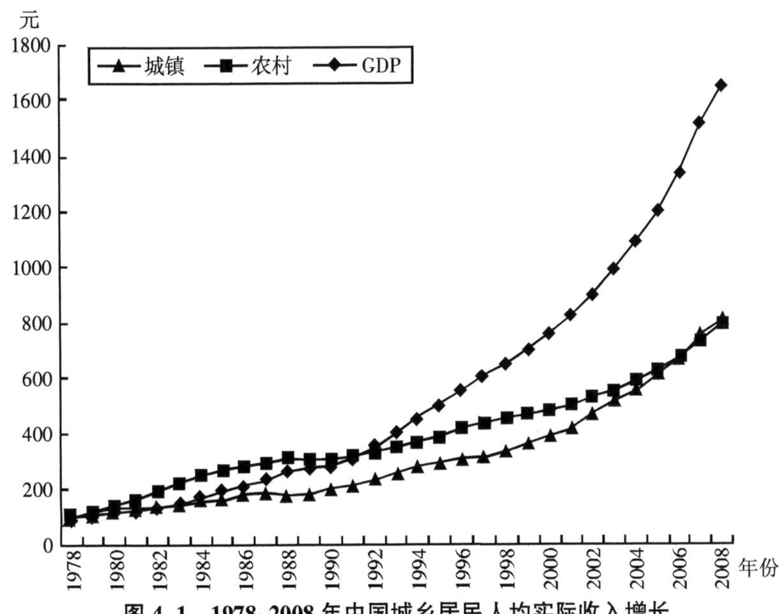

图 4–1　1978~2008 年中国城乡居民人均实际收入增长

数据来源：《中国统计年鉴》(2009)，中国统计出版社，2009。

由于社会主义市场经济的收入分配体制尚不完善，政府对再分配的调节仍不到位以及存在各种监管漏洞等原因，导致收入渠道混乱，弱势群体的利益得不到有效保护，居民收入的不平等程度越来越严重。如图 4–2 所示，以 1978 年不变价格衡量的城乡居民收入差距在 1978~1988 年基本呈现出逐渐缩小的态势，1988 年城乡居民收入比为 1.51∶1，为 1978 年以来的最低点。随后，在城镇改革的推动下，城乡居民收入差距呈不断扩大的趋势。到 2006 年，城乡居民收入比为 2.57∶1，达到了 1978 年的水平，2007 年、2008 年进一步上升到 2.63∶1 和 2.64∶1。如果以现价衡量，城乡收入比从 1978 年的 2.57∶1 回落到 1982 年的 1.82∶1 后，便震荡回升，2007 年达到 3.33∶1 为 1978 年以来的最高点，2008 年小幅回落到 3.31∶1，城乡居民收入差距扩大得更快。这种城乡差距已大大高于国际标准。如果加上城市居民享受的各种实物福利和补贴等隐性收入，城乡差距可能更大。

如图 4–3 所示，我们利用全国基尼系数、城镇居民基尼系数和农村居民基尼系数来考察，同样可以发现收入分配不均的程度一直处于不断提高的态势。

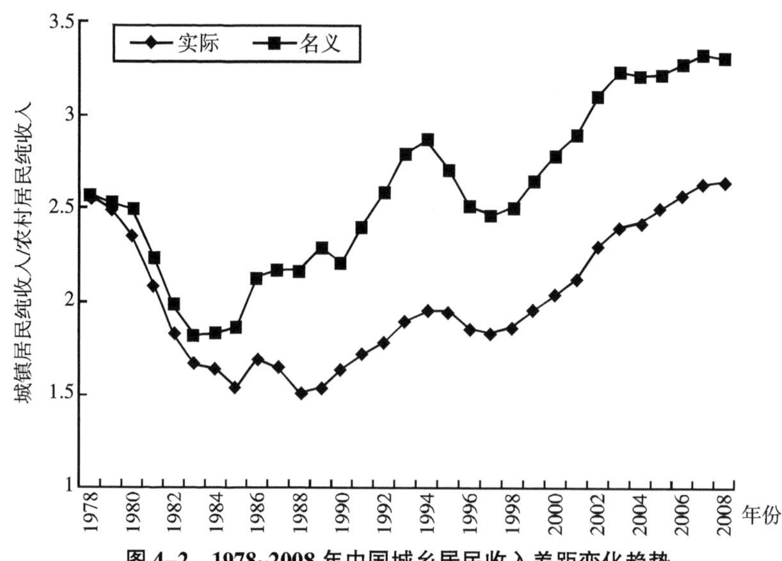

图 4-2　1978~2008 年中国城乡居民收入差距变化趋势

数据来源：《中国统计年鉴》(2009)，中国统计出版社，2009。

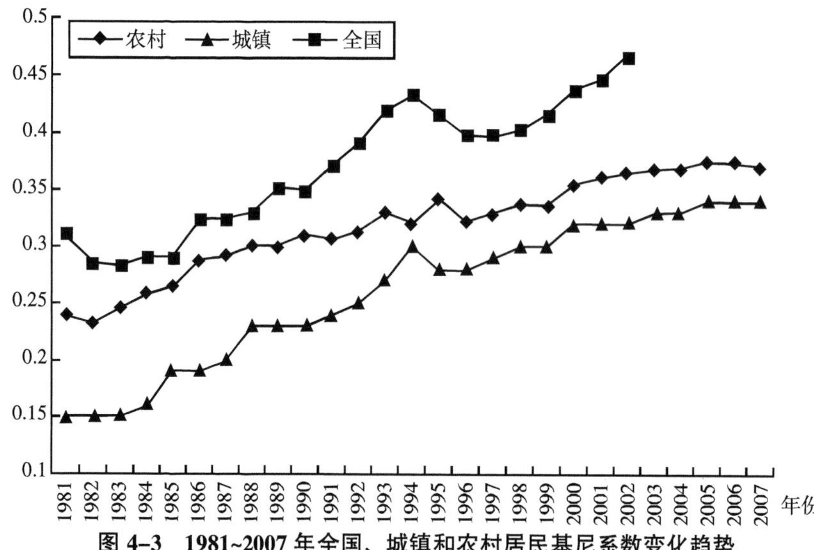

图 4-3　1981~2007 年全国、城镇和农村居民基尼系数变化趋势

数据来源：《中国统计年鉴》(2009)，中国统计出版社，2009。

从省际间居民收入差距看，城镇居民人均可支配收入绝对差距（最高与最低地区比较）由 2003 年的 8337 元扩大到 2007 年的 13610 元，相对差距由 2003 年的 2.28 倍扩大到了 2.36 倍；农村居民人均纯收入绝对差距由 2003 年的 5089 元扩大到了 2007 年的 7816 元，相对差距由 2003 年的 4.26 倍扩大到了 2001 年的 4.36 倍。

（2）居民收入差距扩大的原因。国际经验表明，收入差距扩大是经济发展过程中的阶段性现象。在各国工业化过程中，收入差距一般随着经济发展水平的提高而不断扩大，只有在工业化基本完成，即非农业人口减少以及人均国民生产总值提高到一定水平后，收入差距扩大的趋势才会减弱。当然，这种减弱不是自然发生的，它是与市场相配套的体制完善和政府自觉调控的结果。我国目前正处于工业化中期阶段，因此，我国居民收入差距扩大的趋势。首先是经济快速发展中出现的现象。其次，我国收入差距扩大更是经济转型过程中出现的现象，经济体制的转变，不仅出现在生产过程中，也同时出现在分配过程中，都会对收入分配格局和分配差距产生不可低估的影响。从一定意义上说，经济体制转型的影响超过了经济发展的影响。再次，理解中国收入分配差距及其变化，不能看到收入差距的地区结构特点。[①]

市场化取向的改革。中国在市场化导向的收入分配体系下，一方面，经济自由化带动了私有部门的快速发展，出现了市场化的收入分配模式，随着私营企业的发展壮大，私营企业利润的成倍增加，私有部门的内部收入差距急剧扩大。同时，国有部门改革内部的分配制度时，采取了效率优先的分配原则，拉大了国有部门职工之间的收入差距。[②] 另一方面，生产要素按其贡献参与分配成为了重要的分配形式，而要素参与分配本身就具有强化激励从而扩大收入差距的内在机理。资本、知识、技术等带来的收入占比扩大，家庭财产的巨大差异导致的创收能力差异等，都扩大了收入差距。因此，我国居民收入差距的扩大有其合理原因。但是，由于我国仍然存在着城乡分治的二元经济，市场机制尚不完善，加之制度建设、宏观调控和管理手段存在缺陷，政府在第二次收入分配中不但没有起到平抑收入差距的调节作用，反而存在一定程度的逆向调节，这些不合理因素进一步加剧了收入差距的不合理扩大。

二元经济生活方式与社会制度。我国的二元经济结构在改革开放以前就已经存在，改革开放以来，出现了所谓的双重二元经济结构的格局：一方面是农村落后的农业部门与城市先进的现代非农业部门的强烈反差；另一方面在农村内部，随着乡镇企业的迅速发展，以乡镇工业为主的非农产业同从种植业为主的传统农业之间，形成了另一层次的二元经济结构。城乡分治的二元经济生活方式与社会制度是导致我国城乡收入差距扩大的最根本原因。[③]

---

① 李实：《经济增长与收入分配》，载蔡昉主编：《中国经济转型 30 年》（1978~2008），248 页，社会科学文献出版社，2009。

② 李实：《经济增长与收入分配》，载蔡昉主编：《中国经济转型 30 年》（1978~2008），250 页，社会科学文献出版社，2009。

③ 陈宗胜等：《中国二元经济结构与农村经济增长和发展》，21~22 页，经济科学出版社，2008。

第一，政府长期忽视对农村社会发展的投入、对人力资本的投入，这是导致农民收入缓慢增长的一个长期因素。[①]

第二，城乡分治的户籍管理制度加剧了农村剩余劳动力的沉淀并抑制了农业生产率的提高，限制了劳动力素质的提高，制约了农业土地的规模经营，抑制了农村剩余劳动力向非农产业的转移，限制了中国城市化的进程并加剧了城乡二元结构的分化。以上这些方面，都不利于农业现代化和农民增收。[②]

第三，现行的土地制度导致农民在土地使用权交易时，不能分享土地要素参与发展带来的利益。随着城市化的推进，农村集体土地被大量征用，在土地大幅升值的同时，大量农民却因土地补偿标准低、安置制度有缺陷，生活得不到有效保障而陷入贫困之中。可见，我国快速发展的城市化过程是以牺牲农民利益为代价的，随之而至的是城乡差距的加速扩大。

第四，资金外流不利于农村发展和农民增收。长期以来，我国农村资金城市化严重。由于资金的逐利性，金融资源通过各种途径不断从贫困地区流向发达地区，从农村流向城市。农村资金的大量外流大大限制了农村经济的发展，降低了农民的增收能力。

第五，转移支付政策扩大了城乡差别，收入水平高的城镇居民获得的转移性收入多，而收入水平低的农村居民获得的反而少。因此，中国的转移支付政策不是缩小了而是扩大了城乡差别。[③]

市场机制不完善。我国市场机制不完善的突出表现是一些行业通过垄断经营获得高额利润和垄断收益，并最终转化为垄断行业个人的收入，造成垄断行业职工的工资过高，增长过快，远超过社会平均工资水平。在 20 世纪 90 年代初期，行业之间的差距不大，但到了 2006 年，电力、电信、金融、保险、水电气供应、烟草等行业职工的平均工资是制造业职工平均工资的 2~3 倍，如果再加上工资外收入和职工福利待遇上的差异，实际收入差距可能更大。

收入再分配环节的政府职能缺位。政府在收入再分配上的功能主要通过税收和转移支付来实现。税收的主要对象是高收入群体，转移支付的主要对象是低收入群体，政府在其中起“抽肥补瘦”的作用。由于政府缺乏对市场失灵领域的充分介入，我国目前的税收和转移支付政策对收入再分配的调节作用极为有限。首先，税收政策对高收入者的调控不到位。税收尤其是个人所得税，在调节高收入上具有重要作用。由于我国对居民收入缺乏全面有效的统计，工资

---

① 李实：《经济增长与收入分配》，载蔡昉主编：《中国经济转型 30 年》（1978~2008），253~254 页，社会科学文献出版社，2009。

② 陈宗胜等：《中国二元经济结构与农村经济增长和发展》，76~91 页，经济科学出版社，2008。

③ 陈宗胜等：《中国二元经济结构与农村经济增长和发展》，49 页，经济科学出版社，2008。

外的各种收入如灰色收入、金融资产收入、经营性收入等缺乏系统的统计数据，无法纳入所得税调节的范围，造成我国个人所得税对高收入者缺乏有效调节。2003 年以来，我国个人所得税收入结构中，工资、薪金所得项目收入超过 50%，这就意味着，工薪阶层是我国个税收入的主要负担者。其次，财政投入再分配的资金不足。与其他国家相比，我国财政支出结构中属于收入再分配支出的比重极低。

缺乏有效的制度约束和监管。制度建设滞后和监督不到位所导致的收入差距主要表现在以下三方面：一是在国有企业改制过程中，由于管理漏洞和监督乏力，造成大量国有资产被少数个人攫取。二是由于市场监管不力，一些企业和个人通过走私贩私、制假造假等违规违法经营行为，牟取巨额利润。三是在利益驱使下，部分政府部门人员的寻租行为产生了大量的灰色收入和隐形收入，直接造成了收入差距的不合理扩大。

公共教育资源分配不均。研究表明，由于教育水平与收入水平之间存在较强的正向关联，尤其是近年来知识经济的迅速发展使得知识和技术密集型行业工作人员的收入水平大幅度提高，教育水平与收入水平之间的关联也更加明显。但是，我国公共教育资源在城乡之间、地区之间的分布严重失衡，2003 年，全国城市初中毕业升高中的比例为 77%，而农村和县镇初中毕业升高中的比例仅为 29%。教育机会不均等已经成为导致收入差距过大的关键因素，中国国民经济研究所樊纲的研究表明，教育机会不平等对我国城镇基尼系数的影响高达 14.1 个百分点。①

3. 收入分配失衡加剧不利于扩大消费

根据经济学理论，消费需求作为有支付能力的需求，在既定时期内取决于收入水平和消费倾向的变化。目前我国有效消费需求不足的主要原因是居民收入水平增长相对缓慢，同时，收入差距的拉大，也不利于扩大消费，随着收入水平的提高，边际消费倾向有递减的趋势，高收入人群的消费倾向小于低收入人群的消费倾向。因此，如果收入分配平等，就会提高整个社会的消费倾向。反之，收入分配差距越大，社会的消费倾向就越低。

国家统计局利用 1986~2003 年城乡居民住户资料和城镇居民、农村居民的基尼系数建立了平均消费倾向（c_t）与基尼系数（G_t）之间的消费函数：$c_t = \alpha + \beta G_t$，对方程做对数变换即为：$\ln c_t = \alpha + \beta \ln G_t$。对上述模型进行回归的结果显示：

城镇居民消费与收入分配的关系：

$\ln c_t = -0.56 - 0.28 \ln G_t$　（$R_2 = 0.79$，D.W. = 1.90）

① 樊纲、王晓鲁：《中国收入差距的走势和影响因素》，载《体制改革》，2006。

农村居民消费与收入分配的关系：

$\ln c_t = -0.98 - 0.71\ln G_t$　　$(R^2 = 0.75，D.W. = 1.51)$

回归结果表明：第一，我国城乡居民消费与收入分配呈反比关系，即收入分配差距越大，平均消费倾向越低。第二，农村居民消费对基尼系数的弹性系数（0.71）远高于城镇居民消费对基尼系数的弹性系数（0.28），说明农村居民消费行为对收入分配差距的变动更为敏感，对收入分配差距扩大所带来的消费倾向的下降程度而言，农村更甚于城镇。这一结果部分地解释了 1990 年以来的大多数年份，在收入水平低于城镇的情况下，农村居民的人均消费支出增长速度和平均消费倾向却低于城镇的“背离”绝对收入假说的不合理现象。①

城乡分治的二元经济制度，尤其是户籍樊篱阻碍了农业剩余劳动力的转移和流动，导致我国就业结构的调整远远落后于产出结构的调整，生产结构和消费结构严重错位。与发达国家不同发展阶段的结构比较，我国第二、三产业增加值在 GDP 中的比重已经高达 88%以上，远远超过了发达国家人均 GDP5000 美元的水平；但是非农产业的就业比例仅为 55.3%，远没有达到发达国家人均 GDP1000 美元的水平，只相当于美国和法国 1870 年的水平。大大高于人均 GDP5000 美元水平的产值结构和生产结构决定了我国已经具有较大的工业产品和服务供给能力，但大大低于人均 GDP1000 美元水平的就业结构和消费结构决定了相对不足的消费能力，占人口比重较大的低收入农民与相对过剩的二、三产业提供的商品和服务之间无法形成供给与需求的良性循环，造成我国在人均 GDP1000 美元左右提早出现了消费需求严重不足的独特现象。

农村的问题还表现为农村贫困人口多，农村减贫工作难度加大，贫困人口规模出现反弹，大量“种地无田、上班无岗、低保无份”的“三无”游民正在成为新的社会边缘群体等问题。城乡低收入和贫困群体生活困难，导致贫富差距迅速拉大。这种收入结构有利于中国的民营经济或私人资本的快速发展，有利于中国长期保有比世界上任何一个国家都高的储蓄率和投资率。但收入差距的拉大在促进了高储蓄和高积累的同时，也不利于消费的扩大和产品均衡有序的升级换代。从消费结构看，中国的普通消费品产能因多数人（尤其是落后地区农民）收入低下而处于过剩状态，高端消费品则供需两旺。与这种畸形的消费结构相联系的是中国产品结构的畸形的升级换代。这样一来，一极是被称为“房车路”的某些产业链的自我循环的欣欣向荣；另一极是普遍存在的一般消费品的产能过剩或消费不足。

同时，现行户籍制度也不利于进城农民消费方式城市化。我国每年有大约

---

① 转引自范剑平等：《消费率与经济可持续增长》，载傅志寰主编：《破解平静制约　推进科学发展——制约经济可持续增长若干重大问题研究》，348 页，经济管理出版社，2008。

1.2 亿以上的农民进城工作，连同家属进城农民已经超过 2.1 亿人。现行城乡分割的户籍制度却使他们无法变为城里人，只能以“候鸟式”的方式在城乡之间流动。他们仅仅把城市当做自己挣钱的地方而不是花钱的地方，把自己在城市中的消费节省到极限，把能省下的每一分钱积攒到农村去建房、婚嫁，按照农村的生活方式去消费，使得他们在城乡的两个居住地都不具备满足他们改善消费水平的理想的条件，消费需求被“候鸟式”的生活方式所压抑。

（三）政府职能转变滞后和对公共产品供给缺失

新中国成立以来，中国政府职能转型分为三个阶段。第一阶段是全能型国家主义政府（1950~1978 年）。第二阶段是以经济建设为主要职能的发展主义政府（1978~2002 年）。第三阶段是以制度建设为主要职能的公共服务型政府(2002 年以后)。① 以中共十六大为标志，中国政府进入了新一轮职能转型。中共十六大提出了“经济调节、市场监管、社会监管和公共服务”对政府的职能做了全面、科学的描述，明确了政府职能转变的目标。政府转型的未来方向是要建设监管型政府、公共服务型政府、有限政府、廉洁政府、负责任政府、受到社会有效监督的政府、与民为善的政府。政府的主要职能是通过提供各种公共物品，解决市场失灵问题，为公众提供均等化的公共服务，从而提高居民生活水平，促进经济和社会协调发展。② 但是到目前为止，政府职能转变依然滞后，政府的“越位”与“缺位”依然存在。所谓“越位”是指政府主导型的经济体制，未能随市场的发育向市场主导型的经济体制转型，政府依然在做市场应该做而且可以做的事；所谓“缺位”是指以经济建设为主导型的政府未能随着市场的发育和社会关系的变化及时地向公共服务型政府转型，政府未能真正承担起政府应该做，而市场却无法做到的事。③

1. 政府职能转变滞后

（1）现行经济管理体制和政绩考核制度是地方政府追求经济和投资高增长的原始动力。一是现行的财税体制的缺陷，使地方财政与 GDP 增长速度紧密联系。从收入方面看，目前政府收入主要来源于增值税，其中一半以上是生产型增值税，这使得各级政府通过手里掌握的配置资源的权力，追求产值增长；从支出结构来看，分税制改革后，中央政府与地方政府之间形成了新的财权与

① 胡鞍钢：《中国政府转型与公共财政》，载蔡昉主编：《中国经济转型 30 年》（1978~2008），143~145 页，社会科学文献出版社，2009。

② 胡鞍钢：《中国政府转型与公共财政》，载蔡昉主编：《中国经济转型 30 年》（1978~2008），172 页，社会科学文献出版社，2009。

③ 秦晓：《经济转型和政府经济职能转变》，载中国社会科学院经济学部编：《全球经济失衡与中国经济发展》，590 页，经济管理出版社，2006。

事权的分配模式，由于中央与地方之间财权与事权的不对等，一些公共产品的财政责任过度下移，许多公共服务，如社会保障、义务教育等的支出责任主要由县及县以下政府承担，而基层政府没有正规的收入支持这些支出，于是地方政府加紧运用手中的资源，大力引资和投资，来推动本地区的经济增长、提高地方财政收入、扩大就业保障。

二是政绩考核制度促使地方官员相互攀比，为了尽快“树形象、出政绩”，地方政府往往选择见效快的投资新项目，热衷于铺新摊子。近年来，全国范围的城建热、房地产热、汽车热、钢铁热的背后，都能清晰地看到地方政府的影子，江苏铁本事件和内蒙新丰电厂事件就是典型的例证。

（2）中国政府依然拥有强大的资源配置能力。从政府直接控制的资源看，这些资源包括财政资源、自然资源、土地资源、国有企业的资源配置等。虽然农村土地资源名义上属于集体所有，但实际上最终所有权仍然属于国家。这些资源范围广泛，数量巨大。

从政府间接控制的资源看，国有银行虽然进行了股份制改造，但国家仍然决定着银行行长的任命，各地的分支机构依然与当地政府联系密切，难以摆脱政府的干预。一部分国有企业进行了股份制改造，但国有企业的股份制改造远没有完成，中央政府仍然控制着大型垄断部门企业领导的任命，地方政府控制着所属企业领导的任命。政府控制着重要生产要素的价格，例如银行利率、汇率、自然资源价格以及大部分公用事业行业的价格。而劳动力资源价格则由市场决定，一些地方政府虽公布了最低劳动工资，但实际上最低劳动工资普遍低于市场的劳动价格，失去了指导意义。

在这种情况下，利用对资源配置的控制权，若在短期内能够提高经济增长速度、能够增加经济规模和增加政府财政收入的工业项目，就成了许多地方政府的必然选择。近年来，一些地方政府利用手中控制的土地批租权，以很低的价格从农民手中征地，然后建设以巨型楼堂馆所、巨型广场、大面积开发区为代表的“形象工程”和政绩工程，通过推高房地产市场开展“经营城市”，结果寻租活动猖獗，土地资源浪费严重。一些地方政府利用对银行资金的直接、间接干预能力，大力推动能够短期大幅度增加 GDP 的重化工业发展；利用对自然资源的控制和定价权力，大力发展高耗能、高物质消耗、高污染的加工工业，同时大批中小企业却难以得到正规金融系统的支持。

（3）政府对“战略性产业”的控制。所谓“战略性产业”是指国有经济主要控制着的关系国民经济命脉的重要行业和关键领域，包括涉及国家安全的行业、自然垄断的行业、提供重要公共产品和服务的行业，以及支柱产业和高新技术产业中的重要骨干企业。① 各级政府通过设立种种高进入壁垒的方式，限制非国有企业的进入，以保证国有企业的垄断地位。

我国现代服务业发展不足的一个重要原因，在于政府对服务业的限制过多和国有企业的垄断经营。银行、保险、电信、民航、铁路、教育卫生、新闻出版、广播电视等行业，至今仍受到十分严格的市场准入限制，其他一些服务性行业对非国有经济和外资也没有完全开放。在严格的市场准入限制下，服务业投资基本上还是以国有投资为主。目前服务业固定资产投资中，国有经济投资仍占 60%左右，大大高于工业的同一比重。服务业 44 个大行业中，除餐饮、房地产、旅馆、租赁、娱乐业 5 个行业外，其他 39 个行业国有投资都占到 50%以上，其中 20 多个行业高达 90%以上。另外，多数服务产品的价格还是由政府制定和管理，市场决定价格的机制在服务业领域尚未完全建立。

我国现代服务业发展滞后，也与政府对社会经济资源的控制和配置有密切关系。当前各级政府所掌握的社会经济资源数量和所拥有的资源配置权力较大，因而政府的发展理念和行为对产业结构具有很大影响。在我国现行的中央地方财政体制和干部考核制度下，地方官员更热衷于发展能够短期内扩大经济

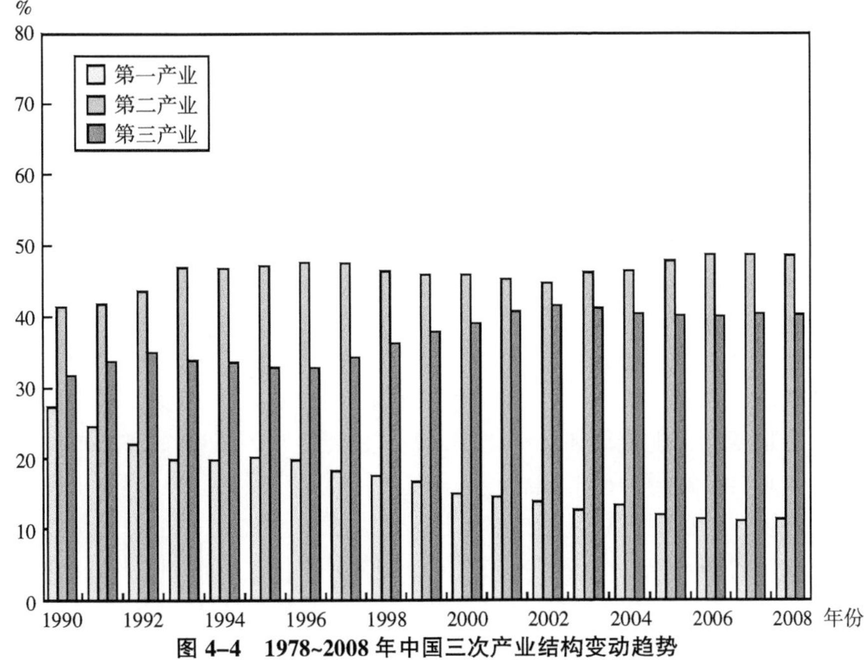

图 4-4　1978~2008 年中国三次产业结构变动趋势

数据来源：《中国统计年鉴》(2009)，中国统计出版社，2009。

① 吴敬琏、范世涛：《超越东亚奇迹——中国经济增长模式的回顾和展望》，载蔡昉主编：《中国经济转型 30 年》(1978~2008)，217 页，社会科学文献出版社，2009。

规模、提高经济增长速度和增加政府税收的产业，而现代服务业虽然从长期来看能够大幅度降低交易费用，提升企业竞争力，但短期内对经济规模的提升和对政府财政收入增加的效果，显然不如一般制造业来得方便和快捷。

2. 公共产品和服务不足

由于我国各级政府职能的转变严重滞后，仍扮演着重要的经济建设者的角色，而公共服务和社会管理职能却不到位，长期忽略了社会其他部门与经济共同发展，结果造成社会发展滞后于经济发展、农村滞后于城市发展、中西部地区滞后于东部地区发展。政府新增收入部分被大量用于工业园区、城市建设及其他具有竞争性的私人消费品生产的投资，而在社会保障、义务教育、基本医疗、保障性住房等公共服务方面支出严重不足，导致社会保障建设滞后、社会福利发展缓慢、公共产品短缺。就业、教育、医疗、养老、住房方面的市场化改革，主要的做法是"甩包袱"，由居民主要承担相应的改革成本。在养老、医疗等社会保障缺失，劳动者就业的不稳定性大幅增加，居民基本承担所有教育、住房开支的背景下，居民不得不被动地调整个人消费和储蓄比例，加大预防性储蓄。此外，由于我国实行城乡分割的社会保障体系，广大的农村居民未能纳入整个社会保障制度的框架之内，广大农民不得不经常压缩即期消费而扩大储蓄比率，这也是目前全国农村居民尽管收入水平不高但储蓄率却较高的重要原因之一。

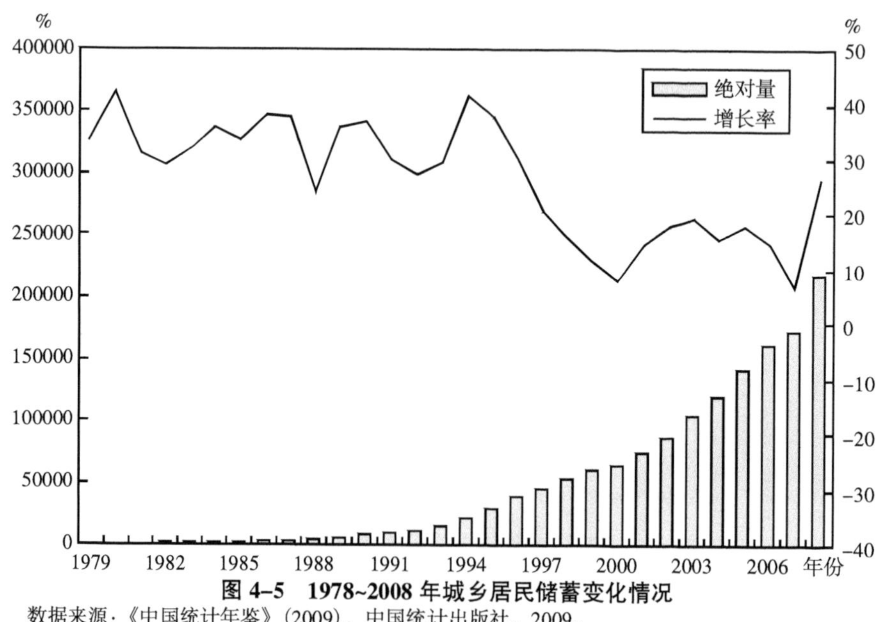

图 4-5　1978~2008 年城乡居民储蓄变化情况

数据来源：《中国统计年鉴》(2009)，中国统计出版社，2009。

(1) 政府教育投入不足导致居民教育支出大幅攀升。尽管 1995 年以来，财政教育支出占 GDP 的比重呈上升态势，但 2008 年财政教育支出占 GDP 的比重仅为 3%，远低于 1993 年颁布的《中国教育改革和发展纲要》所确定的 2000 年达到 4%的目标。据统计，国际平均教育投入占 GDP 的比重为 5.1%，其中，发达国家为 5.3%，发展中国家为 4%。[①] 与世界平均水平相比，我国政府对教育的支出不仅与世界平均水平有很大差距，而且低于发展中国家的平均水平。

由于政府的教育投入不足，居民教育支出大幅增加。1995~2008 年，我国城乡居民用于文化教育支出的比重呈上升之势。其中，在城镇居民消费中，文教、娱乐用品及服务类消费的比重由 9.36%上升到 12.08%，其中，2000~2008 年年均为 13.78%；农村该项支出的比重在 1995 年为 7.81%，2000~2005 年年均为 11.46%，由于国家重点加大了对农村教育的投入，该比重在 2006 年以后出现了明显下降，2008 年为 8.59%。

（2）政府在社会医疗卫生开支中比重偏低，居民医疗负担不断加重。随着国家医疗体制的改革，我国财政医疗卫生支出占财政支出的比重也在逐年下降，2008 年为 4.4%。在我国的医疗卫生总费用中，政府支出所占比例约为 17%，远低于美国的 45%、欧洲发达国家的 80%~90%，也低于低收入国家的平均水平 27%。[②] 反映出我国公共卫生服务支出的增长速度与 GDP 增长比例是极不协调的，这和国际上其他国家在经济发展的同时加大公共卫生投入的普遍做法大相径庭。

随着医疗保障制度的改革和政府公共卫生投入的日益减少，居民医疗支出中公费比例不断缩减，个人支出的比例不断加大。1995~2008 年，城镇居民人均医疗自费支出从 110.11 元增加到 786.20 元，增长了 6.14 倍，医疗保健支出占消费支出的比例由 3.11%上升到 6.99%；农村居民人均医疗自费支出从 42.48 元增加到 245.97 元，增长了 4.79 倍，在消费支出中的比重由 3.24%提高到 6.72%；城乡居民人均医疗保健支出年均增幅分别为 16.32%和 14.46%，比同期人均收入的增幅分别高 5.76 和 5.61 个百分点。在广大农村和中西部地区，因病致贫、因贫致病的情况时有发生。

（3）社会保障体系建设滞后，强化了居民的支出预期。从国际上看，西方国家的财政社会保障支出一般占到财政总支出的 30%以上，北欧一些福利国家更是达到 45%以上。我国目前财政社会保障支出占财政总支出的比重大致在 10%~12%。即使将五项社会保险基金考虑在内，社会保障总支出占财政总支出的比重也在 20%以内，我国社保投入明显偏低。由于社保投入不足，我国社

① 魏杰：《中国经济之变局》，96 页，中国发展出版社，2009。
② 魏杰：《中国经济之变局》，95 页，中国发展出版社，2009。

保体系非常不完善。

基本养老保障覆盖面过低。到 2008 年，城镇参加基本养老保险的人数为 21891 万人，参加农村养老保险的农民为 5595 万人，两者占全国就业人员的比例仅为 35.47%，这意味着大批城镇非正规部门的就业者，特别是绝大多数农民工都没有享有养老保险。

失业保险的覆盖面太小。目前我国失业保险的范围是城镇企事业单位职工，不包括农民、个体户和自我雇佣者，也不包括国家机关工作人员。2005 年，我国加入失业保险的人数为 10647.7 万，仅为所有城镇就业人员的 38.96%。

城乡居民医疗保障存在较大差距。2008 年末，我国城镇基本医疗保险参保人数为 31822 万，但基本局限于有稳定收入的在职或退休人员，没有将城镇的个体、私营等非公有制部门的人员，以及灵活就业者、进城打工者、下岗失业者等属于社会弱势群体的人员纳入医疗保险的范围。农村自 2003 年开始实行由政府组织、引导、支持，农民自愿参加，以大病统筹为重点的新型农村合作医疗制度，并在全国开展了新型农村合作医疗试点工作。新型农村合作医疗的实施，使农民就医经济负担有所减轻，但合作医疗距离医疗保险还有很大差距。

城镇住房保障体系不完善。由于我国住房保障制度尚未制度化、法律化，以解决中低收入家庭住房困难为目的的经济适用房和廉租房，因为地方政府无法获得土地出让收入、开发商利润较低，各方均缺乏投资建设的积极性。近年来，经济适用房和廉租房投资增速逐年下滑甚至一度负增长，其占房地产开发投资的比重自 2000 年以来呈直线下降的态势。经济适用房供给减少不仅弱化了对商品房价格的抑制作用，而且加重了大多数中低收入家庭的购房负担。

二、中国经济外部失衡的成因分析

我们在第二章讨论内外失衡相互关系及实证检验时，已经讨论并验证了国内经济失衡不断加剧是外部失衡的根本原因，即储蓄过高、消费过低，导致储蓄正缺口不断加大和经常账户顺差过大。但是，除了内部失衡不断加剧这一根本原因之外，外部失衡不断累积和加剧，还与我国长期推行的出口导向政策、发达国家对我国的出口限制和贸易禁运有关，而 20 世纪 90 年代以来，国际生产要素转移和国际分工格局变化，尤其是全球经济失衡不断加剧是中国经济外部失衡不断加剧最重要的外部因素。

（一）出口导向政策弊端日益显现

1. 出口导向政策简析

当中国的经济开始高速增长的时候，它至少面临以下几个方面的约束：第一，拥有世界上数量最多的几乎是可以无限供给的廉价劳动力；第二，尽管中国居民有很高的储蓄倾向，但存量资本规模很小，且在历史上没有真正地完成过资本的原始积累；第三，由于工业化与城市化发展非常落后，所以国民经济具有极为显著的二元结构特点；第四，自然资源相对匮乏，特别是以人均水平计算的自然资源处于世界最低水平；第五，由于长期以来在中国历史上占据主导地位的不是自然经济就是计划经济，因此，中国的企业家资源特别稀缺，企业制度十分落后。[①] 改革开放后，中国借鉴东亚新兴工业化国家和地区的经验，实行投资出口导向型增长模式。运用出口导向政策增加出口，然后用旺盛的出口需求来缓解投资驱动的增长模式带来的内需不足，从而将过度投资形成的过剩产能以大量出口廉价制造品的形式加以吸收。出口导向政策所使用的最主要的政策工具，是本国汇率低估，并辅以出口津贴、出口免税、出口退税、压低利率等措施。[②] 1998 年以来，由于短缺经济结束的内需压力和东南亚金融危机的外部冲击，在国际产业分工日益深化的背景下，充分利用国际制造业转移的机遇，进一步强化了出口导向型的增长模式。出口导向政策的实施对发挥我国的比较优势、利用“国内国际市场”、促进资本积累、技术进步和拉动经济增长发挥了重要作用，但出口导向政策的长期实施也加大了内外失衡。

（1）促进对外贸易的政策。1978 年后的改革逐渐地消除了计划体制的弊端，从而为出口建立了必要的市场经济基础。这些改革包括逐步扩大外贸企业的自主权、逐步放宽对生产企业从事外贸的限制、在东部沿海地区建立面向出口的经济特区。通过经济体制改革，调整了资源配置方法，释放了经济发展潜力，并为参加国际分工创造了合适的基础。进入 20 世纪 80 年代后，乡镇企业和外资企业的迅速发展又极大地增强了国内产品的市场竞争力。

在我国对加工贸易积极支持的政策下，我国劳动力和土地等生产要素在国际分工体系中占有明显的优势，进入 20 世纪 80 年代后，香港、台湾地区出口导向的劳动密集型制造业大量地转移至内地。这些企业不仅给中国企业带来了先进的技术与管理，而且提供了直接的出口渠道。1992 年以前，外国直接投资推动的出口增长主要来源于中国香港、中国台湾地区的投资。

---

① 华民：《全球经济失衡的触发机制及中国的选择》，载《国际经济评论》，45~49 页，2006。

② 吴敬琏、范世涛：《超越东亚奇迹——中国经济增长模式的回顾和展望》，载蔡昉主编：《中国经济转型 30 年》（1978~2008），220 页，社会科学文献出版社，2009。

20 世纪 90 年代初以来大量进入中国的来自发达国家的跨国公司实施了在中国加工、向全球销售的战略，其投资主要分布在资本密集型和技术密集型产业。中国的廉价劳动力、优良的基础设施及日益开放的外贸、外资体制，促使越来越多的跨国公司选择中国作为面向全球市场的制造基地，构成了外资推动的出口增长的一个重要组成部分。

中国政府在促进外贸上采取了人民币贬值与提供出口补贴相结合的政策。从 20 世纪 80 年代开始，人民币经历了一个渐进的贬值过程，美元对人民币的比值从 1981 年的 1∶1.71 上升至 1994 年的 1∶8.62。人民币的汇率调整及其他相关措施，极大地增强了企业出口产品的市场竞争力。1991 年前，政府对出口（国营贸易公司）提供直接的财政补贴。1991 年后，虽然这一形式的补贴完全结束，但出口退税政策却始终保持，出口退税是促进出口的一项主要政策。

为了解决资金、外汇短缺与经济发展的矛盾，我国采取了一系列优惠政策，鼓励以出口为导向，发展沿海外向型经济。尤其是 1994 年改革了汇率制度，压低了原来高估的人民币汇率，有力地促进了出口。而进口却一直被放在从属的位置上，“奖出限入”的观念及影响到现在还时时表现出来。1998 年以后，为应对亚洲金融危机以后出现的出口乏力、内需亦不旺的形势，国家调整了出口退税率，同时采取一系列措施鼓励扩大出口和利用外资，人民币长期坚持盯住美元。2001 年底，我国加入了世界贸易组织。2005 年初，纺织品配额

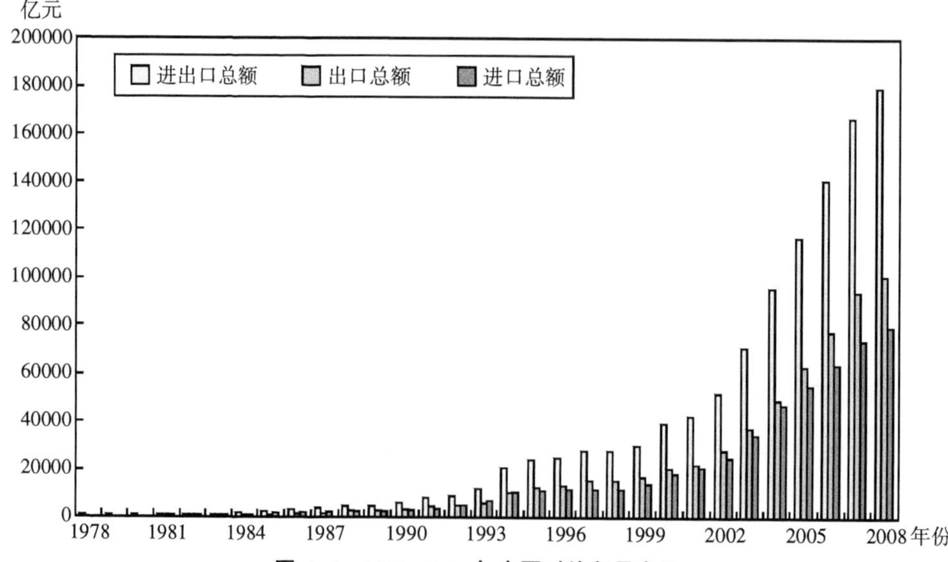

图 4-6　1978~2008 年中国对外贸易发展

数据来源：《中国统计年鉴》（2009），中国统计出版社，2009。

被取消。这些都使得我国出口商品的竞争优势得以进一步发挥。总之，有利于外向型经济发展的政策措施的实施和体制环境的形成，是近年来我国对外贸易，尤其是出口高速增长，外贸顺差不断扩大的重要刺激因素。

（2）吸引外资的政策。从 20 世纪 90 年代中期开始，我国在调整产业结构，用市场换技术的思路下，不断改善投资环境，同时利用具有比较优势的劳动力成本和一系列优惠政策来吸引外商直接投资。外商投资企业在我国享受着“超国民待遇”。内外资企业所得税相差很大，前者为 33%，后者为 15%，甚至在地方引资竞争中的“两免三减”政策下所得税是 0，增值税也返还；各地政府为了吸引外资，给外资企业低地价、零地价。仅在外汇管理领域，外资企业就可以享受比中资企业优惠得多的待遇，在投资总额和注册资本金差额内可自主对外借款，可自行对外提供担保，外债项下保值业务无须审批，从境内外资银行借用的外汇贷款可以结汇成人民币，等等。各地竞相对外资企业提供优惠待遇，从而有助于外商直接投资大量流入，这也从一个侧面反映了国内民营企业所面临的制度约束。外资企业为了最大限度地减少对我国企业的技术扩散和技术溢出，确保他们长期的竞争优势，在大量外资企业向中国转移的过程中他们选择的是加工贸易。这种经营方式主要是利用中国的廉价劳动力来完成简单的装配，这就决定了我国贸易收支顺差的必然性。由于“两头在外”，加工贸易条件下的出口额必然大于进口额，贸易顺差即为加工生产带来的增加值，这必然带来国际收支经常项目顺差。也就是说，外商直接投资既能通过经常项目也能通过资本项目使得国际收支保持双顺差。

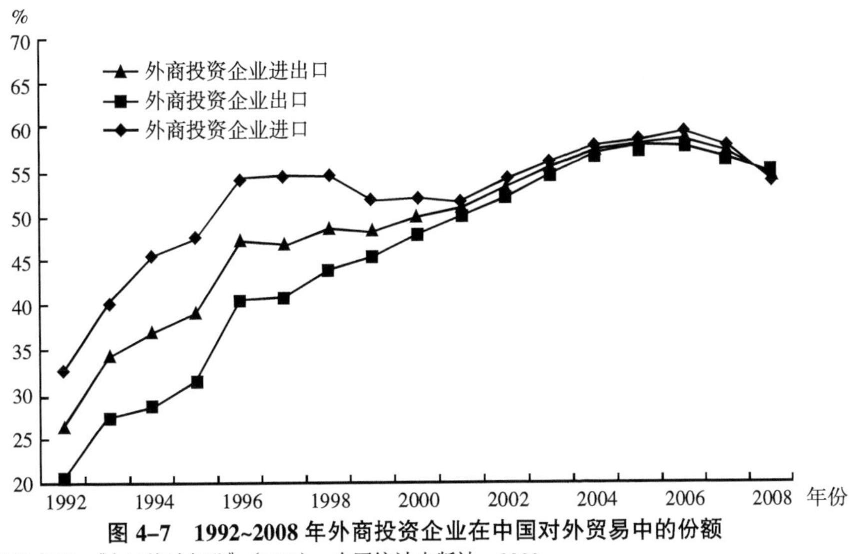

图 4-7　1992~2008 年外商投资企业在中国对外贸易中的份额

数据来源：《中国统计年鉴》（2009），中国统计出版社，2009。

2. 出口导向型政策的绩效分析

出口导向型政策从其绩效上看，取得了引人注目的成就：

（1）促进了经济增长和就业。近年来，外贸已成为推动我国经济快速增长的主要因素之一。2005~2007 年货物和服务净出口对经济增长的贡献率达到 20%左右，拉动 GDP 增长 2 个百分点以上。而随着我国出口依存度的提高，出口的扩大促进了就业的增加。外贸的快速增长可带动相关行业就业岗位的增加，目前与进出口直接有关的就业人数达 8000 多万，其中 60%以上属于农村转移劳动力。① 据测算，我国每出口 1 亿元的产品可为 1.2 万人提供就业机会。

（2）发挥了劳动力丰富的比较优势。从要素禀赋的角度来讲，中国经济的最大比较优势是劳动力要素充裕，自然要素、资本要素和技术要素相对稀缺。对外开放和出口导向政策的实施，通过参与国际劳动要素密集产业的分工，实现了全球的资本、技术、制度和管理等要素向中国的流动，国内劳动力要素从中西部向东部流动，发挥了中国劳动要素丰富的比较优势，中国成为发展中国家对外贸易增长最快的国家之一，已成为推动亚洲乃至世界的贸易增长的发动机；通过大进大出的加工贸易大大缓解了中国自然资源紧缺的劣势，2007 年我国进口原油 1.63 亿吨，占国内消费量的比重达到 50%，农产品进口相当于进口了 1/4 的耕地面积；② 通过大规模引进外资在相当程度上弥补了中国原始资本积累不足和企业家资源高度短缺的问题。从引进外资规模来看，改革开放初期，每年吸引外资仅有几十亿美元，2008 年吸引外资 952.5 亿美元。

（3）推动了资本积累、技术进步和国内产业升级。对外贸易的扩大和吸引外资的增加，有利于获得外汇资源，提高我对外支付能力。一方面，通过进口国内亟须的先进技术、设备，促进了国内的资本积累与技术进步，推动了我国相关产业的技术进步。1999~2007 年，我国引进国外技术合同金额超过 1300 亿美元，累计进口高新技术产品超过 8000 亿美元。③ 另一方面，国内企业通过外贸活动了解了国际市场信息，引进了先进的管理技术，增加了模仿和创新能力。在激烈的市场竞争中，我国企业加快了战略重组和技术创新步伐。外资企业的技术“溢出”效应也推动了国内产业升级。在出口增长与资本积累及技术进步之间存在着一种良性循环。一方面，出口的增长通过市场扩大及支持从发达国家引进先进技术，促进了国内的资本积累与技术进步；反过来，后者又通过一系列途径促进了出口的增长：首先，资本积累与技术进步直接带来了产出的扩大，其中一部分转化为出口；其次，资本积累与技术进步通过加快产业的进口—国内生产与进口替代—出口扩张的过程促进了新出口产业的形成；最后，技术进步也直接促进了产品品种的增加、产品质量的提高与生产成本的下

①②③ 张平：《中国改革开放：1978~2008》（综合篇·下），989 页，人民出版社，2009。

降，从而增强了我国产品在国际市场上的竞争力。

（4）增强了综合国力。海关税收是中央财政收入的重要来源之一。近年来，随着外贸的快速增长，我国海关税收快速增长，大大提高了中央财政的支付能力。同时外汇储备不断增加，不仅满足了进口支付的需要，维护了人民币汇率的稳定，同时还支持了金融体制改革。如国务院多次动用外汇储备，支持商业银行进行股份制改革，为维护经济金融稳定做出了贡献。

3. 出口导向政策累积的弊端

但是，出口导向政策的长期实行，不仅导致了外部失衡不断加剧，也加剧了内部失衡。

（1）出口导向政策是 20 世纪 90 年代中期以来粗放经济增长模式延续的重要原因。[①] 尽管中国工业制成品出口已占货物出口的 90%以上，但出口依然集中在劳动密集型产品和制造环节上，国内增值率不高。廉价劳动力在大幅降低生产成本从而具有较强国际竞争力的同时，也降低了中国技术创新的动力，从而形成了“低技术陷阱”。同时，粗放型的出口高增长，导致了我国经济对发达国家市场的高度依赖，与发展中国家同类产业、同类产品竞争加剧。出口产品中资源性、高能耗、高污染产品仍占一定比重，加大了国内资源和环境压力。[②] 出口产品与国内需求脱节，面向国内市场的企业总体上要比面向出口的企业专业化程度低很多，正如斯蒂格利茨所言，出口导向战略固然使需求不再受本国收入限制，但却可能导致劳动密集型产品的专业化，削弱长期增长的潜力；出口部门可能相当先进，而出口以外的部门则可能维持在欠发达的层次上。[③] 高投入低产出的粗放增长模式不仅没有因出口导向型战略的实施而变化，反而进一步巩固。

（2）不利于对外经济和国内经济的协调发展。经常项目长期高额顺差意味着国民储蓄大于投资，本国消费、投资相对不足，不利于经济的长期稳定发展。产品大量出口，经济资源为他国所用，而不是用于国内消费和投资，一定程度上降低了本国居民的福利。长期以来，中国通过税收、汇率等政策大力鼓励出口，各地热衷于发展出口加工业，资源过分向对外经济部门集中，忽视了国内其他部门的发展，服务业等非贸易部门发展相对滞后，不利于对外经济和国内经济的协调发展。同时，作为中国这样一个发展中大国，将经济增长过多地系于国外需求，面临很大的风险。在大量外需存在，外需能够支撑国内生产能力增长的条件下，出口的过速增长会诱发国内总需求膨胀，出现需求拉动型

① 吴敬琏、范世涛：《超越东亚奇迹——中国经济增长模式的回顾和展望》，载蔡昉主编：《中国经济转型 30 年》（1978~2008），209 页，社会科学文献出版社，2009。

② 裴长洪等：《经济全球化与当代国际贸易》，325 页，社会科学文献出版社，2007。

③［美］斯蒂格利茨：《经济学下册》，姚开建等译，408 页，中国人民大学出版社，1997。

的通货膨胀、经济过热、经济泡沫。2007 年到 2008 年 5 月的总需求膨胀，就是出口导向型经济诱发的。如果国际经济出现衰退，随着出口的萎缩，中国过剩的生产能力没有了出路，企业只好收缩经营规模甚至倒闭，从而出现通货紧缩、经济增长速度下滑、资产缩水和失业人口增加，经济和社会生活遭遇巨大冲击。2008 年 6 月以后，尤其是 2008 年四季度以来，国内经济面临的困境就是例证。

（3）导致国内储蓄利用不足，资源配置效率低下。一方面，目前存贷利差超过 3%，形成了储蓄者以低储蓄利率给予贷款者和银行补贴。另一方面，以大银行为主的金融结构，使原本资本要素比较密集的国有经济部门因得到国家金融体系的支持而进一步"资本密集化"，由此导致国有经济部门失业率趋于上升。而中小企业，尤其是小企业几乎得不到信贷支持。在缺乏金融服务的情况下，劳动力密集型的中小企业发展相对不足，减少了大量的就业机会。全社会就业增长相对缓慢，工资收入因为存在规模巨大的社会失业而难以提高，造成了城乡差距扩大和收入分配不平衡问题加剧，使中国内需不足的问题更加严重。同时，受国际贸易的经济地理效应影响，由中国对外开放所促成的贸易与投资自由化还造成了中国在经济结构上的新问题，那就是导致中国区域经济发展失衡的"东西部二元经济结构问题"。[①]

（4）"双顺差"的累计导致金融风险聚集。巨额的"双顺差"一方面带来本币的升值压力，升值预期刺激了大规模的投机性资本通过各种途径流入我国，扩大了国际收支"双顺差"。这种资金流入的方式多种多样，如以商品及服务贸易的盈余方式，或是以直接投资方式，或是通过无法正式统计的灰色渠道，最终导致了国际收支的资本账户顺差。根据分析，在 2005 年出现 1020 亿美元巨额贸易顺差时，我们发现我国真实贸易顺差大约为 400 亿美元，其余 600 亿美元是通过贸易渠道混入的国际资本。另外，由于存在本外币正向利差（贷款利率高于美元）和人民币升值预期，境内机构和个人持汇动机减弱，结汇意愿增强，过去滞留境外的资金大量回流。在国际收支"双顺差"不断扩大的同时，人民币升值的预期又进一步加强，越来越多的投机性资本就随之涌入我国，从这个角度来讲，国际收支顺差与投机性资本是相互推进的，形成了一个自我加强的循环过程。另一方面在结售汇制度下，"双顺差"通过外汇占款这个渠道增加了国内货币供应，导致国内资金供应充裕，大量过剩资本追逐相对稀缺的投资机会，造成了国内固定资产投资高增长难以抑制，并推动了一般商品价格水平的上涨，出现了通货膨胀；同时，通胀预期的强化，导致房地

---

① 华民、姚大庆：《美国金融危机的国际背景：国际货币体系的缺失》，载袁志刚主编：《金融风暴与中国经济》，67 页，上海人民出版社，2009。

产、股票、收藏品等资产的价格膨胀，形成了资产“泡沫”，集聚起越来越大的金融风险。

（二）全球经济失衡不断加剧

20 世纪 90 年代以来，随着经济全球化和金融一体化趋势的不断发展，全球产业结构调整转移加快，储蓄和投资以及贸易收支和资本流动格局都发生了重大变化，以全球经常项目收支、国际资本流动以及储蓄与投资关系为代表的全球经济失衡状况在加剧。

根据国际货币基金组织的概括，全球经济失衡是指各国经常项目长期出现差额（顺差或逆差），即长期处于“外部不平衡”状态，具体表现为美国贸易赤字庞大、债务增长迅速，而日本、中国及亚洲其他主要新兴经济体以及石油输出国对美国持有大量贸易盈余。近年来，全球经济失衡不断加剧，是中国经济外部失衡的重要外部原因。

1. 国际生产要素转移和国际分工格局的变化，是导致中国贸易顺差持续扩大的重要原因

（1）全球化和国际分工格局的变化导致全球经济贸易格局的改变。20 世纪 90 年代以来，随着经济全球化的深入发展，传统的国际分工方式发生改变，即从主要使用本国生产要素进行生产并出口，发展为在一些国家集中生产要素面向世界生产和出口的新格局，表现为跨国公司外包业务的发展和全球供应链的延长。国际分工格局的变化，使一些国家的比较优势更加突出。以美国为首的发达国家不断地加快产业结构的调整和转移步伐，将传统的制造业、高新技术产业中的生产制造环节，甚至部分研发活动和服务业大规模地向外转移，特别是向具有成本优势、市场潜力和产业配套能力的新兴市场转移。越来越多的发展中国家在经济全球化浪潮中被不断地纳入到由发达国家跨国公司所主导的全球分工体系和生产链条中，包括中国在内的亚洲地区日益成为全球生产制造基地和各类制成品的出口基地，在全球贸易中的比重持续上升，出口竞争力明显增强，贸易顺差不断扩大；美国等发达国家的经济结构不断转型和升级，传统制造业在经济中的比重不断缩小，而金融、保险、电信、医疗、教育、房地产以及各类专业化的服务业比重进一步增大。大量消费品和制成品依赖进口，贸易逆差扩大，结果形成美国等发达国家与新兴市场国家和发展中国家之间的贸易不平衡，特别是美国与亚洲贸易的严重失衡。生产要素转移和分工将世界上的主要经济体分裂成三类国家：以美国、欧盟和日本为代表的资本和消费型国家，以中国和印度为代表的生产型国家，以中东、俄罗斯、巴西、澳大利亚为代表的资源型国家。这个日益密切的全球分工体系，一方面使全球生产效率得到极大提升，促进了全球持续 20 多年的经济繁荣；另一方面，也使得国际收支失衡不断加剧，美国、亚洲新兴国家、石油国家成为全球经济失衡的三极，以美国为代表的发达国家，高消费、低储蓄，拥有完善的金融体系和高效率的资本市场，输出金融产品，交换物质产品。后两类国家靠输出廉价商品、劳务和资源，创造了大量的“商品美元”和“石油美元”，形成了“美元—石油美元—商品美元”的三角关系，使全球供需和分工体系维系在“脆弱的失衡”上。

根据联合国 2007 年的贸易和发展报告，发展中国家的商品出口额在 1998~2006 年间翻了一番多，同期七国集团的增长则不足 50%，而东亚和南亚的增长更为惊人，约为 160%，这主要归功于中国和印度。从 2001 年开始，发达经济体的出口增长率基本保持在世界平均水平以下，而发展中经济体的出口增长速度则始终快于世界平均水平（见表 4-13）。

表 4-13　2001~2006 年世界进出口增长率

	年　份	世　界	发达经济体	发展中经济体
出口总量	2001	−1	−1	−1
	2002	5	3	9
	2003	6	3	12
	2004	11	9	17
	2005	5	5	6
	2006	8	9	9
进口总量	2001	−1	−1	−1
	2002	5	3	7
	2003	7	5	12
	2004	12	9	19
	2005	6	6	7
	2006	7	6	10

数据来源：United Nations，*Trade and Development Report* 2007，Table1.3.

（2）中国贸易顺差在很大程度上是国际分工和贸易格局变化的结果。由于我国有着丰富的劳动力资源和低廉的劳动力成本，这一比较优势在我国加入 WTO、参与全球化进程后得到充分的发挥。我国自然而然地融入了这场世界性的产业转移，并日益成为国际制造产业转移的主要目的地，全球劳动密集型产业和技术密集型产业的加工环节纷纷向中国转移。中国贸易顺差的形成在很大程度上反映了国际分工和贸易格局的变化：一是加工贸易在相当长的时间内成为中国贸易顺差的主要来源。二是外国直接投资在跨国外包和改变贸易平衡中发挥了很大作用。中国形成了以外资企业为主的加工贸易基地，且供应链不断延长，附加值不断提高。2008 年外商投资企业进出口总额占中国进出口总额的近 55.1%，外商投资企业创造的贸易顺差为 1706.6 亿美元。三是外国直接投资企业在中国生产和出口的大幅度增加，是投资和贸易转移的结果，体现的是亚洲新兴市场与美国贸易的不平衡。这是因为，中国在对美国有较大贸易顺差的同时，对亚洲一些国家和地区有较大逆差。这主要是20世纪80年代中期以来，中国周边国家和地区把劳动密集型产业和对欧美出口摩擦较大的机电产品的加工组装工序转移到中国，由此形成了中国从这些国家和地区进口原辅材料及零配件，在国内进行加工组装，然后再出口到美国和欧洲的加工贸易格局，但在统计上把这些国家和地区对美国的贸易顺差归结到中国头上。

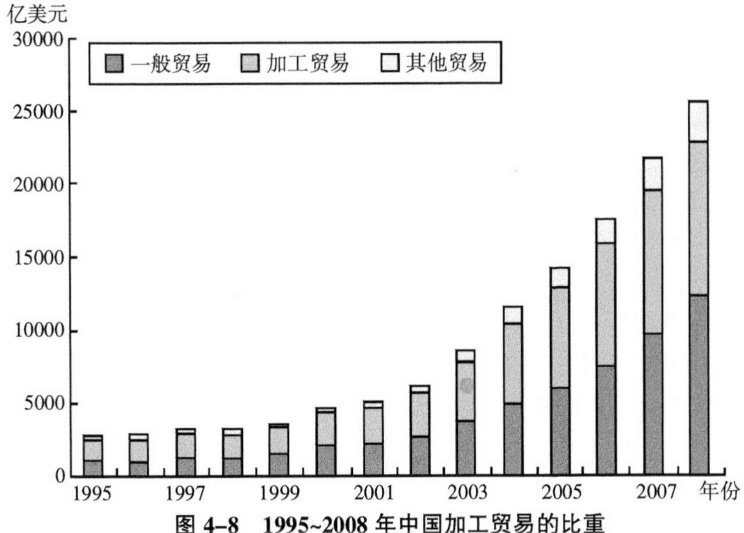

图 4-8　1995~2008 年中国加工贸易的比重

数据来源：《中国统计年鉴》（2009），中国统计出版社，2009。

2. 美国储蓄与投资缺口的不断扩大，是中美贸易失衡的内在原因

中美之间的贸易失衡是在进入2000年以后迅速加剧的，并且远远超过了20世纪80年代的日美贸易失衡程度。据中国海关统计，2004~2007年，中国对美贸易顺差分别为802.8亿美元、1142.7亿美元、1442.4亿美元和1632.9亿美元，为当年中国贸易差额的250.2%、112.0%、81.3%和62.4%。2004年和2005年，中国对美国的贸易顺差大于中国当年的贸易顺差总额，这说明中国对除美国以外的整个世界是处于贸易逆差状态。据美方统计，2004~2007年，美国对华经常项目逆差分别为1619亿美元、2015亿美元、2326亿美元、2562亿美元，约占美国相应年度贸易逆差的1/3。

对于中美贸易失衡的成因，于春海运用1992年第一季度至2007年第四季度的数据，对中美两国之间经济增长和贸易余额之间的相关关系和Granger因

果关系进行了分析，得到如下结果：①

（1）在 2001 年之前，中国和美国实际经济增长率和潜在经济增长率之间，都表现为明显的负相关性，分别为-0.5 和-0.29；在 2001 年之后，中国和美国的实际经济增长率具有微弱的正相关性（0.09），潜在经济增长率之间则表现出明显的正相关性（0.88）。

（2）中国贸易余额与美国贸易余额之间存在明显的负相关性，相关系数为-0.69。即美国贸易逆差的增加和中国贸易顺差的增加是同步的。Granger 因果分析的结果表明，中国贸易顺差对美国贸易逆差的影响不明确，美国贸易逆差构成中国贸易顺差的 Granger 原因；在利用 H-P 滤波剔除周期波动影响后，中美两国贸易差额的相关系数达到-0.86，且存在双向因果关系。

（3）分阶段的 Granger 因果关系表明，1992~2000 年，美国经济增长和美国对外贸易逆差之间存在较为明显的双向因果关系，美国经济增长是中国贸易顺差增加的 Granger 原因。但是中美两国贸易差额与经济增长以及中国贸易差额与经济增长之间都没有显著因果关系。2001~2007 年，美国经济增长导致美国贸易逆差规模扩大，美国贸易逆差规模的扩大进一步导致中国贸易顺差的扩大，其中主要是导致了中国对美贸易顺差的增加。中国贸易顺差与中国经济增长之间不存在明显的因果关系，但是在中国对美贸易顺差与中国经济增长之间却存在显著的双向因果联系。通过这样的联系机制，从美国经济增长和美国贸易逆差到中国的贸易顺差，最终再到中国的经济增长，这几个环节之间存在较为显著的因果关系。而李稻葵在 2006 年的研究则显示，1990 年至 2000 年由于贸易结构发生方向性变化，中国对其他国家贸易顺差变为逆差，因此中美贸易余额变化的 43.7%由世界贸易结构所带来的。而 2000 年至 2005 年间，由于美国储蓄率大幅降低，中美贸易余额变化的 95.45%由中美储蓄差所带来的，美方因素则占总体的 78.11%。②

美国经济内部失衡表现为储蓄不足，利用美元的霸权地位通过贸易入超满足过多的消费需求。1970~2007 年，美国居民消费支出占 GDP 的比重一直保持在 60%以上。2001 年美国股市泡沫破灭，美国经济明显进入了衰退阶段，为了重新启动美国经济，美国政府一方面实施减税政策，扩大了国防、社会福利等财政支出，另一方面通过降低利率等宽松的货币政策和无节制的金融创新来刺激房地产和汽车的消费，甚至利用其发达的金融体系鼓励超前消费，这种

① 纪宝成：《中国人民大学经济发展研究报告 2009 全球金融危机冲击下的中国经济稳定与增长》，40~46 页，中国人民大学出版社，2009。

② 李稻葵、李丹宁：《中美贸易顺差：根本原因在哪里？》，13 页，载《国际经济评论》，2006 年第 9~10 期。

扩张性的经济政策刺激了房地产投资和股市回暖，房地产价格上升的财富效应刺激了消费，带动了美国的经济复苏。美国这种政策手段自然会使美国内部经济中储蓄小于投资的失衡不断加剧，不仅个人储蓄率降至零以下，政府财政赤字也不断膨胀。由于过度消费、储蓄不足，美国必须需要吸收国外储蓄来维持本国经济的增长，从而形成了巨大的经常项目赤字。美国经常项目在 1991 年曾经出现过 28.9 亿美元的盈余，2007 年经常项目赤字达到 7312 亿美元。

根据“储蓄缺口＝贸易缺口”的宏观经济恒等式，美国贸易逆差＝美国储蓄负缺口＝其他地区储蓄缺口＝其他地区贸易顺差。其中，储蓄缺口指储蓄与投资之差，贸易缺口指出口与进口之差。中国及亚洲一些国家选择了出口导向的经济发展战略，配套的经济政策也以鼓励储蓄和抑制消费为主，导致其储蓄率持续高于投资率，庞大的生产制造能力主要服务于出口，特别是向发达国家市场的出口。这一战略在促进经济增长的同时也抑制了国内的消费需求，形成了较高的国内储蓄率和巨额的经常项目顺差。而且，受亚洲金融危机影响，不少亚洲国家和地区一方面采取谨慎的国际资本管理战略，从国际资本市场的净借款者转为净放贷者；另一方面努力降低国内投资支出，并通过高利率吸引国内储蓄，从而使其储蓄大大超过投资。

3. 国际金融体系的缺陷，导致国际资本流动失衡

以美元为核心的现行的国际货币金融体制、金融全球化的深入发展及其带来的国际资本流动的便捷，使得美国等发达国家能够吸引国际资本大量流入来支撑其不断扩大的贸易逆差，并造成国际资本流动格局的失衡。

按照国际金融学的基本原理，一国经常项目的逆差必须由资本项目的顺差来弥补。美国经常项目赤字如同世界经济中的一个黑洞，吸收了包括中国、日本、德国在内的世界其他各国可以提供的外部资源的 3/4。根据安格斯·麦迪森提供的统计数据，从 1945 年第二次世界大战结束到 1988 年这段时间里，美国的国外资产总额一直超过其负债总额，其资本项目一直处于逆差状态，是一个资本净流出国。而 1998 年以后，美国的国外净资产迅速从零左右直线下降到负 1 万亿美元，超过美国 GDP 的 20%。[①] 对美国贸易逆差和资本净流入所进行的 Granger 因果关系表明，美国贸易逆差是净资本流入的 Granger 原因。因此，在贸易逆差和资本净流入的关系中，贸易逆差主要受实体经济中生产和消费行为的影响，具有外生性，净资本流入作为贸易逆差的结果而出现，并在贸易逆差的推动下发生变化。[②]

① 华民、姚大庆：《美国金融危机的国际背景：国际货币体系的缺失》，载袁志刚主编：《全球金融风暴与中国经济》，58 页，上海人民出版社，2009。

② 纪宝成：《中国人民大学经济发展研究报告 2009 全球金融危机冲击下的中国经济稳定与增长》，50 页，中国人民大学出版社，2009。

自20世纪70年代中期布雷顿森林体系解体以来，随着世界货币金融体制进入管理纸币本位和浮动汇率制度时代，美国的那种世界货币的国际能力便显著地增强了，因为美元的发行已经不再需要以足值的黄金来作为担保了。[①] 在以美元为核心或者本位货币的现行国际货币金融体制下，美国拥有其他任何国家不可比拟的货币优势，可以通过发行以美元计价或美元金融资产来支付其庞大的贸易逆差。而其他国家则需要通过贸易顺差或借贷来获得对外支付能力，且由此形成的债务最终仍要靠贸易顺差来偿还。随着全球经济贸易的持续增长，其他国家对国际储备货币或资产的需求也不断增加，而美元和以美元计价的资产供应也相应不断增加，其结果必然是美国持续产生贸易逆差，而美国之外的其他国家总体上存在贸易盈余，而贸易顺差国为了实现其比较优势，通过购买美国的金融资产来分享美国的经济繁荣，这样由贸易盈余所形成的储备资产又通过资本流动回流到美国。而这部分资本流入美国之后，通过美国金融市场的配置，以资本外流的方式重新流回到劳动禀赋优势的国家，并获取投资收益，通过这种循环又造成了国际资本流动格局的失衡。在美国的资本流入结构中，从1997年开始，私人资本净流入超过官方资本净流入，成了美国贸易赤字融资的主要来源；2003年以后，私人资本地位有所下降，官方资本净流入地位上升。

正因为美国可以轻而易举地获得其所需要的货币资金来平衡其国际收支账户，美国便肆无忌惮地实施贸易入超战略。这样，其至少可以得到以下好处：一是可以维持美国的经济增长，增加美国居民的实际收入水平，保持美国居民的高消费。二是拓展了美国政府宏观经济政策的作用空间，其可以利用美元的国际货币地位和经济体系，在全球范围内获得资源和商品的同时，又获取数量十分可观的“铸币税”。三是将主要顺差国“绑架”在美国战车上。主要顺差国一方面在出口上对美国依赖较大，美国经济波动将导致顺差国经济波动。另一方面，在美国经济出现不景气或衰退时，为了防止美元增量供应增加导致顺差收入贬值，主要顺差国不得不把其因出口扩大而获得的顺差收入再以金融投资的方式重新投入美国，以提振美国经济挽救世界对美元的信心，从而成为美国的货币“人质”。

另外，以美国为首的发达国家对中国的技术出口实施多重管制政策，进一步扩大了中国贸易顺差。按照建立在比较优势基础上的自由贸易原则，中国主要对海外原材料产品和技术密集型产品进口需求较大，但美国等发达国家以国家安全等为借口，对本国企业向中国出口高新技术设备施加种种限制，这自然

① 华民、姚大庆：《美国金融危机的国际背景：国际货币体系的缺失》，载袁志刚主编：《全球金融风暴与中国经济》，59页，上海人民出版社，2009。

会加大双边贸易不平衡。

根据以上的分析，影响中国外部平衡的因素主要有三种：一是中国经济的积极发展，主要包括改革开放带来的技术进步、结构升级和效率提高，由此产生的顺差对中国而言是一件好事，这类顺差是合理顺差，会随着发展水平的提高而逐步缩小。二是国际货币体系、全球产业分工调整、全球经济失衡等外部因素，这一类因素是我们无法掌控，只能被动适应的因素，在其他国家不进行主动调整的情况下，我们无法也不应该通过单方面的政策或战略调整来消除这类因素带来的顺差。三是我们政策、体制和结构上的问题，对于这类因素，我们应该双管齐下、综合整治，努力消除这类因素带来的顺差，以使我们的经济发展更加均衡，更加可持续。

三、中国经济内外失衡的风险分析

（一）内外失衡导致我国经济增长质量降低

近几年，虽然我国经济取得了10%以上的高增长，但由于内外失衡问题不断加剧，我国经济增长质量明显降低。

1. 产业结构不合理更加突出

我国投资和出口均主要集中于资源密集型产品和劳动密集型产品，外商直接投资进入的领域也多是我国传统制造业，外资技术转移和扩散的程度较低，这就造成了我国资本投资以及形成的生产能力过于集中于低端产品上，使产业结构呈畸形发展状态。经济增长过于依赖第二产业，20世纪末以来，随着工业化朝着重化工业方向演进，资本深化程度不断提高，市场中竞争因素有所下降，垄断因素上升，尤其是国有部门的垄断程度提高而引起的资源错配，阻碍了中国经济整体效率的进一步提升。而第三产业发展相对滞后，势必压缩了就业的增加和经济进一步增长的空间。劳动密集型产业占据优势，资本密集型产业也有一定程度的发展，但技术密集型产业还很少。这样的产业结构不仅造成了我国产业竞争力不强，技术含量低，创新能力不足，也造成了我国在国际分工中处于垂直分工的不利地位。

2. 造成国内资源的浪费和枯竭，生态环境遭到破坏

在国内生产要素价格和环境污染成本过低、投资项目准入门槛过低的背景下，我国出口和投资多集中在环境污染较大、能耗较高的行业和部门，导致大量农业用地被非法占用，森林被砍伐和征占，空气和水被污染，资源和环境遭到掠夺性、破坏性开发。2006年中国GDP占全球总量5.5%，但却消耗了全世界15%的能源、30%的钢材、54%的水资源，此外还消耗了大量的土地资源。[①]

3. 损害了大多数国内居民的经济福利

一方面，我国的高投资主要集中在工业部门，工业部门的快速扩张使农业部门受挤压，不仅农业用地被挤占，还释放出大量的过剩农村劳动力。大量农民工涌入工业，涌入城市，造成了劳动力供给过多，企业得以长期维持低工资。

另一方面，资本按照追求高利润的要求，集中进入一些资源型行业和具有垄断性质的行业，如煤炭、钢铁、房地产等。这些行业对劳动力的吸纳能力较低，相关投资的过快增长不会带来就业的同等增长，反而使企业从中获取高额利润，也为政府部门的权力寻租行为提供了土壤。我国出口和吸引外资主要依赖于廉价的劳动力，这就造成出口企业和外资企业享受了收入分配中的一大块“蛋糕”，而广大劳动者的收入处于低水平。由于土地、资源要素和能源生产或被政府和国有部门控制，或需要进口，制造业和房地产的高速发展必然拉动资源、土地、原材料等稀缺资源的价格上涨，中国经济高速上涨获取的利益也就通过资源价格上涨输送到了政府、国有部门和外国资源生产者手中。高出口和高投资造成的企业、政府和部分人群（如私人企业主）超分配现象，导致收入分配扭曲，也使得许多居民无法充分享受经济增长带来的好处，甚至自身利益受到侵害。

（二）内外失衡加剧我国经济周期性波动，威胁经济金融稳定

1. 内外失衡加剧我国经济周期性波动

投资的扩张在增加当期需求的同时，也增加了远期供给。无论是西方经济学还是马克思经济学，都认为投资是导致经济周期性波动的一个主要原因。我国高投资、低消费的内部失衡直接加剧了国内经济周期性波动。在经济上升期，投资的过快增长往往会加剧经济“过热”的形成，对资源和资金的供给形成较大压力，推动物价上涨。由于消费维持在低水平，投资新增的产能往往因缺少最终需求而无法消化，从而形成产能过剩、经济趋冷，甚至诱发通货紧缩。历史经验表明，我国每一次经济增长的大起大落，都与投资规模过大密切相关。“低消费”导致“高投资”形成的巨大产能在国内找不到有效的宣泄出口，被迫不顾一切地寻找外部出口，从而形成了“高投资—高出口—低消费—高投资”的恶性循环，结果就是我国经济增长越来越依赖于投资和出口。对外失衡导致我国外贸依存度、经济增长的外向性越来越高，抵御外部风险的能力大大减弱，一旦世界经济出现减速或衰退，世界对我国产品需求会放缓甚至出现负增长，我国经济增长将面临减速的危险，源于2007年美国次贷危机的国

① 国家统计局：《2007年国民经济和社会发展统计公报》，2008年2月28日。

际金融危机对中国经济的冲击远远大于 1998 年的亚洲金融危机，就是一个例证。

2. 内外失衡威胁经济金融安全

在我国目前的结售汇体制下，我国巨额国际收支顺差通过结汇带来国内过多的流动性投放，加大了经济和金融运行的风险。一是导致国内资金供应充裕，固定资产投资高增长难以得到控制。二是大量资金进入房市和股市，使国内房价和股价出现非理性上涨，金融风险不断积聚。三是过多的货币和资金投放加大了潜在的通胀压力。国际收支顺差带来过多的流动性投放，还加大了中央银行通过冲销方式维持国内货币供给稳定的成本和难度，对货币政策的独立性和效用造成了冲击。而 2007 年爆发的国际金融危机则向我们昭示着，长期忽视经济内外失衡矛盾的积累，将给经济金融带来巨大的灾难性后果。

（三）内外失衡招致国际围堵，加剧贸易摩擦

1. 内外失衡招致国际围堵

从全球范围看，各国贸易差额之和只能为零，一方的顺差必然意味着他方的逆差，而长期逆差对一国有较大的不利影响，逆差方势必采取对抗措施。近年来，随着我国经济和对外贸易的快速发展，我国的国际影响力不断增强，美、日、欧等发达经济体的一些政客往往借中国的大量贸易顺差大做文章，对我国施加种种压力。对于中美巨额贸易顺差，美国认为，中国已对美国主导的国际政治和经济格局构成挑战，甚至认为中国将试图分享美国的领导权。因此，美国要准备好“与中国巨人在经济和政治上进行较量”，必须设法延缓中国经济崛起的进程。另外，一些国家以中国外贸依存度不断提高为借口制造“中国威胁论”，进而遏制中国发展。如美、日、法等媒体纷纷就中国大量进口石油、原材料问题进行报道，称中国搅乱了国际商品市场，导致原油价格上涨并促使世界原材料价格升至 25 年来的最高点。“中国威胁论”使中国发展面临极为不利的国际环境。

2. 内外失衡加剧贸易摩擦

中国“大进大出”的对外贸易和巨额贸易顺差除了成为发达国家遏制中国的“口实”之外，还直接导致我国外贸摩擦上升。目前，我国已进入贸易摩擦高发期，连续 10 年成为遭遇反倾销调查最多的国家，在 WTO 成员发起的反倾销调查中，约每 7 起调查中就有 1 起涉及我国出口商品，每年受此影响的出口商品约有 400 亿~500 亿美元。贸易摩擦的加剧使我国贸易条件不断恶化。据商务部统计，我国的净贸易条件指数由 1995 年的 100 下降至 2006 年的 78。

（四）全球经济危机使失衡式增长面临挑战

中国当前所出现的宏观经济内外失衡状况具有深刻的国际背景，全球经济

失衡状态与中国宏观经济的内部结构性特征相互影响、互为因果。我国宏观经济内外失衡状况在很大程度上是作为当前世界经济整体失衡状态的结果而出现的。全球金融危机的爆发，使目前维系中国经济内外失衡的国际经济环境发生了明显的变化，中国目前不平衡增长的模式面临挑战。

1. 中国经济和社会生活遭遇巨大冲击

2008 年下半年以来，国际经济出现衰退，随着外需的急剧萎缩，中国出口增幅大幅下降，大批外向型企业只好收缩经营规模甚至倒闭，导致大批农民工失业返乡，从而出现了工业生产快速下降、通货紧缩、资产缩水和失业人口增加的现象，经济和社会生活遭遇巨大冲击。同时，随着美国金融泡沫的破灭，以及美国和世界经济的衰退，国际资本和大宗商品市场动荡，中国靠内外失衡获得的巨额美元储备面临大幅缩水的风险，这也将考验我国政府宏观经济和金融稳定的能力。

2. 加大了短期应急调控和长期结构调整的矛盾

由于全球金融危机对中国短期需求造成了巨大冲击，中国政府在 2008 年 11 月以后，实行了积极的财政政策和适度宽松的货币政策，加大了政府投资驱动经济增长的力度，用这种方法短期内可以缓解有效需求下降的困境，但无法解决中国经济内外失衡所带来的内在冲突和矛盾，使中国经济在中期面临更大规模的产能过剩与经济下滑问题，因此，如何处理好短期应急调控和长期结构调整的关系，是一道中国政府需要解决的难题。

3. 全球储蓄、投资和消费模式转变将带来挑战

美国和主要发达国家为了实现失衡再平衡，势必在一定程度上改变低储蓄、高消费的增长模式，这将使全球范围内的储蓄、投资和消费模式发生相应改变，由于外部储蓄投资模式的转变，中国出口投资驱动的经济增长方式将面临很大的困境。

第五章　中国经济内外均衡冲突与宏观调控

一、改革开放以来中国经济的内外均衡冲突

改革开放以来，随着国民经济开放广度和深度的快速提高，对外经济部门在中国经济中的重要性日益提高，外部经济部门和内部经济部门之间的互动和影响不断加深，外部均衡逐步成为我国宏观调控的目标。在这种背景下，中国经济开始呈现出明显的内外均衡冲突。内外部均衡目标之间的冲突，加大了政府宏观调控和经济平稳运行的难度。

（一）1993~1995 年控制通胀与稳定汇率的冲突

1979~1992 年为中国改革开放的探索阶段。中国一方面进行了农村经济体制、城市经济体制、价格、流通、计划、财税和金融体制改革；另一方面推进了以开放外贸经营权为主的外贸体制改革，设立了深圳等 5 个经济特区，开放了 14 个沿海城市。[①] 这一阶段宏观经济运行的突出矛盾是社会总需求扩张速度快于社会总供给的增长能力，出现了投资和消费的双缺口，引起了物价总水平的较快上升，产生了比较严重的通货膨胀。虽然这一时期中国的对外经济部门对内部经济部门的影响在扩大，但由于对外经济的开放度还不高，贸易差额在大部分年份为逆差，同时还存在严格的外汇管制，还实行双重汇率制度，人民币还没有实现经常项目下的可兑换，外部经济对内部经济的影响较小，外部均衡的主要目标是实现创汇和扭转贸易逆差的不利局面。这一时期，中国经济虽然出现了几次紧缩型调整，如 1979~1981 年、1985~1986 年、1988~1989 年，但这些调整都是针对总需求过剩和物价较快上涨的。宏观经济调控的目标主要是促进经济增长、扩大就业率和稳定物价，即主要是内部均衡目标，内外均衡之间的冲突不严重。

随着 1992 年邓小平南方谈话和“十四大”的召开，中国进入了改革开放

① 张平主编：《中国改革开放：1978~2008》（综合篇·上），1~2 页（代序），人民出版社，2009。

新阶段，由于制度改革力度的加大和宏观调控力度的放松，经济再次出现过热，投资和消费出现双膨胀，物价大幅上涨，同时，对外贸易快速增加，资本流入加快，人民币升值压力显现。在这种背景下，出现了改革开放后首次比较明显的内外均衡冲突。

1. 经济过快增长，物价加速上升

始于 1988 年 9 月的三年治理整顿，导致经济增长的快速回落。1989 年、1990 年 GDP 增速仅为 4.1%和 3.8%。随着经济增速的回落，宏观调控趋于放松，1990 年 4 月实行了 1978 年以后的第一次降息，1990 年和 1991 年连续两次下调利率，宏观经济政策逐步由紧缩期进入放松期。而到了 1992 年邓小平南方谈话和“十四大”的召开，政策进入最放松阶段。由于制度改革力度的加大和宏观调控力度的放松，中国经济从 1991 年开始加速，1991~1993 年 GDP 年增长率分别为 9.2%、14.2%和 14.0%，伴随着经济的高增长，经济生活中出现了“四热”（股票热、房地产热、开发区热、集资热）、“四高”（高投资膨胀、高工业增长、高货币发行与信贷投放、高物价上涨）、“四紧”（交通运输紧张、能源紧张、重要原材料紧张、资金紧张）和“一乱”（经济秩序混乱，特别是金融秩序混乱）的问题。同期，全社会固定资产投资增速为 23.9%、44.4%和 61.8%，社会消费品零售额增速为 13.4%、16.8%、29.8%，CPI 涨幅为 3.4%、6.4%和 14.7%，均呈加速上升之势。从 1993 年的 6 月份起，中央开始了适度紧缩的宏观调控，旨在实现经济“软着陆”。

表 5-1　1993~1995 年中国内外均衡主要指标运行情况

年　份	GDP 增长率（%）	登记失业率（%）	居民消费价格指数变动（%）	M_2 增长率（%）	经常项目差额（亿美元）	资本与金融项目差额（亿美元）	汇价（每 100 美元）
1993	14.0	2.6	14.7	37.3	-119.03	234.74	576.20
1994	13.1	2.8	24.1	34.5	76.58	326.44	861.87
1995	10.9	2.9	17.1	29.5	16.18	386.75	835.10

数据来源：《中国统计年鉴》（2009），中国统计出版社，2009；国家外汇局网站。

2. 双顺差出现，升值压力加大

1994 年进行了人民币汇率制度改革，确立了以市场供求为基础，单一的、有管理的浮动汇率制度。人民币汇率由 1993 年底的 5.8 元人民币兑 1 美元一次性下调至 8.7 元人民币兑 1 美元。人民币的大幅贬值和出口退税政策的刺激，使我国的贸易部门快速扩张。同时，外资优惠政策出台、国内经济的高速增长以及国内货币政策的适度从紧，刺激了外国资本的流入，1994 年中国出现双顺差，其中实现经常项目顺差 76.58 亿元，资本项目顺差 326.44 亿美元。外汇体制改革使外汇留成制被结售汇制所取代，汇率形成以企业结售汇、银行外汇结算头寸限额和中央银行市场干预为基础，中央银行通过对外汇储备的运用和买卖外汇来影响外汇市场供求总量，达到稳定汇率的目的。面对国际收支顺差产生的超额外汇供给，为了避免人民币升值对刚刚好转的国际收支产生冲击，央行不得不采取入市干预，央行干预使得 1994 年我国外汇储备增加了 304.21 亿美元，并进一步带来了央行资产结构和基础货币投放渠道的重大变化，外汇占款增加额约占当年基础货币增加额的 75%。为了保持基础货币的稳定，在外汇占款大幅增加的同时，央行采取了中和操作，主要形式是收回对商业银行的贷款。尽管央行采取了一系列中和措施，但事后看，这些中和措施是不充分的，表现在 1994 年货币供应量 M_2 的增速仍高达 34.5%，CPI 涨幅高达 24.1%，比 1993 年更加严重。[①]

3. 控制通胀与稳定汇率的冲突

从以上分析可知，1994~1995 年间，内外经济目标出现冲突，中国宏观调控遭遇了从未遇到过的难题“米德冲突”：为了实现经济内部均衡目标，给过热的经济降温，减轻通货膨胀压力，需要实行紧缩性的宏观经济政策。但紧缩性的经济政策在抑制国内需求、恶化就业状况的同时，也会使国内对国外商品和劳务的需求下降，在国外对国内商品和劳务需求不变的情况下，则会导致经常项目盈余增加；另外，紧缩性政策会促使本国利率上升，在国外利率水平以及汇率预期保持不变的情况下，必然会促使外国资本流入，增加资本项目盈余。而国际收支顺差规模的扩大，将对人民币产生进一步的升值压力，从而导致外部均衡目标的偏离。面对贸易收支和资本项目收支的“双顺差”，为了维持汇率的稳定，在结售汇制度下，央行不得不采取外汇市场干预的方式。外汇市场干预会造成外汇占款和央行外汇储备的增加，如果是非冲销的干预，就会扩张国内货币供应量，从而抵消了紧缩货币政策的效应，产生更大的国内物价上涨压力；如果是冲销性的干预，[②] 也会因冲销干预的不完全性对宏观经济产生负面影响。其结果是，外部均衡的矛盾加剧，内部均衡的矛盾也没有得到有效解决。

而在经常性项目和资本项目都出现盈余的情况下，要恢复外部均衡，需要采取扩张性宏观政策，刺激国内支出以增加对国外商品和劳务的需求，抵消经常项目的顺差，保持经常项目平衡；但从资本项目看，扩张性政策意味着在货币需求不变的情况下，货币供应增加，利率下降，在国外利率水平预期不变的情况下，资本外流，资本项目顺差消失。因此，扩张性政策有助于恢复外部平

---

① 谢平、张晓朴：《货币政策与汇率政策的三次冲突——1994~2000 年中国的实证分析》，载谢平、焦瑾璞主编：《中国货币政策争论》，238 页，中国金融出版社，2002。

② 冲销性干预可以选择增发国债、减少对商业银行贷款、提高存款准备金率等措施。

衡，但又会加剧内部均衡的矛盾。可见，内部均衡的实现要求紧缩性政策，而外部均衡的实现则要求扩张性政策。[①] 因此，双顺差的出现，使实现汇率稳定的外部均衡目标与控制通货膨胀的内部均衡目标出现冲突。

（二）1997~1999 年抑制通缩与稳定汇率的冲突

改革开放 20 年，中国经济综合国力不断增强，商品短缺程度大大下降，出现了阶段性相对过剩。随着对外开放度的不断提高，中国经济与世界经济的联系日益密切，中国经济受世界经济的影响在加深。在这种背景下，受国内需求增长格局变化和亚洲金融危机冲击的影响，中国经济出现了有效需求不足和通货紧缩问题。

1. 国内需求不足，通货紧缩显现

从 1993 年 6 月开始的宏观调控，到 1996 年成功地实现了经济“软着陆”：经济继续保持较快增长，当年 GDP 增速为 10.0%，仅比上年回落 0.9 个百分点；价格水平大幅回落，CPI 涨幅为 8.3%，比上年回落 8.8 个百分点。然而进入 1997 年，特别是亚洲金融危机爆发后，中国国内投资和消费需求出现不足，经济增长速度不断回落，失业压力加大，物价水平持续下跌，出现了通货紧缩。[②] 从表 5-2 可以看出，从 1998 年开始，中国 GDP 增速回落到 8%以下，CPI 不断下降，通货紧缩趋势明显。

表 5-2　1997~2000 年中国内外主要经济指标运行情况

年份	GDP 增长率（%）	登记失业率（%）	居民消费价格指数变动（%）	M_2 增长率（%）	经常项目差额（亿美元）	资本与金融项目差额（亿美元）	汇价（每 100 美元）
1997	9.3	3.1	2.8	17.3	369.63	210.15	828.98
1998	7.8	3.1	-0.8	14.8	314.71	-63.21	827.91
1999	7.6	3.1	-1.4	14.7	211.14	51.80	827.83
2000	8.4	3.1	0.4	12.3	205.19	19.22	827.84

数据来源：《中国统计年鉴》（2009），中国统计出版社，2009；国家外汇局网站。

2. 国际收支恶化，贬值预期强烈

由于受 1994~1996 年人民币市场汇率升值和亚洲金融危机以后周边国家货币竞相贬值的影响，中国出口的国际环境日趋恶化。从 1997 年开始，中国出口增长出现了停滞，贸易虽然保持顺差，但顺差额显著下降。1998 年日元对美元大幅度贬值，我国出口面临更大的压力，当年出口仅增长 0.5%。受亚洲

① 刘锡良、戴根有：《宏观经济与货币政策》，313 页，中国金融出版社，2001。
② 王春正：《探索·实践：宏观经济运行与调控》，126 页，经济科学出版社，2003。

金融危机的影响，人民币贬值预期强烈，加上我国为消除通货紧缩采取的扩张性货币政策导致国内利率水平下降，1998 年我国资本项目出现了 63.21 亿美元的逆差，这是 1993 年以来中国资本项目首次出现逆差。在经常项目和资本项目的共同作用下，国际收支总体顺差在 1998 年大幅下降，外汇储备仅增加 50.69 亿美元，远低于此前年均增加额。外汇储备增幅的急速下降导致了基础货币投放的阻滞，1998 年基础货币增加 3323 亿元，比 1997 年少增加 482 亿元。外汇占款的急剧减少导致的基础货币增加的减少在一定程度上加剧了通货紧缩。而国际收支困难、国内经济压力增大和贸易部门效益恶化，进一步强化了人民币的贬值预期。在人民币贬值预期和本外币利差倒挂等诱因驱使下，中国企业和个人持有外汇的动机空前强烈，境内外币存款快速增加，外汇贷款下降，逃汇、骗汇等非法行为急剧上升。[①]

3. 抑制通缩与稳定汇率的冲突

在这种背景下，宏观调控面临着与 1993~1995 年不同的困境：首先，国内经济增长乏力，物价持续下跌，就业形势严峻，且国内市场需求疲软，生产过剩的局面已经形成，需要实行扩张性政策，增加国内支出以缓解失业压力和刺激经济增长，恢复内部均衡。其次，对外经济部门需要人民币适当贬值以改善竞争力，增加出口，但人民币对外贬值一方面会在国内造成一定的通货膨胀压力，威胁到国内价格水平的稳定；另一方面又会打击东南亚各国货币，形成新一轮的货币金融危机，这对中国同样会产生损害。因此，为了实现内外均衡目标，宏观经济政策陷入“两难”，要实现对内经济目标，推动经济较快增长，缓解通货紧缩，需要采取扩张性的经济政策；但要解决国际收支困难，保持人民币汇率稳定，又要求实行较为从紧的经济政策。

（三）2003~2008 年上半年防止经济过热与双顺差剧增的冲突

进入 21 世纪后，中国社会主义市场经济体制基本建立，中国工业化、城市化、国际化进程的加快和以住宅、汽车等为代表的消费结构升级，推动了中国经济进入新一轮经济增长周期。以加入 WTO 为标志，在全球化和世界经济失衡的背景下，中国的对外贸易快速增长，外资流入不断加快。随着国内经济的不断加速，贸易顺差急剧扩大，内外均衡之间的冲突也逐步加剧。

1. 经济不断加速，通胀压力累积

2003 年以后，中国经济进入新一轮增长周期，2003~2007 年，GDP 增速均在 10%以上，并在 2007 年达到本轮的高峰 13.0%。伴随着经济的高增长，

---

① 谢平、张晓朴：《货币政策与汇率政策的三次冲突——1994~2000 年中国的实证分析》，载谢平、焦瑾璞主编：《中国货币政策争论》，241~243 页，中国金融出版社，2002。

各方面的矛盾开始累积，一是在国内成本推动、需求拉动和输入性通胀的共同作用下，价格上涨压力逐步累积。但由于能源、资源短缺日益加重，而消费需求明显不足，价格变动幅度呈由生产到消费、由中间投入到最终使用递减的趋势。2003~2007 年，原材料、燃料、动力购进价格年均上涨 6.9%，工业品出厂价格上涨 3.9%，固定资产投资价格上涨 3.9%，居民消费价格上涨 2.6%。[①] 二是低成本优势逐步丧失。2005 年 7 月的汇率改革，使得人民币开始升值，人民币的升值直接导致出口企业成本上升；2005 年下半年开始，能源及原材料价格不断攀升，使得企业成本快速上升；土地等稀缺资源由行政配置走向市场配置，市场配置导致的价格上升，导致企业成本上升；2005 年后，国家加大对农业投入力度，务农收入开始上升，务农收入上升推动务工收入上升，务工收入加大了劳动密集型企业的成本上升压力，而新劳动合同法的实施，更加剧了这种压力。[②] 三是中国经济中一些深层次的结构矛盾导致“高储蓄”、“高投资”与“低消费”现象进一步加剧。四是经济增长率年均速度较 1998~2002 年的平均 7.3%，显著上升到 10%以上（2003~2006 年），但同时，城镇登记失业率由前些年的 2%略微上升至接近 5%。[③]

表 5-3 2001~2007 年中国内外主要经济指标运行情况

年份	GDP 增长率（%）	登记失业率（%）	居民消费价格指数变动（%）	M_2 增长率（%）	经常项目差额（亿美元）	资本与金融项目差额（亿美元）	汇价（每 100 美元）
2001	8.3	3.6	0.7	17.6	174.05	347.75	827.70
2002	9.1	4.0	–0.8	16.8	354.22	322.91	827.70
2003	10.0	4.3	1.2	19.6	458.75	527.26	827.70
2004	10.1	4.2	3.9	14.7	686.59	1106.60	827.68
2005	10.4	4.2	1.8	17.6	1608.18	629.64	819.17
2006	11.6	4.1	1.5	17.0	2532.68	66.62	797.18
2007	13.0	4.0	4.8	16.7	3718.33	735.09	760.40

数据来源：《中国统计年鉴》（2009），中国统计出版社，2009；国家外汇局网站。

2. 贸易顺差剧增，资本流入加快

2003 年以后，中国经济的外向度进一步提高，在世界经济失衡不断加大的背景下，出口大幅增长，贸易顺差急剧增加，贸易顺差占 GDP 的比重从 2003 年的 1.5%上升到 2007 年的 7.8%。货物和服务的净出口对 GDP 增长的贡

① 北京大学中国国民经济核算与经济增长研究中心：《全球衰退下的中国经济可持续增长：中国经济增长报告 2009》，14 页，中国发展出版社，2009。

② 魏杰：《中国经济之变局》，11~12 页，中国发展出版社，2009。

③ 刘伟：《我国宏观调控中的货币与财政政策差异分析》，载《经济学动态》，2007 年第 4 期。

献达到 24.1%、19.3%和 19.7%，分别拉动当年经济增长 2.5 个、2.2 个和 2.6 个百分点。

随着我国对外贸易的迅速发展，外汇储备的快速增加，尤其是自美国、日本等国提出人民币升值的要求以来，市场上人民币汇率升值的预期逐渐增强。升值预期刺激了国际短期资本向我国的流动，诱致大规模的投机性资本通过各种途径流入我国，扩大了国际收支双顺差。另外，由于本外币正向利差（贷款利率高于美元）和人民币升值预期，导致境内机构和个人持汇动机减弱，结汇意愿增强，过去滞留境外的国内资金大量回流。由于国际收支双顺差不断扩大，人民币升值预期日益强化，越来越多的投机性资本随之涌入我国，国际收支顺差与投机性资本具有相互推进的特点，形成了一个自我强化的循环过程。

这一时期，中美货币政策的不协调所导致的中美利差波动，也对中国经济的外部均衡运行产生影响。2001 年，美联储连续 11 次下调联邦基金利率，美国进入了新一轮的利率下降周期，而中国的利率水平在 2003 年 2 月第八次降息后保持不变，直到 2004 年 10 月提高利率，中国利率水平开始高于美国利率水平。这催生了国际市场对人民币的升值预期，大量资本流入中国进行套利，我国资本和金融项目差额也由 2003 年的 527.26 亿美元快速增至 2004 年的 1106.6 亿美元。此后，美联储连续加息 17 次，至 2006 年 9 月，美国基准利率升至 5.25%，而当时中国基准利率为 2.25%，中美利差又达到了 3%。这对抑制套利资本的流入起到一定作用，并促使国内机构对外进行投资。2006 年，我国资本和金融项目差额由 2005 年的 629.6 亿美元，快速降至 66.6 亿美元。但由于贸易顺差的持续扩大，我国国际收支整体顺差额仍呈现加速增长态势。2007 年，资本和金融项目差额达到 73509 亿美元。

当国际收支存在顺差时，在我国目前的强制结汇体制下，企业或其他机构必须把得到的外汇收入卖给外汇指定结算银行。外汇指定结算银行要动用存放在中央银行的超额准备金结汇，中央银行通过外汇市场收购大部分的结汇银行的外汇。因而大量的“双顺差”最终转化为国家外汇储备。在银行体系结汇时，会产生两种效应，一是中央银行结汇增加了基础货币投放；二是商业银行结汇，增加了人民币资金的投放。总体来看，大额国际收支顺差通过结汇带来国内过多的流动性投放。

3. 防止过热与双顺差剧增的冲突

从前面的分析可以看出，2003 年以来中国经济不仅存在国内储蓄、投资与消费、经济增长与就业以及内需与外需的失衡，而且还面临着内外均衡冲突。由于经济中存在着“投资增长过快、货币信贷投放扩多、外贸顺差过大”的因素，经济增长不断加速，有从偏快转向过热的可能；物价则有从结构性上涨转向全面通胀的可能。因此，为了实现内部均衡目标，抑制偏快的经济增长，防止物价上涨失控，需要实行紧缩性的宏观经济政策。但在外部需求没有大的变化的背景下，紧缩性的经济政策会导致更大规模的国际收支顺差，并进一步强化人民币升值压力。而要解决国内经济的结构性失衡，政府需要增加在科教、文卫、社会保障等方面的财政支出，以有效启动居民消费需求。这将增大国内的通货膨胀压力，同时扩张性的财政政策可能会引起利率上升，吸引国外资本加快流入，加剧国际收支失衡。面对国际收支巨额“双顺差”，为实现人民币汇率的相对稳定，央行被迫进行外汇冲销干预。持续的大规模国际收支顺差，使冲销干预的作用空间不断减小，大大降低了冲销干预的有效性，导致并加剧了国内流动性的过剩。国内流动性过多，一方面，使得固定资产投资和经济高增长难以得到有效控制；另一方面，在使国内房价和股价出现非理性上涨，金融风险不断积聚的同时，加大了潜在的通胀压力。国际收支顺差带来过多的流动性投放，还加大了中央银行通过冲销方式维持国内货币供给稳定的成本和难度，对货币政策的独立性和效用造成了冲击。为了控制流动性，中央银行主要通过发行央行票据和提高存款准备金率来对冲销外汇占款的增加，但新发行的票据很大比例被用于置换到期票据，增量对冲的部分较为有限。同时，大量央行票据发行还推高了货币市场利率，增加了央行对冲销操作的成本。

二、改革开放以来中国化解内外均衡冲突的政策实践

根据西方开放宏观经济学理论，政策搭配是解决内外均衡冲突的基本方法。其他国家的经验和教训也表明，经济对外开放和国际经济关联程度的加深会带来内部均衡与外部均衡的冲突，要实现经济的内外均衡，就必须根据本国经济发展特点和宏观经济运行状况，搭配运用各项宏观经济政策，力争使各种政策工具发挥其最大效能。在运用政策搭配以实现内外均衡的方案中，蒙代尔认为财政政策在协调内部均衡上具有优势，而货币政策在协调外部均衡上具有优势。斯旺则提出政府的支出增减政策可以明显影响国内支出水平，本国货币实际汇率的变化可以明显地影响国际收支状况。从1994~2007年中国的宏观经济政策搭配实践来看，我国主要采用或紧或松的财政、货币政策的搭配来实现经济增长、物价稳定、低失业率的内部经济目标，同时，通过买卖外汇储备来稳定因国际收支失衡而引起的人民币汇率波动。当外汇储备规模的变动影响到国内经济目标的实现时，再通过冲销操作来缓解这一矛盾。

(一) 1993~1995年"适度从紧"搭配型调控

1."适度从紧"型调控的主要内容

1978~1992年，财政"分灶吃饭"、基本建设投资"拨改贷"的改革使财政政策开始弱化，货币政策开始发挥作用。由于这一时期的改革主要建立在所有权与经营权分离的基础上，政策的松紧集中体现在中央对地方的放权与收权上。宏观调控的计划性、行政性并没有太多改变，主要采用行政手段，如行政性财政政策、强制控制财政支出（削减投资支出和控制消费支出）；行政性货币政策，强制控制信贷投放；对经营不善、长期亏损的国有企业，停止财政补贴，停止银行贷款；对落后的小企业关停并转等。[①] 这一时期，财政政策与货币政策基本上是"同紧同松"，缺少"紧""松"组合搭配。由于主要在放权与收权上做文章，政策波动非常频繁，宏观调控出现了"一放就乱，一乱就收，一收就死，一死就放"的恶性循环。

1993年6月，面对经济过热、通货膨胀压力巨大的经济形势，中共中央和国务院下发了《关于当前经济情况和加强宏观调控的意见》，开始了以整顿金融秩序为重点、治理通货膨胀为首要任务的宏观调控。一是实行适度从紧的财政、货币政策配合。在货币政策方面，严格控制货币信贷总量，压缩信贷规模，1993年两次上调存款利率，1995年两次上调贷款利率；强化固定资产贷款管理，规范信贷资金拆借行为。财政政策方面，严格控制财政支出，压缩社会集团购买力；结合分税制改革，强化增值税、消费税的调控作用，并利用企业所得税、城镇土地使用税、房地产交易税、印花税等手段，减轻经济的泡沫化程度；严格税收减免，坚决制止乱收费行为；另外，通过发行国债，引导了社会资金的流向。[②]

二是强调这次宏观调控不是全面紧缩，而是结构调整。一方面，对违章拆借、乱收费、乱集资用于开发区、房地产等方面的资金，要坚决清理回收，对越权减免税收的，要认真清理。另一方面，对国民经济发展重点领域的资金需求要及时予以保证，把宏观调控的重点放在结构调整上，实现宏观经济"软着陆"。

三是深化各项管理体制改革。如财税体制改革、金融体制改革、外贸外汇体制改革、计划体制改革、价格和流通体制改革以及国有企业体制改革等。1995年颁布了《中华人民共和国中国人民银行法》和《中华人民共和国商业银

---

① 刘树成：《经济周期与宏观调控》，241页，社会科学文献出版社，2005。

② 郭庆旺、赵志耘、何乘才：《积极财政政策及其与货币政策配合研究》，311页，中国人民大学出版社，2004。

行法》，从法律上确定了中央银行在货币政策上的相对独立性，稳定币值成为货币政策的首要目标。

四是在调控方式上也在改革。改变过去单纯依靠行政手段的做法，开始注重运用经济手段和法律手段。如开始运用利率、存款准备金率、公开市场业务等市场性货币政策进行调控。1994 年引入外汇公开市场操作，对金融机构试行资产负债比例管理，开始向社会公布货币供应量分层次监测目标。

2.“适度从紧”型调控的主要成效

这一轮宏观调控取得了很大成效：一是实现了经济的“软着陆”，保持了人民币汇率的基本稳定。通过“适度从紧”的货币政策与“适度从紧”的财政政策的协调配合，货币供应量 M_2 增速从 1993 年的 37.3%，回落到 1996 年的 25.3%；全社会固定资产投资增速从 1993 年的 61.8%回落到 1996 年的 14.8%；严重的通货膨胀从 1995 年开始得到抑制，CPI 涨幅从 1994 年的 24.1%回落到 1996 年的 8.3%，而经济增长从 1992~1993 年 14%左右的过快增长，回落到 1996 年 10%的比较适度的速度。与此同时，人民币对美元的汇率从 1994 年的 1 美元兑 8.61 元人民币，小幅回落到 1996 年的 1 美元兑 8.3142 元人民币，人民币汇率基本保持稳定。

二是积累了市场经济条件下治理经济过热的经验，有效地解决了“一控就死”的宏观调控难题。通过“适度从紧”的货币政策与“适度从紧”的财政政策的搭配运用，治理了严重的通货膨胀，避免了经济增长的“急刹车”，这是改变计划经济时代经常运用行政手段的传统做法，运用经济手段进行宏观调控的成功案例，为治理市场经济条件下的通货膨胀积累了宝贵经验。

3.“适度从紧”型调控的经验

“适度从紧”型调控取得成功有以下经验：一是我国坚持实行紧缩型的宏观政策，重点保证内部均衡的目标，即控制经济过热和恶性通胀。同时，央行通过加大对冲销操作来缓解外汇占款增加对国内货币供应的不利影响。虽然，这在短期内带来了一些负面效应，但经过两年调整国内货币供应基本恢复了内部均衡，1996 年物价趋于稳定，经济增速趋于合理。但国际收支双顺差的局面一直持续，外贸顺差规模不断扩大。从事后看，这次以“内部均衡为重点目标、暂时放弃外部均衡目标”的调控措施基本上是成功的，它迅速扭转了严重的恶性通胀，实现了经济稳定。二是财政货币政策更加注重总量和结构“紧”上“适度”和“微调”，并把控制需求与改善供给结构结合起来，从而减轻了紧缩调控对经济增长、价格、就业和国际收支的过大冲击。三是多种调控手段和方式并用，尤其是利率工具的频繁使用以及公开市场业务的启动，标志着财政、货币政策找到了相互协调的有效结合点。

（二）1998~2002 年“积极”、“稳健”搭配型调控

1.“积极”、“稳健”搭配型调控的主要特点

自我国政府于 1996 年公开宣布实现经济“软着陆”以后，为了消除买方市场对经济造成的不利影响，巩固“软着陆”的有效成果，货币政策的调控方向就开始从适度从紧转变为适度宽松，试图拉动投资需求，推动经济增长。从 1996 年 5 月到 1998 年 3 月，先后 4 次下调存贷款利率，一年期存款利率从 7.47%下调到 5.22%，一年贷款利率从 10.08%下调到 7.92%。从 1998 年 1 月起，中央银行取消了对国有独资银行的贷款限制，实行资产负债比例和风险管理，扩大了商业银行资金运营自主权，实现了金融调控从直接调控向间接调控的转变。1998 年 3 月中央银行把存款准备金率从 13%下调到 8%，为商业银行直接扩大贷款、增加货币供应创造了条件。1998 年 5 月央行回复以国债回购为主要形式的公开市场操作，加大了对货币供应和货币市场利率的影响；1998 年 2 月到 6 月，央行发布系列通知、办法和意见，调整信贷政策，指导商业银行的信贷投向农业、水利、交通、住房等领域，优化信贷结构。货币政策的上述措施，对于降低企业成本，推动投资活动，引导居民消费，相对增加货币供应量，起到了一定的积极作用。但是由于中国经济已经处于“流动性陷阱”之中，银行为了防范金融风险，贷款谨慎，出现了“惜贷”现象，企业由于市场低迷，商机缺乏，借款需求不旺，货币政策无法发挥作用。①

在货币政策效力十分有限的情况下，时任财政部部长项怀诚在《人民日报》发表署名文章《财政宏观调控与启动经济增长》，指出货币政策刺激经济是间接的，财政政策刺激经济是直接的，过去我们以货币政策调节为主，今后我们在注重货币政策的同时，要以财政政策调节为主，并提出转变适度从紧的财政政策，适度扩大财政举债规模和财政支出，增加投资，刺激消费，扩大出口，通过改革克服制约有效需求的体制和政策因素，促进国民经济增长。1998 年 7 月国务院转发了当时国家发展计划委员会《关于今年上半年经济运行情况和下半年工作建议》，决定实施旨在扩大需求的积极的财政政策。1998 年 8 月，全国人民代表大会常务委员会第四次会议审议通过了财政部的中央预算调整方案，决定增发 1000 亿元国债，同时，配套增加 1000 亿元银行贷款，全部用于基础设施专项建设；提高多种产品的出口退税率；对国家鼓励发展的国内投资项目和外商投资项目进口设备，在规定范围内，免征关税和进口环节增值税；调整支出结构，增加 180 亿元投入科研教育、国有企业下岗职工基本生活保障

① 郭庆旺、赵志耘、何乘才：《积极财政政策及其与货币政策配合研究》，100~102 页，中国人民大学出版社，2004。

等方面。这标志着积极财政政策正式启动。进入 1999 年后，由于内需仍然不足，中央决定继续实行积极的财政政策和稳健的货币政策，并在具体落实和操作上进行了新的尝试。所谓稳健的货币政策包括四项核心内容：一是灵活运用货币政策工具，保持货币供应量适度增长；二是及时调整信贷政策，引导贷款投向，促进经济结构调整；三是执行金融稳定计划，发挥货币政策保持金融稳定的作用；四是在发展货币市场的基础上，积极推进货币政策工具改革，实现货币政策由直接调控向间接调控的转变。2000~2002 年，中央又根据国内外的经济形势，在保持政策基调不变的前提下，在方式、方法以及政策力度上做了相应的调整。

1998~2002 年的财政政策和货币政策搭配主要特点：一是积极的财政政策与稳健的货币政策相配合。在国内货币供应量偏多、企业特别是国有企业负债率已经偏高、国内金融风险增大，而国际金融危机冲击余波未平的背景下，决定实施积极的财政政策与稳健的货币政策，体现了既要抑制经济衰退，又要保持金融体系稳定，包括稳定币值、防范金融风险的政策意图。

二是以国债作为财政政策与货币政策搭配的切入点。国债的发行，既有利于解决财力不足的问题，又有利于增强政府的宏观调控能力，同时，也为货币政策实施提供了操作工具。

三是财政政策与货币政策在注重配合的同时也分工明确。财政政策，充分利用了包括收入、国债、支出、税收、财政贴息等在内的政策工具，着重对社会资源配置和国民收入等进行调节，在扩大当期投资和消费需求的同时，着眼于建立消费需求的稳定增长机制、引导投资者调整投资方向。货币政策主要通过法定存款准备金率、再贴现率、利率以及公开市场业务等手段对储蓄和投资进行调节。货币供应不仅在总量上与国民经济相适应，而且在信贷投放结构上应注意选择能够拉动经济增长、带动产业升级和促进结构调整和优化的行业。

2. “积极”、“稳健”搭配型调控的主要成效

积极的财政政策与稳健的货币政策相配合取得了突出成效。一是有效地扩大了内需，拉动了经济增长，抑制了通货紧缩的趋势。1998~2002 年，国家共发行长期建设国债 6600 亿元，带动了 4 倍于自身的配套资金，国债建设项目投资总额达到 32800 亿元。国债投资对当年经济增长分别拉动了 1.5 个、2 个、1.7 个、1.8 个和 2 个百分点。为了鼓励消费，国家采取了包括增加转移支付、提高工资、增加社会保障支出、调整抑制消费需求的税收政策、鼓励消费信贷等政策措施，在这些政策作用下，我国居民消费保持较高水平。1998~2001 年，社会商品零售额实际增长 9.4%、9.8%、11.2%和 10.9%。

二是集中力量建成一批重大基础设施项目，办成了一些多年想办而未办成的大事。在这五年间，对大江、大河、大湖进行了大规模的堤防工程建设和水毁工程修复以及退田还湖、移民建镇等工程。1998 年以来是我国公路、铁路、民航建设发展最快的历史时期，极大地改善了交通运输条件。改善了粮食仓储设施状况，极大地缓解了粮食仓容长期紧张的矛盾，明显地提高了国家对粮食市场的调控能力，保障了中央粮改政策的顺利实施。加强了环境保护和生态建设，促进了可持续发展，建成了一批河湖流域水污染治理项目，形成了新的污水处理能力，生态建设步伐加快，水土流失综合治理取得进展。

三是促进了企业技术改造和产业升级，促进了地区生产力布局调整和优化。通过对高新技术产业给予税收优惠、对技术改造项目进行贴息等措施，改造传统产业，发展高新技术产业，推动产业升级，增强了国民经济可持续发展能力，为新一轮经济快速增长夯实基础。在安排国债投资时注重向中西部地区特别是西部地区倾斜，为西部大开发迈出实质性步伐做出重要贡献。

四是增加了就业岗位，提高了居民收入。1998~2002 年国债直接投资创造就业岗位约 750 万个，如考虑间接拉动效应，创造的就业岗位更多。1999 年 7 月 1 日、2001 年 1 月 1 日、2001 年 10 月 1 日，连续三次提高机关事业单位职工基本工资标准。职工平均货币工资增长从 1997 年的 4.2%上升到 2002 年的 14.3%。农林水利、农村电网和粮库等一大批国债项目的实施，改善了农村生产生活条件，为农民增收创造了条件；农村税费改革等多种措施的实施，减轻了农民负担，增加了农民收入。

五是保持了人民币汇率的基本稳定，推动了出口稳定增长。1998~2002 年，人民币对美元的汇率保持在每美元兑 8.27~8.29 元人民币的水平，实现了人民币不贬值的目标，为亚洲和世界经济稳定做出了贡献。在提高出口退税率等一系列支持出口政策的扶持下，1998~2002 年，我国出口分别增长 0.5%、6.1%、27.8%、6.8%和 22.3%，出口额由 1978 年的 1837 亿美元增加到 2002 年的 3256 亿美元，跃居世界第四大出口国。

3. “积极”、“稳健”搭配型调控的经验和启示

1998~2002 年的积极财政政策的实施主要是借鉴了罗斯福“新政”的经验，但是又紧密结合了中国国情和经济运行实际，有所创新和发展。宏观调控成功的经验主要有：一是刺激需求和改善供给相结合，总量扩张与结构调整相结合。通过扩大财政支出来刺激投资需求的同时，着眼于经济结构调整，特别是注重农业发展和西部大开发。二是没有奉行凯恩斯主义的实行扩张政策必须减税的教条，而是大力推进“税费改革”，通过清理乱收费、乱摊派减轻企业和居民负担。同时，充分发挥税收对经济的调节作用，鼓励投资和消费，促进技术革新和出口。三是根据国内外形势发展，及时调整政策力度。针对 1996 年以后出现的内需不足现象，首先启动货币政策。而当货币政策效果不佳时，又启动财政政策。刺激政策从刺激需求开始，很快转为调整结构，调整分配政策等。①

与此同时，此轮财政政策和货币政策搭配也给予我们很多启示：一是要充分认识货币政策在治理通货膨胀与治理通货紧缩方面作用的不对等。货币政策可以有效抑制经济过热，但在治理通货紧缩方面存在很大缺陷。因此，在治理通缩时，不能对货币政策寄予过高期望，应更加及时主动地推出与财政政策相关的刺激措施。二是中国经济发展的立足点应放在内需上，以内需为主，这是一项长期性、战略性的方针。扩大内需不仅要扩大投资需求，更要注重扩大消费需求。三是要进一步深化财政、金融体制改革，完善财政政策与货币政策操作工具，以提高宏观调控效率。

（三）2005~2008 年上半年“稳健”、“从紧”搭配型调控

我国经济从 2002 年下半年开始，进入上升阶段，2003 年第一季度，我国国内生产总值增长 9.9%，比上年同期加快 2.3 个百分点，是自 1996 年第一季度以来同期增长最快的季度。居民消费价格持续上升，亚洲金融危机以来困扰我国经济发展的通货紧缩压力得到缓解。2003 年第一季度，居民消费价格同比上涨 0.5%。但在经济加速回升的同时，也出现了局部过热的苗头和一些不稳定、不健康因素：部分行业投资增长过快，银行贷款增速偏高，引起煤、电、油、运供应紧张和能源、原材料价格上涨；粮食产量连续 4 年下降，市场粮价大幅度上涨。从 2003 年开始，中央采取了有针对性的宏观调控措施。2003 年，由于对“非典”影响的担心，调控力度比较温和，主要运用货币政策（调整存款准备金率，加大公开市场操作力度）和行政手段（如严格控制批地）来进行调控。2004 年，中央根据经济运行中出现的投资膨胀加剧、物价回升加快等问题，在“两会”以后果断提出要紧紧把握土地、信贷两个闸门，及时加大了调控力度。2005 年，根据我国经济形势的发展变化和宏观调控的客观需要，积极财政政策调整取向，转变为以“控制赤字、调整结构、推进改革、增收节支”为主要内容的稳健财政政策。2007 年，促进国际收支平衡成了宏观调控重要目标，“控投资、促消费”成了协调投资消费关系的着力点。财政政策继续保持稳健取向，货币政策逐步从“稳健”转为“从紧”。为防止经济增长由偏快转为过热、防止价格由结构性上涨演变为明显通货膨胀，2007 年年底召开的中央经济工作会议决定，2008 年实行稳健的财政政策和从紧的货币政策。

---

① 陈共、昌忠泽：《全球经济调整中的宏观调控体系研究——新时期国家经济调节的基本取向与财政金融政策的有效组合》，155~166 页，中国人民大学出版社，2007。

1. 从积极财政政策向稳健财政政策的转变

2003~2004 年，GDP 分别增长 10%和 10.1%，回升到潜在增长率水平，部分行业出现“瓶颈”约束或资源约束；居民消费价格分别上涨 1.2%和 3.9%，明显上升；城镇登记失业率分别为 4.3%和 4.2%，升势趋缓；外贸顺差分别为 255 亿美元和 320 亿美元，年末国家外汇储备分别达到 4033 亿美元和 6099 亿美元，明显增加。在经济已经发生周期阶段转换和出现过热苗头的形势下，如果还继续实行积极的财政政策，将不利于控制固定资产投资的过快增长和防止通货膨胀。不仅如此，长期实施积极财政政策还容易产生体制复归倾向。此外，我国财政风险和公共风险有逐步积累放大的趋势。在这种背景下，财政政策的转型势在必行。2004 年 12 月 3 日召开的中央经济工作会议做出决定，实行稳健的财政政策。2005 年 3 月 5 日，温家宝总理代表中国政府在十届全国人大三次会议上作政府工作报告时强调：2005 年要坚持加强和改善宏观调控，实施稳健的财政政策。这一政策的具体要求也同时体现在当年提交的全国人大会议审议的预算安排和其他相关工作部署中，标志着稳健财政政策进入了全面实施阶段。稳健财政政策的主要内容可概括为“控制赤字、调整结构、推进改革、增收节支”。

（1）控制赤字。适当减少中央财政赤字，但不做急骤压缩，做到松紧适度，重在传递调控导向信号，既防止通货膨胀苗头的继续扩大，又防止通货紧缩趋势的重新出现，适应了进一步加强和改善宏观调控、巩固和发展宏观调控成果的要求，体现了财政收支逐步平衡的取向。2005 年，中央财政赤字 2999.62 亿元，比十届全国人大三次会议批准的 3000 亿元减少了 0.38 亿元，财政赤字占 GDP 的比重为 1.6%。长期建设国债发行规模，从上年的 1100 亿元调减为 800 亿元。2006 年，财政继续合理把握总量调控的政策力度，适当控制了财政赤字总量并调减了长期建设国债发行规模，中央财政赤字 2749.95 亿元，比十届全国人大四次会议批准的 2950 亿元减少 200.05 亿元，财政赤字占 GDP 的比重为 1.3%。2006 年年末中央财政国债余额为 35015.28 亿元，控制在 35381.68 亿元的限额以内。2007 年，中央财政赤字 2000 亿元，比十届全国人大五次会议批准的 2450 亿元减少 450 亿元，财政赤字占 GDP 的比重为 0.8%。

财政赤字和长期建设国债规模不做大幅度削减，主要是综合考虑发展形势与相关因素，赤字规模和国债规模还不宜骤然降低。其原因主要有：一是政策需要保持相对的连续性，国债项目的投资建设有一定的周期性，在建、未完工程尚需后续投入。据统计，2004 年年底，在建的国债资金项目总规模达到 8500 亿元。如果将国债资金骤减、项目骤停，会变成“半拉子”投资工程，损失将很大。二是国债项目投资每年拉动 1 个百分点以上的 GDP 增长，如果国债项目投资规模急降，可能会对经济造成较大的负面影响。三是为支持西部大开发、东北地区等老工业基地的改造和中部地区的崛起，需要适当安排投资。四是完善社会主义市场经济体制、推进各项经济社会改革，需要政府支付相应的改革成本，保持一定规模的国债有利于在通盘资金安排上给予策应。五是落实科学发展观、构建社会主义和谐社会需要有强大的物质基础，也要求政府增加支出，包括公共工程等支出的加强和改善公共服务，提供更多、更好的公共产品。六是国际、国内经济形势有一些不确定因素，如地缘政策、石油价格波动等问题。维持一定的财政赤字规模，保持一定的增量调控能力，有利于主动地应对国际、国内各种复杂的形势。因此，实施稳健的财政政策，逐步减少财政赤字，有利于保持经济社会的持续稳定发展。①

（2）调整结构。在对财政支出总规模不做大的调整和压缩的基础上，进一步调整财政支出结构和国债资金项目的投向结构，区别对待、有保有压、有促有控，不仅要注重财政支出的增量调整和优化，还要注重存量的调整和优化。主要措施是：一是财政支农的力度一直在加强。2006 年，中央财政用于“三农”的各项支出 3397 亿元（不包括用石油特别收益金安排的对种粮农民综合直补的 120 亿元），比 2005 年增加 422 亿元，增长 14.2%。2007 年，中央财政用于“三农”的各项支出 4318 亿元，比 2006 年增加 801 亿元，增长 23%。通过加大支出，财政继续加强了对新农村建设的支持力度。同时，调整粮食风险基金的使用方式。以转变粮食补贴方式为突破口，将原来对流通环节的间接补贴改为对种粮农民的直接补贴，让农民直接受益。二是调整国债项目的资金使用方向和结构。在充分发挥市场机制作用的同时，整合国债资金和预算内基本建设资金，按照科学发展观“五个统筹”对财政资源配置提出的新要求，大力调整其使用方向和结构，逐步减少对一般竞争性和经营性领域的直接投资，增加用于公共服务和公共产品方面的投入，大力促进经济社会和人的全面发展。三是财政支出重点向社会事业倾斜，加大教育、医疗卫生、社会保障、环境保护等方面支出，使社会发展薄弱环节得到加强。

（3）推进改革。在以财政政策服务于合理调控总量、积极优化结构的目标的同时，还大力推进和支持体制改革，实现制度创新，一方面，是搞好财政自身的改革；另一方面，是在以财政政策服务于合理调控总量、积极优化结构目标的同时，大力支持收入分配、社会保障、教育和公共卫生等制度改革，为市场主体和经济发展创造一个良好、公平的政策环境，建立有利于经济自主增长和健康发展的长效机制，优化经济增长方式。主要包括：一是实现了生产型增

① 贾康：《1998 年以来：从积极的财政政策到稳健的财政政策及公共财政制度建设》，载《铜陵学院学报》，2008 年第 1 期。

值税向消费型增值税的转型。在做好对东北地区老工业基地增值税转型改革试点工作的基础上，最终在全国范围内推开。二是逐步推进内外资企业所得税两法合并工作。此项改革已在 2008 年 1 月 1 日出台。三是继续深化农村税费改革。2005 年实现免征农业税的省份达到 27 个，涉及农业人口约 7 亿人，从 2006 年起，全部取消农业税，并由中央财政按规定给予转移支付补助，中国政府原来制定的五年内取消农业税的目标，三年就实现了。四是出口退税制度改革。根据 2005 年以前的出口退税执行情况，在保持分税制财政管理体制基本稳定的条件下，出台完善出口退税负担机制的办法和措施，进一步理顺中央与地方的财政分配关系。为了应对贸易顺差给中国宏观调控带来的挑战，促进外贸增长方式的转变，从 2006 年到 2008 年上半年，取消了部分产品的出口退税政策，下调了部分产品的出口退税率。五是调整了消费税征收范围，调整了部分应税品目税负水平和征缴办法。六是进一步完善个人所得税制度，两次提高工资薪金所得费用扣除标准，将标准从 800 元提高到 2000 元；暂免对储蓄存款利息所得征收个人所得税。七是为了抑制投机和投资性购房需求，进一步加强了个人住房转让营业税征收管理。八是继续完善收入分配、社会保障、教育和公共卫生制度，推动实现“五个统筹”，支持国有企业和金融体制等方面的改革。

（4）增收节支。依法组织财政收入，确保财政收入持续稳定增长；同时，严格按照预算控制支出，提高财政资金使用效益。这既是财政工作中的一项基础性、经常性的工作，又具有明显的政策取向与效用，有利于防止出现少收多支、盲目扩张的问题，具有一定的宏观调控政策意义。这方面的政策措施主要有：一是强化收入征管，促进财政增收。二是提高财政资金使用的规范性、安全性和有效性，促进财政节支。

2. 从稳健的货币政策向“适度从紧”的货币政策的转变[①]

（1）采取综合措施，加强流动性管理。2002 年下半年以来，在国际、国内因素共同作用下，我国国际收支双顺差格局加剧，外汇储备持续快速增长。为维护总量平衡，保持货币信贷合理增长，中央银行从 2003 年就开始综合运用多种货币政策工具，加强流动性管理。2003 年 4 月启动央行票据发行，9 月上调存款准备金率 1 个百分点。2003~2006 年，发行央行票据净对冲流动性约 3 万亿元，5 次上调存款准备金率共 3 个百分点，深度冻结流动性约 1 万亿元。2007 年，中国人民银行继续搭配使用公开市场操作和存款准备金等对冲工具，加大力度回收银行体系流动性。一是加大中央银行票据发行力度。2007 年中国人民银行累计发行中央银行票据 4.07 万亿元。年末中央银行票据余额为

① 中国人民银行货币政策分析小组：《货币政策报告》（2003~2008 年），中国人民银行网站。

3.49 万亿元，比年初增加 4600 亿元。二是适时开展正回购操作，全年共开展正回购操作 1.27 万亿元，年末余额 6200 亿元，比年初增加 5600 亿元。三是重启 3 年期中央银行票据，较为深度冻结银行体系流动性。四是市场化发行中央银行票据与定向发行中央银行票据相结合。五次对部分贷款增长较快，且流动性充裕的商业银行定向发行 3 年期中央银行票据 5550 亿元，既有效收回了流动性，又对信贷增长较快的机构起到警示作用。五是中央银行票据发行利率适度上行，引导市场利率适度上行，发挥市场利率调节资金供求关系的作用。六是继续发挥存款准备金工具冻结程度深、主动性强的特点，通过提高存款准备金率大力对冲流动性，抑制银行体系货币创造能力。根据流动性的动态变化，2007 年先后 10 次上调金融机构人民币存款准备金率共 5.5 个百分点，2008 年上半年又先后 6 次上调人民币存款准备金率，每次上调幅度均为 0.5 个百分点，一般金融机构人民币存款准备金率达到 17.5%，创历史最高水平。此外，继续实施差别存款准备金率制度，即对资本充足率低于一定比例、不良贷款率高于一定比例的金融机构实施较高的差别存款准备金率。差别存款准备金率制度的实施，在抑制资本充足率较低且资产质量较差的金融机构盲目扩张贷款，促进金融机构稳健经营等方面取得积极成效。

（2）充分发挥利率的调节作用，逐步推进利率市场化改革。在 2002 年 2 月 21 日最后一次降低金融机构的存贷款利率后，随着宏观经济形式的变化，中央银行开始调高利率。为控制基础货币投放，中国人民银行从 2004 年 3 月 25 日起，将用于金融机构头寸调节和短期流动性支持的再贷款利率统一增加 0.63 个百分点，再贴现利率增加 0.27 个百分点。为进一步巩固宏观调控成果，经国务院同意，中国人民银行决定从 2004 年 10 月 29 日起上调人民币存、贷款基准利率。一年期存、贷款利率上调 0.27 个百分点，其他各档次存、贷款利率也相应调整，中长期存、贷款利率上调幅度大于短期。

2005 年，为了给商业银行自主定价提供更大的空间，促进商业银行提高资金使用效率和流动性管理水平，3 月 17 日中国人民银行将金融机构在其的超额存款准备金利率下调到 0.99%，同时放开金融机构同业存款利率。为了协调本外币利率关系，减轻人民币结汇压力，针对国际金融市场利率持续上升的情况，五次上调境内商业银行美元、港币小额外币存款利率上限。其中，一年期美元存款利率上限累计提高 2.125 个百分点至 3%，一年期港币存款利率上限累计提高 1.8125 个百分点至 2.625%。为了促进商业银行加强主动负债管理和业务创新，改善金融服务，中国人民银行修改和完善人民币存贷款计结息规则，允许金融机构自行确定除活期和定期整存整取存款外的其他存款种类的计结息规则。

2006 年，为了抑制过度投资，引导投资和货币信贷的合理增长，中国人民银行两次上调金融机构存、贷款基准利率。金融机构一年期贷款基准利率由5.58%提高到6.12%。金融机构一年期存款基准利率由2.25%提高到2.52%。同时，利率市场化改革进一步推进。一是启动了中国货币市场基准利率体系建设。上海银行间同业拆放利率（Shibor）于2006年10月至12月进行试运行，从2007年1月4日起正式运行，尝试为金融市场提供1年以内产品的定价基准。二是2006年8月19日将商业性个人住房贷款利率下限由法定贷款利率的0.9倍扩大到0.85倍，扩大了个人住房贷款的定价空间。这些措施有助于提高金融机构的自主定价能力，完善货币政策传导机制。

2007年，在国内价格水平存在上涨压力、国际环境趋于复杂的背景下，中国人民银行先后六次上调金融机构人民币存、贷款基准利率。其中，一年期存款基准利率从年初的2.52%上调至年末的4.14%，累计上调1.62个百分点；一年期贷款基准利率从年初的6.12%上调至年末的7.47%，累计上调1.35个百分点。2007年12月，在上调存、贷款基准利率的同时，较大幅度地上调了一年以内的定期存款利率，以引导居民等各类经济主体更多地存放短期定期存款，提高经济主体应对价格上涨的能力。总体来看，利率政策的效应逐步显现。一是融资成本上升，有利于金融机构和各类经济主体适当衡量风险，引导货币信贷合理增长；二是连续多次加息，有利于引导资金流向，调节和稳定通胀预期。居民对存款利率的认可程度逐季提高。中国人民银行居民储蓄问卷调查显示，自2007年第二季度起居民认为存款利率“适度”的比例逐季攀升，由第一季度的39.6%升至第四季度的46.3%，累计提高6.7个百分点，达到调查以来的最高水平。储蓄意愿止跌回升。第四季度，认为“更多储蓄”最合算的居民占比为30.2%，比上季度提高4.9个百分点，改变了连续下跌四个季度的态势。

（3）加强“窗口指导”和信贷政策引导，实现“有保有压”。“窗口指导”作为一种重要的货币政策工具，可与其他货币政策工具结合起来共同引导市场预期，不少发达国家也采用类似的做法。通过定期与商业银行等金融机构交流协商，使央行的货币政策措施为市场所预期，能更大程度地发挥货币政策的效力。我国近年来的货币政策实践表明，利用“窗口指导”来增加政策透明度，不但可以降低货币政策的操作成本，还有助于中央银行顺利实现既定的政策目标，提高了货币政策的有效性。

2004年，中国人民银行认真贯彻国务院“区别对待、有保有压”的宏观调控方针，在注重总量调控的同时，加强对商业银行的“窗口指导”和信贷政策引导。一是有针对性地加强对商业银行“窗口指导”和风险提示，提醒商业银行既要重视和防止货币信贷过快增长，也要防止“急刹车”，合理把握贷款进度，优化资金配置。二是协调督促各商业银行采取有效措施适度控制对钢铁、电解铝、水泥等“过热”行业的授信总量，同时强调，各商业银行在授信总量内对符合市场准入条件、环保和技术指标好的企业，要按照信贷原则提供正常信贷支持。三是引导金融机构加大对农业、中小企业、扩大消费、增加就业、助学等方面的贷款支持力度。在发展消费信贷方面，与中国银行业监督管理委员会共同发布了《汽车贷款管理办法》，进一步规范了汽车贷款业务管理，促进了汽车贷款业务的健康发展。四是支持非公有制经济发展。鼓励各商业银行从非公有制经济特点出发，改进信贷管理方式，开展金融产品创新，完善金融服务。

2005 年，在认真落实“区别对待、有保有压”的宏观调控方针的同时，加强地区间再贷款调剂，扩大了对西部地区和粮食主产区的支农再贷款限额；调整了商业银行自营性个人住房贷款政策，从 3 月 17 日起，将原有住房贷款优惠利率回归到同期贷款利率水平；对房地产价格上涨过快的城市或地区，引导商业银行适当提高个人住房贷款最低首付款比例，促进房地产市场的健康发展；加强商业银行存贷期限错配、信贷资金结构和流向预警监测分析，引导商业银行合理控制中长期贷款，扩大流动资金贷款。对重点行业、重点企业、重点地区的信贷集中状况以及信贷风险进行动态评估监测，及时发布预警信息；发挥差别存款准备金率的正向激励作用，促进金融机构稳健经营。

2006 年，中国人民银行多次召开“窗口指导”会议，提示商业银行高度重视贷款过快增长可能产生的风险，避免因过度追求利润而盲目进行信贷扩张，应合理、均衡放款；引导金融机构强化资本约束，树立持续稳健经营理念，提高风险控制能力，按照国家宏观调控政策及产业政策的要求，加强贷款结构调整，严格控制对过度投资行业的贷款，加强对房地产信贷的管理，停止对地方政府的打捆贷款和授信活动；鼓励和引导金融机构进行体制、机制和工具创新；引导商业银行通过拓展中间业务调整盈利结构，增强持续盈利能力。

2007 年，在信贷扩张动力较强的情况下，中国人民银行继续加强对商业银行的“窗口指导”和信贷政策引导，传达宏观调控意图，提示商业银行关注贷款过快增长可能产生的风险以及银行的资产负债期限错配问题，引导金融机构合理控制信贷投放总量和节奏，合理控制基本建设等中长期贷款，严格限制对高耗能、高排放和产能过剩行业中劣质企业的贷款投放。中国人民银行和中国银行业监督管理委员会还对商业性房地产信贷政策进行了调整，严格管理住房消费贷款，提高了第二套以上住房贷款的首付款比例和利率水平。

（4）深化外汇体制改革，促进国际收支平衡。2003 年，中国人民银行采取了一系列深化外汇管理体制改革、保持人民币汇率稳定、促进国际收支平衡的措施：一是完善经常项目管理，便利企业和个人的外汇收支，切实满足企业、个人合理的经常项目用汇需求；二是稳步推进资本项目对外开放，放宽企业购汇限制，实施境外投资外汇管理改革试点，逐步拓展资本流出渠道，支持“走出去”战略的实施；三是扩大远期结售汇业务试点，允许开办外债项下的远期业务，加快外汇市场建设，逐步完善人民币汇率形成机制。

2004 年，继续深化外汇体制改革：一是限制国内外汇贷款结汇，规范居民和非居民个人结汇行为，允许个人合法财产向外转移。二是提高企业经常项目外汇账户保留外汇比例，进一步放宽企业和个人服务贸易用汇限制。允许中外资跨国公司开展内部资金运作。放宽境外投资外汇管理限制，积极支持国内企业“走出去”开展跨国经营。三是发展外汇市场，完善人民币汇率形成机制。进一步扩大市场交易主体，允许中国外汇交易中心正式开展外币间买卖业务，增加远期结售汇业务试点银行的数量并扩大其业务范围。

2005 年，经国务院批准，我国自 2005 年 7 月 21 日开始实行以市场供求为基础，参考“一篮子”货币进行调节，有管理的浮动汇率制度。与此同时，我国继续推动外汇管理体制改革。一是进一步简化核销手续，提高企业经常项目外汇账户限额和个人因私购汇指导性限额，大幅简化居民个人购付汇凭证和手续。二是对银行实行结售汇综合头寸管理。三是拓宽资金流出入渠道。扩大境外投资外汇管理改革试点，支持境内银行为境外投资企业提供融资性担保，在边境地区实行更加灵活的境外投资政策。

2006 年，进一步完善有管理的浮动汇率制度：一是在银行间外汇市场推出做市商制度并引入询价交易方式（OTC 方式），并改进人民币汇率中间价形成方式。二是扩大远期结售汇业务范围，以便于市场主体规避汇率风险。三是扩大外汇市场做市商和会员规模，提高外汇市场交易活跃程度。与此同时，加快推进外汇管理体制改革，有重点、分步骤地实施了多项重大政策调整。一是对居民购汇和个人结汇实行年度总额管理，允许个人开立外汇结算账户办理外汇资金收付。取消经常项目外汇账户开户事前审批，进一步提高境内机构经常项目外汇账户保留外汇的限额。二是允许银行集合境内外汇或用人民币购汇投资境外金融市场，支持证券经营机构集合境内机构和个人自有外汇投资境外证券市场，鼓励保险机构在一定比例内以自有外汇或购汇对外金融投资。取消境外直接投资购汇额度限制，允许提前购汇支付前期费用。三是加强对外资房地产企业外债和结汇管理，对外资购买境内房地产实行实需和自用原则。

2007 年，进一步加快外汇管理体制改革，促进国际收支基本平衡。一是进一步扩大人民币汇率弹性。自 5 月 21 日起将银行间即期外汇市场人民币兑美元交易价日浮动幅度由 3‰扩大至 5‰。二是将个人年度购汇总额从 2 万美元提高到 5 万美元，取消对境内机构经常项目外汇账户的限额管理。三是有序拓宽资本流出入渠道。年末宣布将 QFII 投资额度提高至 300 亿美元，进一步扩大合格境内机构投资者（QDII）的投资额度和领域。四是严格限制返程投资设立或并购房地产企业，加强对外资房地产企业借用外债管理，加大对地下钱庄和非法买卖外汇等违法犯罪活动的打击力度。五是进一步丰富对外投资主体。9月29日，中国投资公司正式成立，该公司接受财政部发债购汇的注资，用于境外投资，拓宽了我国多元化、多层次的外汇投资体系。

3. “稳健”、“从紧”搭配型调控的主要成效和经验

（1）在调控目标上注意内外均衡的协调，保持了经济的平稳较快增长。在前几轮的宏观调控中，主要考虑实现国内经济均衡。而现在，我国开放型经济进入新阶段，国内外经济联系更加紧密，宏观调控就要注重统筹实现对内对外经济目标。2003~2007年宏观调控在目标和措施着力点的选择上，既注重经济平稳快速增长和物价总水平基本平稳，又注重增加就业和促进国际收支的基本平衡，努力使“增长”、“稳定”和“平衡”之间保持在较好的结合状态。这种选择符合我国经济在发展新形势下的需要，也产生了一定的效果。①

一是避免了经济出现大的波动，保持了平稳较快发展的好势头。从增长速度看。2007年，我国国内生产总值达到25.93万亿元，按不变价计算，比上年增长13.0%；比2002年增长68.8%；是2000年的1.99倍，提前3年实现了21世纪第一个十年国内生产总值比2000年翻一番的目标。2003~2007年，国内生产总值年均增长11.0%。国内生产总值在国际上的位次，从第六位上升到第四位。从波幅看，2002年至2007年，国内生产总值增长率分别为9.1%、10.0%、10.1%、10.4%、11.6%和13.0%，年度间的波幅较小，仅为0.1至1.4个百分点，平均为0.78个百分点。从经济周期的态势看，从2002年开始，经济连续6年处于上升阶段，是新中国成立以来各周期中上升阶段持续时间最长的。我国从1953年开始大规模的工业化建设到现在，经济增长率共经历了10个波动周期。其中，改革开放之前有5个周期，每个周期上升阶段的持续时间都很短，仅为一两年，而且波动幅度很大，峰谷之间的落差几乎都在10个百分点以上。改革开放之后已有4个完成的周期，周期的上升阶段也很短，仅为一年至三年，波动幅度虽有所减小，但峰谷落差也为六七个百分点。

二是在一定程度上遏制了外贸收支不平衡发展的趋势。2003年以来，采取了“增加进口、控制出口”的措施，比如，为缓解银行资金流动性过剩问题，对内政策方面采用了提高存款准备金率、加息等措施；对外政策方面又推出一系列措施，包括取消或降低高耗能、高排放和资源性产品的出口退税，对资源性商品开征或提高出口关税，增强人民币汇率弹性等。这样，既有利于解决货币信贷投放过多的问题，又有利于解决外贸顺差过大的问题，还有利于促进节能减排。虽然效果还不理想，但在一定程度上遏制了外贸收支不平衡发展

① 陈东琪、宋立：《党的十六大以来宏观调控的经验和启示》，载《宏观经济管理》，2007年第11期。

的趋势。

三是就业取得一定增长。2003 年以来，虽然农村就业规模缩小，但因城镇新增就业人员每年保持在 900 万以上，有的年份超过 1100 万，全国总就业一直保持在比较高的水平。

四是粮食生产取得历史性的跨越。粮食生产首次连续四年实现播种面积、总产和单产“三增”，粮食产量从 2002 年的 45706 万吨增加到 2007 年的 50106 万吨，年均增长 1.9%。

五是经济效益得以保证。一方面，企业效益不断提高，工业企业利润总额从 2002 年的 5784 亿元上升到 2007 年的 22951 亿元，年均增长 31.7%；另一方面，财政收入迅速增加，财政收入从 2002 年的 18903.64 亿元上升到 2007 年的 51321 亿元，年均增长 22.3%。

（2）在调控节奏上，是渐进式的，注重预调和微调，避免了经济出现大的波动。2003 年以来，为保持政策的连续性和稳定性，财政政策和货币政策转型采取了渐进的方式。由于政策取向和组合模式转变采取了渐进而又平稳的方式，市场并没有因政策变化而出现大的波动。同时，宏观调控一方面注意预调，打提准备，防微杜渐，努力将矛盾和问题解决在萌芽状态之中，注意政策的灵活性和应变性；另一方面注意“双向微调”，向下调整和向上调整均采用小步渐进的方式，用多次“点调节”取代“急刹”，在动态中注意保持政策的连续性和稳定性，避免政策频繁变化对宏观经济运行带来不利影响，保持经济快速增长的稳定性和持续性。2003 年以来，适时适度微调的基本做法是：用多次“点调节”取代“急刹车”，谨慎使用“组合拳”，分步实施财政、货币政策，小步多调，用小调整取代大调整，以小波动代替大震荡。采用这种频繁多次微调的方式，既有利于政策在调整中保持前后继承性，又可以让市场主体在慢慢改变预期和行为惯性中适应新的政策变化，减缓政策急剧变化带来的冲击和震荡，避免大起大落的周期性循环，从而保持经济运行系统的平稳性。

（3）在宏观调控的手段上，更多利用市场化手段和发挥各种组合效应。在调控手段上，既借鉴我国以往几次宏观调控的成功经验，又根据新的情况有所创新，综合运用经济手段、法律手段和必要的行政手段。本轮宏观调控采用了三种组合：一是手段组合，即坚持主要运用经济手段、法律手段，辅之以必要的行政手段；二是政策组合，即发挥货币信贷政策、财政税收政策、土地政策、产业政策、外贸政策、外汇政策等多种政策的组合效应；三是工具组合，如在货币信贷政策中，综合运用了存款准备金率、利率、公开市场操作、窗口指导等市场化工具。[①] 如本轮宏观调控在解决“三过”问题时，不是单纯使用其

① 刘树成：《五年来宏观调控的历程和经验》，载《人民日报》，2008 年 4 月 2 日。

中一项措施，而是在同一时点或在不同时点配合使用多项措施。在货币政策内部，注意利率等“价格参数”与准备金率和贷款条件等“数量参数”之间的合理搭配。在货币政策与财政政策之间，注意利率、汇率等金融工具与国债、税率等财政工具之间的合理搭配。在财政货币政策与其他政策之间，也注意各项措施之间的合理搭配，通过产业、贸易、土地、能源、环保等政策措施对财政货币政策不能产生作用的领域施加积极影响。近几年，宏观调控政策措施的合理搭配使用，特别是有时采用的“组合拳”，既注意了时点上的选择，又注意了空间上的选择，没有影响经济增长的持续性。

（4）在短期调控与长期改革发展的关系上，坚持治标与治本相结合。在进行宏观调控的同时，不失时机地推进相关各项改革，解决经济生活中的深层次矛盾和问题。努力实现宏观调控与结构调整、转变经济发展方式、体制改革、改善民生相结合。在我国目前的发展阶段和体制环境下，宏观调控所要解决的许多经济运行中的问题与长期形成的结构性矛盾、增长方式粗放密切相关，与体制机制障碍密切相关，与提高和改善人民生活密切相关。因此，政府为熨平经济波动而对宏观经济运行进行的调节、控制和管理，就要与政府承担的其他经济职能相结合。比如，为了解决农业基础薄弱、社会事业发展滞后等结构性问题，宏观调控坚持了“区别对待、有保有压”的原则，不搞“一刀切、急刹车”。为了治标与治本相结合解决经济运行中的问题，一方面，不断总结经验，注重制度建设和创新，把一些适合我国国情、行之有效并具有长期意义的宏观调控措施制度化、规范化和法制化；另一方面，不断推进各项改革，扫除经济发展的体制机制障碍，以形成有利于科学发展的体制机制。为了提高宏观调控效果和持续性，在促进总量平衡时，比较注意兼顾结构调整和社会发展，做出了比较成功的探索，也产生了一些效果。使结构升级加快，社会发展滞后于经济发展的程度有所减缓，特别是“三农”和一些薄弱环节得到了加强，在一定程度上为促进经济持续增长、稳定物价和增加就业作出了贡献。另外，在进行总量调节时不搞“一刀切”，进行“区别情况、分类指导、有保有压”的结构性调控，在对局部过热领域和地区进行控制时让后发领域和地区保持活力，既有利于缓解地区发展不平衡的结构矛盾，又有利于促进经济总量平衡。

（5）初步形成了综合协调宏观政策体系和科学运用经济杠杆的新机制。2003~2007 年，在社会主义市场经济基本框架初步确立的背景下，我国的宏观调控体系逐步完善，具有中国特色的宏观调控体系初步形成。“促进经济增长、增加就业、稳定物价、保持国际收支平衡”的宏观调控目标得以确立；宏观调控的方式发生了深刻变化，由国家直接调控企业和直接配置资源逐渐转向主要调控市场、进而影响市场主体行为，主要通过经济杠杆来调控市场需求规模；在经济紧缩阶段，财政政策发挥更大作用；在经济扩张阶段，货币政策担当重要角色；在国际收支失衡的关键时刻，积极稳妥地推出了汇率形成机制改革；并根据经济运行中的突出矛盾，综合运用产业政策、土地政策，更加注重依法施政。国家计划规划、金融政策、财政政策三者之间相互配合，形成了综合协调宏观经济政策和科学运用经济杠杆的新机制。

与此同时，着力进行改革攻坚，在农村税费改革、国有商业银行股份制改革、股权分置改革、人民币汇率形成机制改革、国有企业改革等方面都迈出了重大步伐，并取得显著成效。将短期政策调控与长期制度改革相结合，体现了转轨经济阶段宏观调控的独特性，改革措施明显提高了宏观调控政策的有效性。

三、中国宏观调控政策效应的实证分析

(一) IS—LM—BP 模型对宏观经济政策的相对有效性分析

根据第一章的推导，IS—LM—BP 模型可用以下公式表示：

开放经济下的 IS 方程：

$$Y=\bar{C}+\bar{I}+G+C(1-t)Y-br-mY-ne+fY^{f} \tag{5.1}$$

开放经济下的 LM 曲线：

$$M=kY-hr \tag{5.2}$$

国际收支平衡的 BP 曲线：

$$-ne-mY+fY^{f}+l(r-r^{*})=0 \tag{5.3}$$

其中变量含义与前面介绍的相同。

1. 开放条件下货币政策效应分析

为了考察货币政策效果，我们对上述三个方程分别关于 M 求偏导，整理后可以得到下面三个方程：

$$[1-c(1-t)+m]\frac{\partial Y}{\partial M}+b\frac{\partial r}{\partial M}+n\frac{\partial e}{\partial M}=0 \tag{5.4}$$

$$k\frac{\partial Y}{\partial M}-h\frac{\partial r}{\partial M}=1 \tag{5.5}$$

$$-m\frac{\partial Y}{\partial M}-n\frac{\partial e}{\partial M}+l\frac{\partial r}{\partial M}=0 \tag{5.6}$$

利用克莱姆法则求解，得到：

$$\frac{\partial Y}{\partial M}=\frac{b+l}{h[1-c(1-t)]+k(b+l)} \tag{5.7}$$

$$\frac{\partial r}{\partial M}=\frac{c(1-t)-1}{h[1-c(1-t)]+k(b+l)} \tag{5.8}$$

$$\frac{\partial e}{\partial M}=\frac{l[1-c(1-t)+m]+bm}{-n[h(1-c(1-t)]+k(b+l)]} \tag{5.9}$$

由于 $1-c(1-t)>0$，$\partial Y/\partial M>0$、$\partial r/\partial M<0$，$\partial e/\partial M<0$，这表明在开放条件下，货币供应与经济增长正相关，与利率和汇率水平负相关。

在封闭经济条件下，IS 曲线和 LM 曲线分别可以表示为：$Y=\bar{C}+\bar{I}+G+c(1-t)Y-br$，$M=kY-hr$。为了考察封闭经济下的货币政策效果，对上述两个方程关于 M 求偏导，并利用克莱姆法则求解可得到：

$$\frac{\partial Y}{\partial M}=\frac{b}{h\ [1-c\ (1-t)]+kb} \tag{5.10}$$

$$\frac{\partial r}{\partial M}=\frac{c\ (1-t)-1}{h\ [1-c\ (1-t)]+kb} \tag{5.11}$$

由于 $\frac{b+l}{h\ [1-c\ (1-t)]+k\ (b+l)}>\frac{b}{h\ [1-c\ (1-t)]+kb}$，因此开放经济条件下的货币政策要比封闭经济条件下的货币政策的效应大，随着一国经济开放度的提高，货币政策在宏观调控中的地位将不断提高。

另外，对式（5.7）进行整理，可以得到如下等式：

$$\frac{\Delta Y}{\Delta M}=\frac{b+l}{h\ [1-c\ (1-t)]+k\ (b+l)}=\frac{1}{h\ [1-c\ (1-t)]/\ (b+l)+k} \tag{5.12}$$

从式（5.12）可以看出，在其他条件不变的情况下，k、h、t 越大，开放经济条件下货币政策乘数越小，货币政策效果越小；c、b、l 越大，开放经济条件下货币政策乘数越大，货币政策效果越大。

2. 开放经济条件下财政政策效应分析

为了考察财政政策效应，对方程（5.1）、（5.2）和（5.3）两侧关于 G 求偏导，可得：

$$[1-c(1-t)+m]\frac{\partial Y}{\partial G}+b\frac{\partial r}{\partial G}+n\frac{\partial e}{\partial G}=1 \tag{5.13}$$

$$k\frac{\partial Y}{\partial G}-h\frac{\partial r}{\partial G}=0 \tag{5.14}$$

$$-m\frac{\partial Y}{\partial G}-n\frac{\partial e}{\partial G}+l\frac{\partial r}{\partial G}=0 \tag{5.15}$$

利用克莱姆法则求解，得到：

$$\frac{\partial Y}{\partial G}=\frac{h}{h[1-c(1-t)]+k(b+l)} \tag{5.16}$$

$$\frac{\partial r}{\partial G}=\frac{k}{h[1-c(1-t)]+k(b+l)} \tag{5.17}$$

$$\frac{\partial e}{\partial G}=\frac{-kl+mh}{-n\{h[1-c(1-t)]+k(b+l)\}} \tag{5.18}$$

由于 $1-c(1-t)>0$，$\partial Y/\partial G>0$、$\partial r/\partial G>0$，这表明开放条件下，扩张性财政政策可以带来经济增长，并推动实际利率上升。由于 $-kl+mh$ 正负号不确定，财政支出汇率水平的关系不确定。当资本流动受到严格控制时（即 l 很小），$-kl+mh>0$，财政扩张会导致本币贬值。这是因为，政府财政支出的增加，会导致进口增加，而在出口不变、资本流动受到严格控制的情况下，必然导致外汇储备的减少和货币供应趋紧，从而引起汇率趋于贬值和利率趋于上升。而在资本流动性很强时（即 l 很大时），$-kl+mh<0$，财政扩张会导致本币升值。

同理，可得到封闭经济条件下财政政策乘数为：

$$\frac{\partial Y}{\partial G}=\frac{h}{h\left[1-c\left(1-t\right)\right]+kb} \tag{5.19}$$

由于 $\frac{h}{h\left[1-c\left(1-t\right)\right]+k\left(b+l\right)}<\frac{h}{h\left[1-c\left(1-t\right)\right]+kb}$，因此开放经济条件下财政政策要比封闭经济条件下财政政策的效应有所减弱。

另外，对式（5.16）进行整理，可以得到如下等式：

$$\frac{\Delta Y}{\Delta G}=\frac{h}{h[1-c(1-t)]+k(b+l)}=\frac{1}{[1-c(1-t)]+(b+l)k/h} \tag{5.20}$$

从式（5.20）可以看出，h 越大，货币需求对利率变动越敏感，LM 曲线越平缓，财政政策乘数就越大，即财政政策效果越大，当 $h\to\infty$ 时，LM 成水平曲线，财政政策效果达到最大。

在其他条件不变的情况下，b、l、k、t 越大，开放经济条件下财政政策乘数越小，财政政策效果越小；c 越大，开放经济条件下财政政策乘数越大，财政政策效果越大。

3. 资本流动性对政策效应的影响分析

为了考察资本流动性对货币、财政政策效应的影响，对方程（5.1）、（5.2）和（5.3）两侧关于 l 求偏导，可得：

$$\left[1-c\left(1-t\right)+m\right]\frac{\partial Y}{\partial l}+b\frac{\partial r}{\partial l}+n\frac{\partial e}{\partial l}=0 \tag{5.21}$$

$$k\frac{\partial Y}{\partial l}-h\frac{\partial r}{\partial l}=0 \tag{5.22}$$

$$m\frac{\partial Y}{\partial l}+n\frac{\partial e}{\partial l}=r-r^* \tag{5.23}$$

利用克莱姆法则求解，得到：

$$\frac{\partial Y}{\partial l}=\frac{h\left(r^*-r\right)}{h[1-c(1-t)]+k(b+l)} \tag{5.24}$$

$$\frac{\partial r}{\partial l}=\frac{k\left(r^*-r\right)}{h[1-c(1-t)]+k(b+l)} \tag{5.25}$$

$$\frac{\partial e}{\partial l}=\frac{(r^*-r)\{h[1-c(1-t)+m]+bk\}}{-n\{h[1-c(1-t)]+k(b+l)\}} \tag{5.26}$$

由于 $1-c(1-t)>0$，当 $(r^*-r)>0$ 时，$\partial Y/\partial l>0$、$\partial r/\partial l>0$，此时放松对

资本流动的管制，将有利于经济增长，并使国内利率水平逐步提高至国际均衡水平。而由于$\partial e/\partial l<0$，本币将出现一定的贬值。而当（r^*-r）<0时，政府放松资本管制将导致资本大量流入，从而引起利率水平降低和本币升值。

根据式（5.10）和式（5.16），在封闭条件下，当$b>h$时，货币乘数大于财政乘数，货币政策比财政更有效。而在开放条件下，根据式（5.12）和式（5.20），当$b+l>h$时，货币乘数就大于财政乘数，货币政策就比财政政策更有效。因此，只要l足够大，即资本流动的利率弹性足够大，就能保证$b+l>h$，从而货币政策比财政政策具有更大的政策效应。在$l\to+\infty$时，货币政策效力最大，而财政政策完全失效。

$$\lim_{l\to\infty}\frac{\Delta Y}{\Delta M}=\frac{1}{k} \tag{5.27}$$

$$\lim_{l\to\infty}\frac{\Delta Y}{\Delta G}=0 \tag{5.28}$$

以上在IS—LM—BP模型的分析框架下，对货币政策和财政政策效应进行了简单的分析，总体上，财政政策和货币政策调整对一国的内外部均衡都会产生影响，具体的影响力一方面取决于政策调整的力度，即IS、LM和BP曲线移动的幅度，移动的幅度越大，导致的利率和产出的变化幅度也越大，相应的政策效应就越明显；另一方面取决于IS、LM和BP曲线的相对斜率。一般来讲，LM曲线越接近于水平，则财政政策就越有效；反之，IS曲线越平缓，货币政策的相对效果就较强，因此，IS、LM、BP曲线斜率的相对大小也会导致不同经济政策的效应发生变化。同时，资本流动性的增强，使货币政策效果加强，而财政政策效果趋弱。

（二）中国IS—LM—BP模型的动态估计

作为一种基于西方经济学理论的短期模型，IS—LM—BP模型在中国的应用一直受到置疑，[①]质疑主要集中在两个方面：首先，该模型是以西方经济学为基础的，中国的宏观经济现状与西方发达国家不相似，传导机制、市场化程度都有很大的差异；其次，该模型是一种短期模型，并不适合做长期的政策分析。我们认为，经过了30年的市场化改革，目前我国已经初步建立了市场经济体制，市场化程度有了明显的提升，市场体系已经基本建立并处于不断完善之中，经济主体行为已经具有基本的市场化特性。尽管货币政策、财政政策的传导渠道不如西方发达国家那么畅通，但在市场化明显提升的情况下，传导效率也在不断提高。因此，应用IS—LM—BP模型的经济背景已经具备。为了克

① 陈共、昌忠泽：《全球经济调整中的宏观调控体系研究》，116~118页，中国人民大学出版社，2006。

服 IS—LM—BP 模型短期分析的弊端，我们在估计方法上，采用了状态空间模型方法，[①] 状态空间模型也称为可变参数模型，在估计区间内的每个时点上，方程的参数都是不相同的，这样一方面能够更加准确地描述转轨时期中国经济结构的变化特征；另一方面也能够动态地跟踪中国各个时期宏观经济政策效应大小的变化趋势。我们采用变参数模型方法，利用中国 2000 年第一季度至 2008 年第四季度的数据估计中国的 IS—LM—BP 模型。

1. 开放经济下中国的 IS 曲线的估计

（1）中国边际进口倾向的估计。一国进口主要取决于其收入，收入越高，进口越多，衡量收入对进口影响的指标为边际进口倾向，即收入每增加一个单位，引起的进口需求的增量大小；若用 m 表示边际进口倾向，则进口函数可表示为：

$$N = mY \tag{5.29}$$

其中的 N 代表进口，Y 代表总产出，在区间 2000 年第一季度至 2008 年第四季度，我们估计了中国自 2000 年以来的边际进口倾向，得到的估计结果如下：

$$N_t / P_t = SK1 + \hat{m}_t \times Y_t / P_t + \hat{\tau}_t \tag{5.30}$$

$R^2 = 0.98$　　D.W. = 1.74

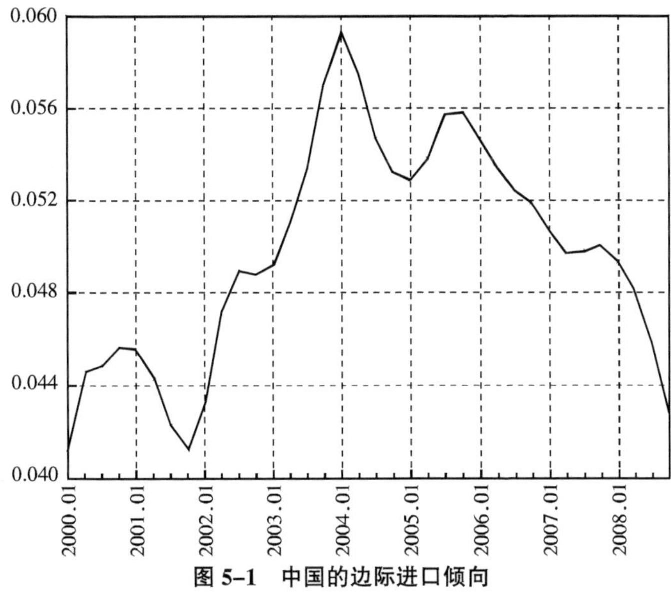

图 5-1　中国的边际进口倾向

其中的 $\hat{\tau}_t$ 是方程（5.30）的残差，P 表示物价指数、Y 是总产出，$\hat{m}_t$ 是估计出的变参数序列，即边际进口倾向，图 5-1 表示了中国近年来的边际进口

① 高铁梅等：《计量经济分析方法与建模》，第 11 章，清华大学出版社，2006。

倾向走势。

中国的边际进口倾向$\hat{m}_t$在 2000~2001 年出现了小幅波动后，2002~2003 年快速提高，从 0.0488 上升至 0.0593，从 2004 年开始，中国的边际进口倾向进入了长达 5 年的下降阶段，至 2008 年第四季度，已下降至 0.0429。

（2）中国边际出口倾向的估计。中国的出口主要由两个因素决定：一个是人民币汇率水平，人民币实际有效汇率越高，表明中国商品相对于外国商品的价格越高，则出口越少；另一个是国外需求，国外需求越大，中国的出口就越多。用 Y^f 表示国外需求，① f 表示边际出口倾向，即国外需求每增加一个单位，带来的出口的增量，则出口函数可表示为：

$$X = -n \times e + fY^f \tag{5.31}$$

其中的 X 代表出口，e 代表实际有效汇率，n 代表出口对汇率的敏感程度，在区间 2000 年第一季度至 2008 年第四季度，我们估计了中国的边际出口倾向，得到的估计结果如下：

$$X_t / P_t = -\hat{n}_t \times e_t + \hat{f}_t \times Y^f_t + \hat{\xi}_t \tag{5.32}$$

$R^2 = 0.92 \qquad D.W. = 1.89$

其中的$\hat{\xi}_t$是方程（5.32）的残差，P 表示物价指数、$\hat{n}_t$ 和$\hat{f}_t$是估计出的变参数序列，$\hat{n}_t$ 表示人民币实际有效汇率每提高 1 个点，出口将减少多少个单位，而$\hat{f}_t$即边际出口倾向，这两个序列分别如图 5-2 和 5-3 所示。

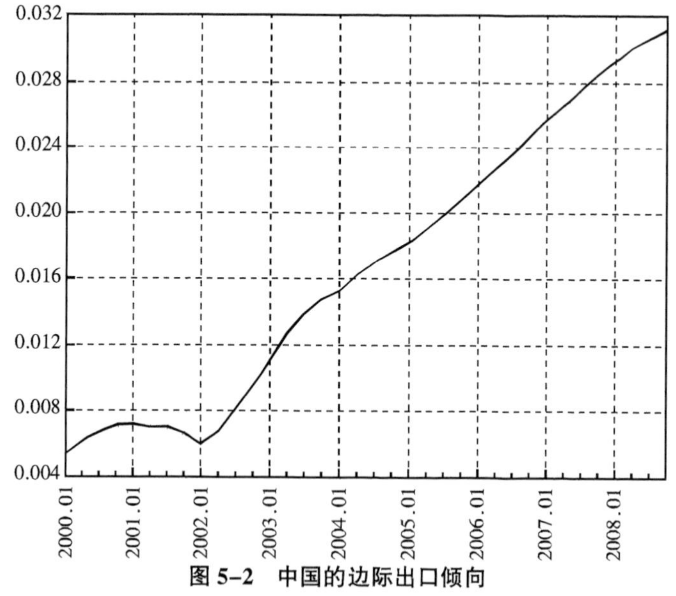

图 5-2 中国的边际出口倾向

① 这 6 个贸易伙伴为：美国、日本、英国、法国、德国、加拿大的 GDP（亿美元），不变价，2000 年价格 = 100 亿美元，用它作为体现我国贸易伙伴需求能力的变量，数据来自国际金融统计（IFS）。

从图 5-2 中可以看出，$\hat{f}_t$ 的走势除了在 2001 年略有下滑外，中国的边际出口倾向一直处于稳步上升阶段，其上涨的幅度也比较大，目前的出口倾向为 0.0312，是 2000 年的 6 倍左右，这表明，国外需求对中国出口的影响越来越大。

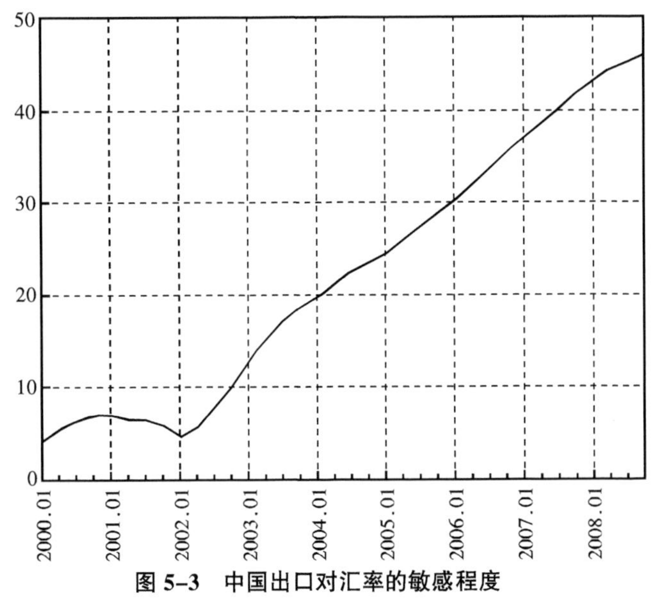

图 5-3　中国出口对汇率的敏感程度

图 5-3 的走势显示，中国的出口对汇率的敏感程度自 2000 年以来基本处于上升态势，这表明中国的汇率波动对出口，进而对总产出的影响在逐渐加大。在中国双顺差现象逐渐加剧的背景下，中国政府在 2005 年 7 月对中国人民币汇率形成机制进行了改革，扩大了人民币汇率浮动空间，增大了人民币汇率浮动弹性，从本文的估计结果看，由于中国的出口对汇率的敏感程度在增强，因此提高汇率水平的汇率生成机制改革在改善中国的国际失衡方面还是比较有效的。

（3）中国边际消费倾向的估计。根据凯恩斯的消费理论，影响居民消费的主要因素就是居民可支配收入，在构建模型中，我们利用总产出减去税收（Y－T）表示居民可支配收入，用 c 表示边际消费倾向，即收入每增加一个单位，带来的消费的增量，则消费函数可表示为：

$$C_t/P_t=\hat{\bar{C}}_t+\hat{c}_t(Y_t-T_t)/P_t+\hat{\psi}_t \tag{5.33}$$

其中，$\hat{\psi}_t$ 是方程（5.33）的残差，P 表示物价指数、Y 是总产出，T 表示总税收，$\hat{c}_t$ 就是估计出的边际消费倾向，如图 5-4 所示。

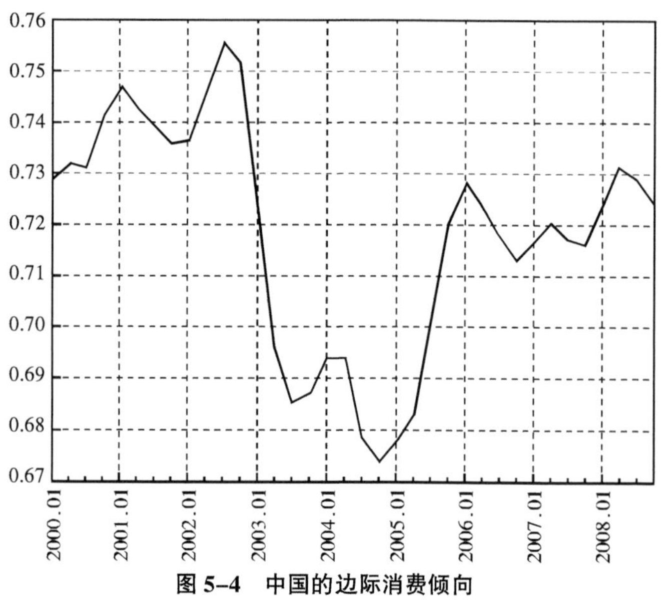

图 5-4　中国的边际消费倾向

中国的边际消费倾向在 2000~2001 年处于基本平稳趋势，从 2003 年开始，中国的边际消费倾向出现快速下滑走势，至 2004 年第四季度，达到 2000 年来的最低点 0.674 后，$\hat{c}_t$ 开始快速反弹，从 2006 年开始，中国的边际消费倾向在 0.713~0.731 之间波动，从纵向比较看，目前的中国边际消费倾向还是处于相对较高的时期，因此增加居民收入将带来更多的消费增量。

(4) 中国 IS 曲线的估计。根据方程（5.1），开放经济下中国 IS 曲线的可变参数模型的估计结果为：

$$(1-\hat{c}_t-\hat{m}_t)Y_t/P_t=\hat{A}-\hat{b}_t\times r_t-\hat{\delta}_t\times e_t+\hat{f}_t\times Y_t^f+\hat{\varepsilon}_t$$

$$R^2=0.93\qquad D.W.=1.73\tag{5.34}$$

其中，$\hat{\varepsilon}_t$ 是方程（5.34）的残差，Y 代表实际国内生产总值，r_t 表示实际利率。e_t 表示实际有效汇率。$\hat{b}_t$ 是由状态空间模型估计出的可变参数序列，表示实际产出对利率的敏感程度，表示利率每变化一个单位，导致实际产出的变动大小，其走势如图 5-5 所示。

从图 5-5 可以看出，实际产出对利率的敏感程度在 2003 年出现快速上扬，2004 年以后，一直处于小幅震荡、缓慢上扬的态势。$\hat{b}_t$ 逐渐升高表明中国的利率调整对产出的调节作用在逐渐增强，这与中国利率市场化进程加快，中国货币政策传导效率提高密不可分。

2. 开放经济下中国的 LM 曲线的估计

我们选择与产出协整关系较强的 M_0 代表货币需求，在区间 2000 年第一季

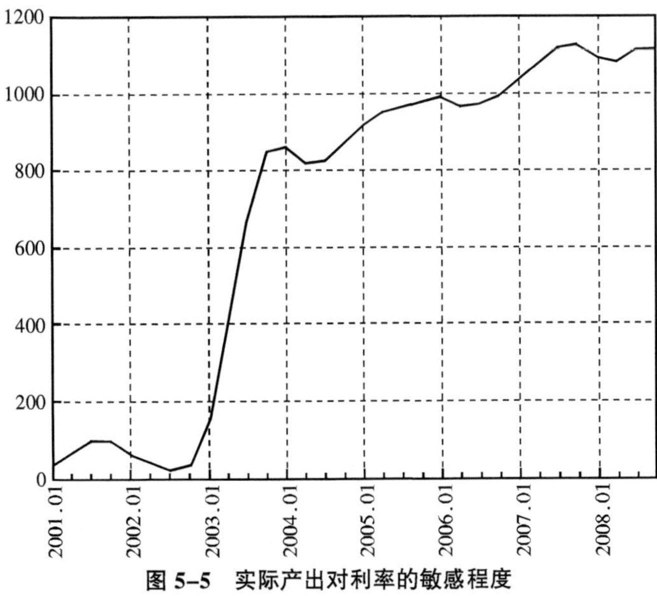

图 5-5　实际产出对利率的敏感程度

度至 2008 年第四季度，利用可变参数模型估计出开放经济下中国的 LM 曲线为：

$$M_{1t} = \hat{k}_t \times GDP_t / P_t - \hat{h}_t \times r_{t-1} + \hat{\eta}_t \tag{5.35}$$

$R^2 = 0.91$　　D.W. = 1.87

（1）货币需求对实际产出的敏感程度波动较大。图 5-6 为实际货币需求对实际产出敏感程度$\hat{k}_t$变化的曲线图，2000 年以来，$\hat{k}_t$ 的波动较大，可分为三个

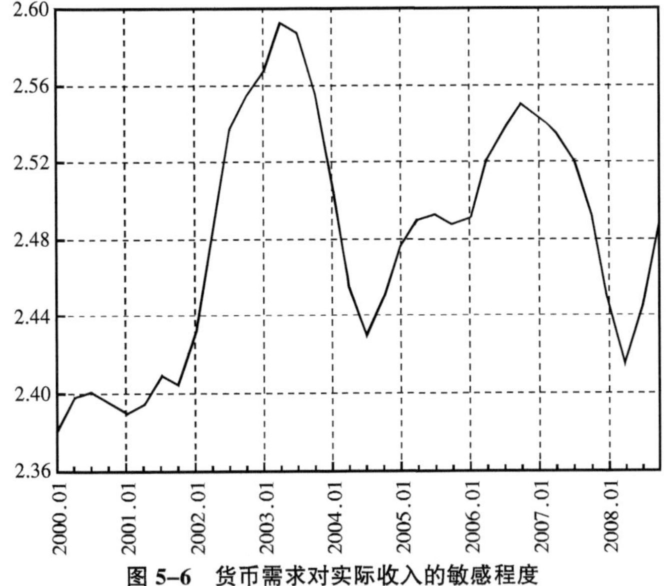

图 5-6　货币需求对实际收入的敏感程度

阶段：在 2000~2003 年上半年，$\hat{k}_t$ 基本处于持续上升阶段，接下来出现了 1 年左右的快速下降期；从 2004 年年底，实际货币需求对实际产出敏感程度又开始了新一轮的上升，这种趋势一直持续到 2006 年年底，随后又出现快速回落；从 2008 年第二季度开始，实际货币需求对实际产出敏感程度又开始出现新一轮快速升高的态势。

货币需求对产出敏感程度表示收入每增加一个单位引致的货币需求量增加的大小，从图 5-6 可以看出，由于货币需求对产出的敏感程度波动较大，表明中国 GDP 的快速增加引发的货币需求增量出现较大波动。

（2）货币需求对利率的敏感程度在下降。货币需求对利率的敏感程度表示实际利率每变化一个单位，导致货币需求量变化的大小。图 5-7 为中国货币需求对利率敏感程度 $\hat{h}_t$ 的变化曲线，$\hat{h}_t$ 从 2000 年以来基本上处于持续下降阶段，在 2000 年第一季度，实际货币余额对利率的敏感程度接近于 18，而在 2008 年第四季度，实际货币余额对利率的敏感程度已下降至 5.28，表明利率变动对货币需求的影响在逐渐减弱。

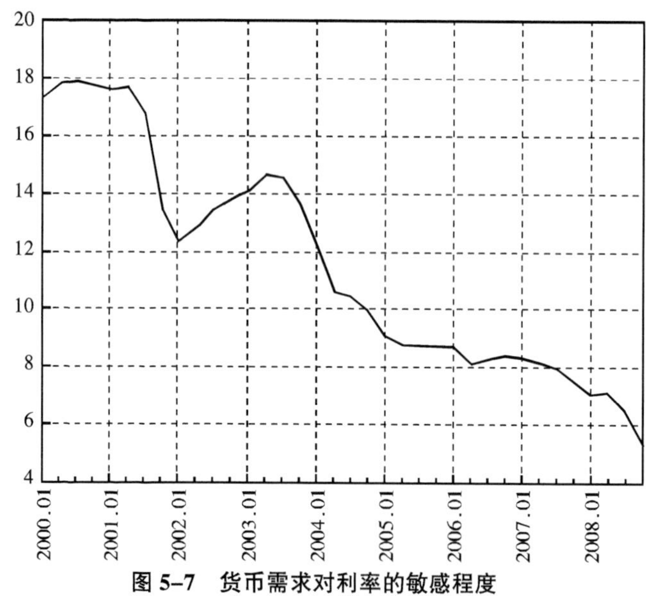

图 5-7 货币需求对利率的敏感程度

3. 开放经济下中国 BP 曲线的估计

结合方程（5.30）中估计出的边际进口倾向 $\hat{m}_t$，利用公式（5.3），在区间 2000 年第一季度至 2008 年第四季度估计中国的 BP 曲线，结果为：

$$Y_t = \hat{\bar{B}} - (\hat{\delta}_t / \hat{m}_t) \times e_t + (\hat{f}_t / \hat{m}_t) \times Y_t^f + (\hat{I}_t / \hat{m}_t) \times r_t + \hat{\upsilon}_t \tag{5.36}$$

$R_2 = 0.93$　　D.W. = 1.74

$\hat{\upsilon}_t$ 是方程（5.36）的残差，$\hat{m}_t$ 是由方程（5.30）估计出来的变参数序列，$\hat{\hat{B}}$ 和 $\hat{I}_t$ 为方程（5.36）估计出来的变参数序列，$\hat{I}_t$ 表示了国际资本流动对利率的敏感程度，其走势如图 5-8 所示。

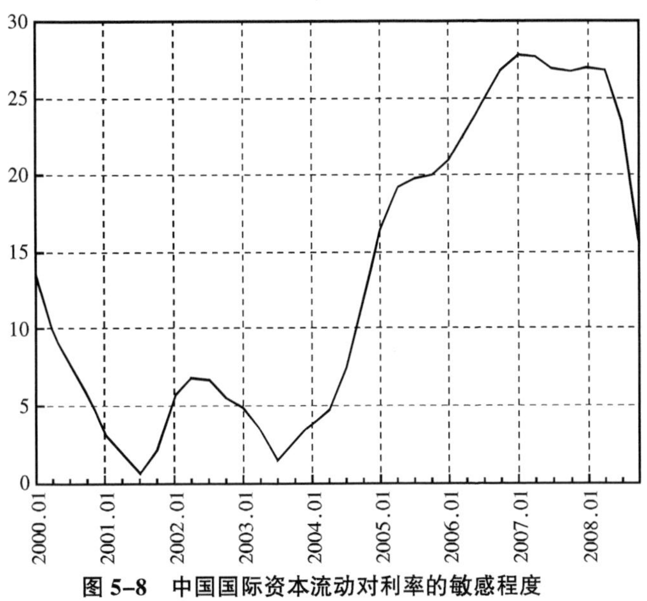

图 5-8　中国国际资本流动对利率的敏感程度

图 5-8 显示了中国自 2000 年以来国际资本流动对实际利率的敏感程度的变动走势，随着我国放松资本管制的进程加快，2004 年以来，国际资本流动对利率的敏感程度大幅提高。2008 年以来，国际资本流动对利率的敏感程度开始掉头向下，快速下滑。

从我们估计的结果看，国际资本流动对利率的敏感程度与经济发展速度呈现出较为明显的正相关关系，这意味着国际资本流动加大了我国国际收支失衡的状况。2003 年下半年以来，中国的宏观经济增速呈现出了快速增长势头，为了防止经济过热，货币当局必然会提高利率，由于国际资本流动对利率的敏感程度弹性呈直线上升态势，利率的提高必然导致国际资本的大量流入，从而继续增大我国资本项下的顺差。

（三）中国宏观调控的政策调节效应分析

1. 货币政策有效性逐渐增强

（1）在改善国内收支失衡方面，货币政策有效性逐渐加强。货币政策乘数表示在财政支出不变的情况下，实际货币供应增加带来的均衡产出水平的变动，一般来讲，货币政策乘数越大，单位实际货币供应增加带来的产出的变动就越大，货币政策效果就越大。在（一）中，我们利用IS—LM—BP模型得到了货币政策乘数公式：$\partial Y/\partial M=(b+l)/\{h[1-c(1-t)]+k(b+l)\}$，其中c为边际消费倾向，b为投资对利率的敏感系数，k、h分别为货币需求对收入和利率的敏感系数，l为国际资本的利率流动弹性，这五个系数的值在（二）中都已经被估计出来。利用这些数值，我们计算出了中国的动态货币政策乘数，其走势如图5-9所示。

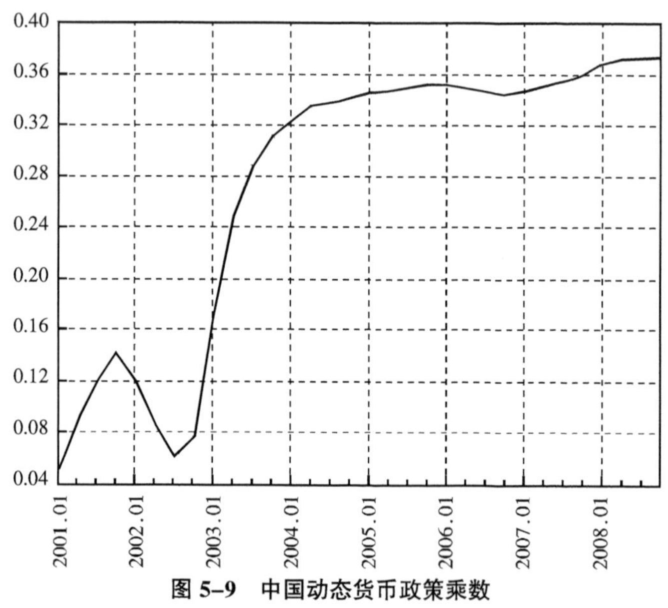

图5-9　中国动态货币政策乘数

从图5-9中可以看出，2001年至2002年上半年，货币政策乘数低位小幅震荡，2002年下半年至2003年底，货币政策乘数处于加速上升阶段，2004年初以来，货币政策乘数则在高位小幅震荡上行。总体上看，货币政策有效性逐渐增强。在其他条件不变的情况下，k、h、t越大，开放经济条件下的货币政策乘数越小，货币政策效果越小；c、b、l越大，开放经济条件下的货币政策乘数越大，货币政策效果越大。从前面的估计结果可见，投资对利率的敏感系数b、国际资本的利率弹性l处于上升态势，货币需求对利率的敏感系数h处于下降态势是货币乘数上升的主要原因。

（2）在改善国际收支失衡方面，货币政策具有非对称效应。研究货币政策在国际收支方面的政策效应，主要是从国际资本流动对利率的弹性入手。在BP曲线的估计中，我们得到了国际资本流动对实际利率的敏感程度，如图5-8所示，资本流动的利率弹性与我国经济增长呈现出较强的同向波动的趋势：经济高涨时，资本流动的利率弹性增强；而经济下滑时，资本流动的利率弹性减弱。

在经济高涨时，政府必然要提高利率来抑制经济的过快增长，但由于此时国际资本流动对利率的敏感程度也在逐渐升高，提高利率就意味着国际资本大量涌入我国，导致资本项目顺差进一步增加。因此在经济高涨的 2007 年，中国人民银行的货币政策陷入了两难的境地：高额双顺差的背景下，为保持汇率稳定，就意味着中央银行要增加货币供应，货币的过度供给带来的物价水平升高和固定资产投资过快增长都需要提高利率来加以调节。而利率提高又会吸引国际资本的进一步流入，此时国际资本流动的利率弹性也处于高位，两个因素共同作用的结果，就是更多的国际资本流入，资本项目失衡加剧，导致中央银行被迫投放更多货币。中央银行陷入了一个一方面主动回收货币，另一方面又被迫投放货币的恶性循环中。

始发于 2007 年 4 月的金融危机，从 2007 年底开始波及我国，为应对国际金融动荡给中国带来的负面影响，中央银行出台了一系列的刺激性货币政策，其中就包括了连续降息。降息意味着资本收益减少，以营利为目的的国际资本必然会选择撤出。但是从 2007 年第四季度开始，中国的国际资本流动的利率弹性也急剧下降，即单位利率下降带来的国际资本的撤出量在大幅减少。与经济周期的上行阶段不同，在经济周期的下行阶段，降低利率的货币政策会减缓资本项目的波动。

当经济同时出现国内失衡和国际失衡时，货币政策总是要遵循于先调整国内失衡，再改善国际失衡的思路。从我们的估计结果看，在经济高涨时期，中央银行要持续提高利率，加上此时中国的国际资本流动的利率弹性的提高，导致提高利率的货币政策在改善国内失衡的同时，加剧了国际收支失衡。在经济衰退时期，中央银行为刺激经济，将持续降低利率，该项政策将会导致国际资本流出，但由于此时中国的国际资本流动的利率弹性也大幅下降，意味着降低利率的货币政策带来的国际资本的流出数量减少。因此，在经济周期的上升期和收缩期内，不同的利率政策对国际收支的调整是非对称的。

2. 财政政策有效性不断下降

财政政策乘数表示在实际货币供给不变的情况下，政府增加支出带来的均衡产出水平的变动，一般来讲，财政政策乘数越大，单位政府支出增加带来的产出的变动就越大，财政政策效果就越大。在（一）中，我们利用 IS—LM—BP 模型得到了财政政策乘数公式：$\partial Y/\partial G=h/\{h[1-c(1-t)]+k(b+l)\}$，其中 c 为边际消费倾向，b 为投资对利率的敏感系数，k、h 分别为货币需求对收入和利率的敏感系数，l 为国际资本的利率流动弹性，这五个系数的动态估计值在（二）中都已获得。利用这些数值，我们计算出了中国的财政政策乘数，其走势如图 5-10 所示。

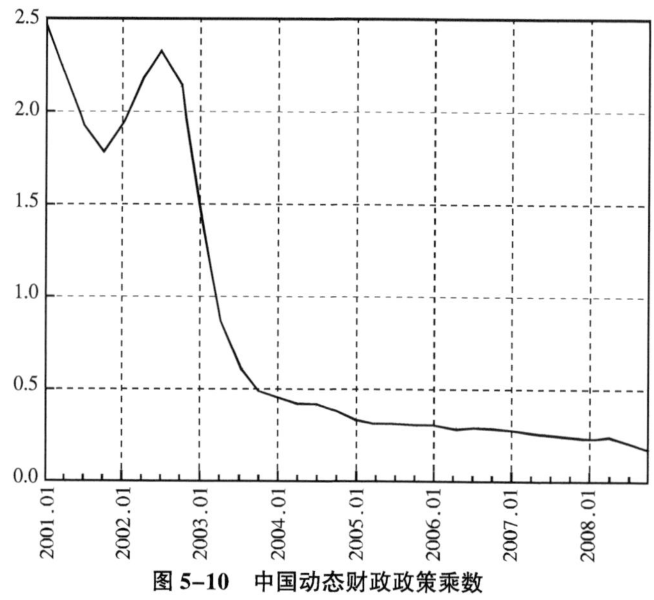

图 5-10　中国动态财政政策乘数

中国的财政政策乘数在 2001 年至 2002 年上半年处于较高水平，从 2002 年下半年开始，中国的财政政策乘数快速下滑，至 2005 年，中国的财政政策乘数降幅趋缓。从财政政策乘数的走势看，中国的财政政策在 2001~2002 年是近年来最有效的一段时期，2003 年以后，财政政策效果则处于逐步下降的态势。

财政政策乘数与 LM 曲线斜率 k/h、投资对利率的敏感系数 b、国际资本的利率流动弹性 l 正向变动，而与边际消费倾向 c 逆向变动。从（二）的分析可以看出，2001 年以来，b、l 基本上处于上升的态势，尽管 k 波动较大，但由于 h 出现了持续下降的走势，k/h 出现了持续上升的走势（如图 5-11 所示），即 LM 曲线越来越陡峭。由于 b、l、k/h 的上升力度远远大于 c，导致财政乘数越来越小，财政政策效应越来越弱。

3. 汇率政策效果逐渐加强，国外需求是决定中国出口的主要因素

尽管 1994 年汇率改革提出了我国实行“有管理的浮动汇率制度”，但由于 1997 年的亚洲金融危机，中国政府承诺人民币不贬值，因此一直到 2005 年 7 月份的汇率形成机制改革之前，中国的汇率实际上基本盯住美元，中国实行了“严格盯住汇率制度”。2005 年 7 月份，中国人民银行再次进行汇率形成机制改革，扩大汇率浮动区间，提高人民币汇率弹性。从前面的估计结果看（如图 5-3 所示），中国的出口对于汇率的弹性在逐渐变大，也就是说，汇率提高对中国出口的影响在逐渐加强，这为中国政府利用汇率政策改善国际收支失衡的政策操作提供了实证支持。

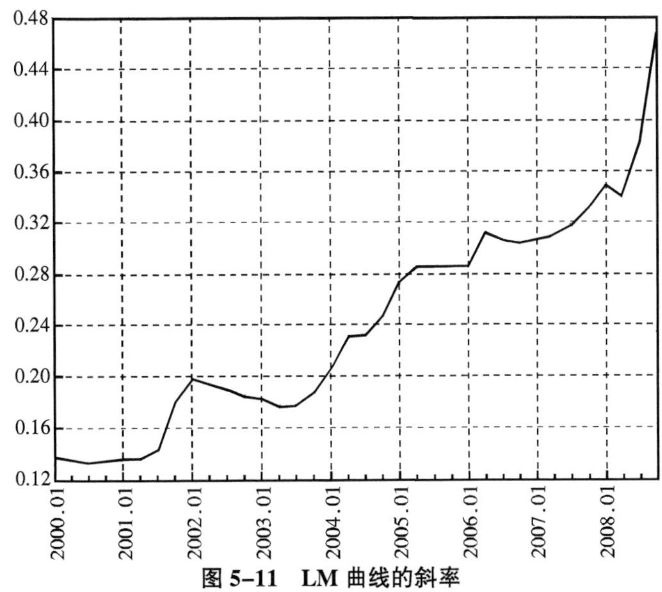

图 5-11　LM 曲线的斜率

但是从实际的统计数据看，在 2005 年 7 月份实行汇率机制改革以后，中国国际收支“双顺差”的失衡现象并没有明显改善，这导致部分学者对于中国汇率政策的有效性提出了质疑。事实上，在中国的出口函数中，决定因素除了汇率水平外，还有国外需求，从估计结果看，中国的边际出口倾向在 2000 年以来也呈现出逐渐提高的态势，而且其提高的幅度远超过中国出口的汇率敏感程度。从数量级别上看，中国汇率的波动幅度带来的出口的减少远远小于由于国际需求增加带来的出口的增加。在 2007 年，世界经济经历了从 2003 年以来持续的近 5 年的连续增长，国际需求猛增，因此尽管中国的汇率政策效果在加强，但是并不能从根本上改善国际收支“双顺差”的现象。

第六章　后危机时代中国经济内外均衡的前景

一、国际金融危机对中国经济内外均衡产生巨大冲击

从2002年开始的新一轮经济上升期，在2007年达到峰值。在经济内部自发调整因素和国家宏观调控政策的共同作用下，中国经济在2008年上半年出现了向下调整的趋势。由于中国经济的稳定性已经大大提高，这种调整本应是相对温和的。但是，国际金融危机的爆发，加快了中国经济的调整节奏，并对中国经济的内外均衡产生了巨大冲击。

（一）外贸进出口大幅下降，实际利用外资持续下降

受全球经济危机与国内需求缩减的冲击，中国进出口急剧下滑，幅度超出市场预期，深度超过1998年亚洲金融危机。截至2008年10月，我国的出口和进口增速虽有所放缓，但仍保持正增长，但从2008年11月起，进出口均出现负增长。2008年9月份发生的金融危机从11月份开始对中国的对外贸易发生了实质性影响。

1. 全球经济出现衰退，严重制约中国外需增长

IMF在其《世界经济展望》春季报告中，预计全球经济2009年将下降1.3%，为60年来首次负增长。其中发达国家将下降3.8%，新兴和发展中经济体将增长1.6%，增速回落。世界银行2009年3月8日发布报告预计，世界经济将出现第二次世界大战以来的首次负增长，增速将低于全球经济潜在增长率5个百分点。世界实体经济加速下滑导致全球贸易将出现“二战”以来最大跌幅。世界贸易组织预计2009年全球贸易额将下降9%。在全球贸易缩减、主要出口市场经济形势恶化的大背景下，中国出口面临巨大压力。

（1）主要发达国家陷入衰退。中国主要出口市场是美国、欧元区、日本和日本以外的亚洲国家。金融危机爆发后，2008年第四季度主要发达国家经济出现负增长，2009年第一季度衰退没有明显好转。

表 6-1　世界经济增长预测表

国家或地区	实际（%）		预测（%）	
	2007 年	2008 年	2009 年	2010 年
世界经济	5.2	3.2	−1.3	1.9
发达经济体	2.7	0.9	−3.8	0
美国	2	1.1	−2.8	0
欧元区	2.6	0.9	−4.2	−0.4
日本	2.4	−0.6	−6.2	0.5
新兴和发展经济体	8.3	6.1	1.6	4
中国	13	9	6.5	7.5
俄罗斯	8.1	5.6	−6	0.5
印度	9.3	7.3	4.5	5.6
巴西	5.7	5.1	−1.3	2.2

数据来源：IMF《世界经济展望》春季报告，2009 年 4 月。

美国：美国经济 2008 年第三季度和第四季度分别下滑了 2.7%和 5.4%，2009 年第一季度美国经济按年率计算下降了 6.4%，2009 年第二季度下降了 0.7%。2008 年第四季度和 2009 年第一季度是 20 世纪 50 年代末以来美国经济表现最糟糕的 6 个月。

就业不断恶化，失业率达到 26 年来的最高点。2009 年 6 月份美国非农业部门就业岗位减少了 46.7 万个，远高于前一个月的 32.2 万个，失业率从 5 月份的 9.4%升至 9.5%，达到 26 年来的最高点。自美国经济 2007 年 12 月陷入衰退以来，美国就业岗位已累计减少 650 万个，由于在确定经济稳定复苏之前，企业仍将在增加雇员方面持谨慎态度，预计失业率可能在未来几个月内突破 10%。

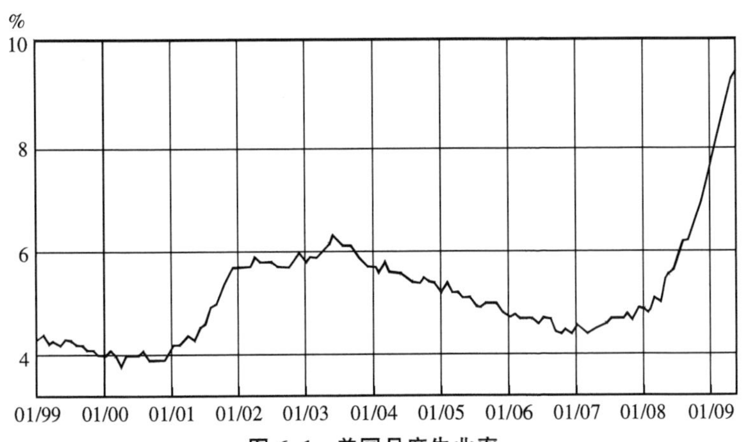

图 6-1　美国月度失业率

数据来源：美国劳工部网站。

CPI 同比下降，环比上涨。2009 年 6 月份美国 CPI 同比下降 1.4%，为近 60 年来最大年度降幅。但环比上升 0.7%，创 2008 年 7 月以来最大月度升幅。不过，6 月份美国 CPI 环比上升只是能源价格明显上涨导致的暂时现象。当月，美国能源价格环比上涨 7.4%，其中，汽油价格环比上涨 17.3%，为 2005 年 9 月份以来最大月度涨幅。6 月份，扣除食品和能源后的核心 CPI 环比上升 0.2%。

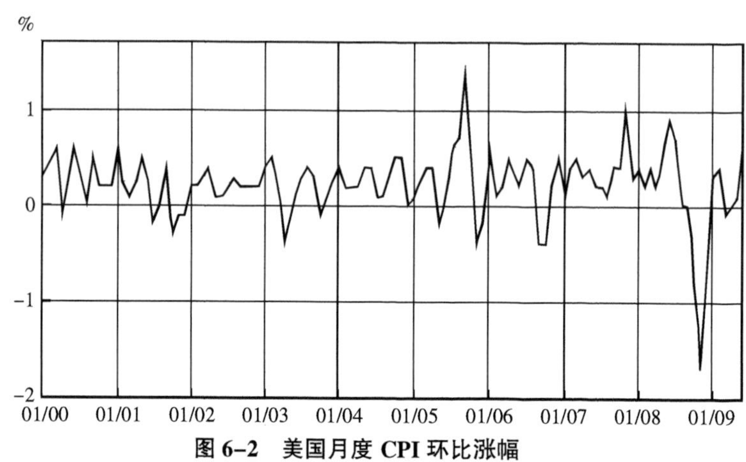

图 6–2　美国月度 CPI 环比涨幅

数据来源：美国劳工部网站。

贸易逆差不断下降。2009 年 5 月，美国商品和服务贸易逆差缩小 9.8%，降至 259.6 亿美元，为 1999 年 11 月以来的最低水平。其中出口额为 1233.1 亿美元，创下了 2008 年 7 月份以来的最大增幅；进口额为 1492.7 亿美元，为 2004 年 7 月份以来的最低水平。

欧元区：欧元区经济 2008 年第四季度环比下降 1.8%，2009 年第一季度环比下降 2.5%，是欧元区自 1999 年成立以来的最大降幅，2009 年第二季度环比下降 0.2%，欧元区经济连续五个季度出现负增长。

日本：日本 2008 年第四季度 GDP 环比下降 3.4%，折成年率下降 12.9%，为 1974 年以来最大季度降幅。2009 年第一季度日本 GDP 环比下降 3.3%，第二季度环比增长 0.6%。本次三大经济体已经陷入“二战”以来最严重的衰退之中。

（2）新兴经济体形势恶化。首先，大部分发展中国家经济增长陡然下降。俄罗斯、印度、巴西经济大幅滑坡，本币汇率持续贬值。部分国家工业产值同比出现有史以来最大幅度下滑。其次，部分新兴经济体陷入债务危机。近期东欧部分国家债务问题也日趋严重，银行系统岌岌可危，财政收支明显恶化，主权信用评级大幅下调，政治局面动荡不安。

（3）贸易保护主义愈演愈烈。尽管目前世界各国均在呼吁采取有力措施抵制贸易保护主义行为，但是国际贸易保护主义活动并没有停止，部分国家反而变本加厉，其贸易保护措施更加隐蔽，手段更加强硬，范围更加宽泛。根据世界银行报告，G20 集团中 17 个国家实施了 47 项新的贸易限制措施，特别是针对中国出口产品的贸易摩擦数量多、金额大、措施严，中国已成为贸易保护中受危害最严重的国家。贸易保护主义加剧将进一步抑制外贸出口。

2. 中国对外贸易迅速下滑，贸易顺差小幅减少

世界性经济衰退加深，新兴经济体情况恶化，国际市场需求不振，导致中国对外贸易迅速下滑。

（1）进、出口增幅大幅下降，贸易顺差减少。一方面，中国出口在世界经济下滑的强烈冲击下，呈现加速下降态势，2008 年 11、12 月分别下降 2.2%和 2.8%，2009 年 1~6 月，实现出口总值 5215.29 亿美元，下降 21.8%，降幅之大为改革开放以来所仅有。另一方面，受国内“去库存”和国外订单减少影响，进口速度下降幅度明显大于出口，2008 年 11、12 月进口增速分别下降 17.9% 和 21.3%，2009 年 1 月下降 43.1%（如图 6–3 所示）。为防止经济过快下滑，国务院先后出台了 4 万亿元投资措施、十大产业振兴规划等扩大内需政策。随着各项扩内需、保增长调控措施积极落实，政策效果逐步显现，国内投资、消费需求稳定增长，工业生产企稳回升。由于国内需求收缩势头趋缓，进口剧烈

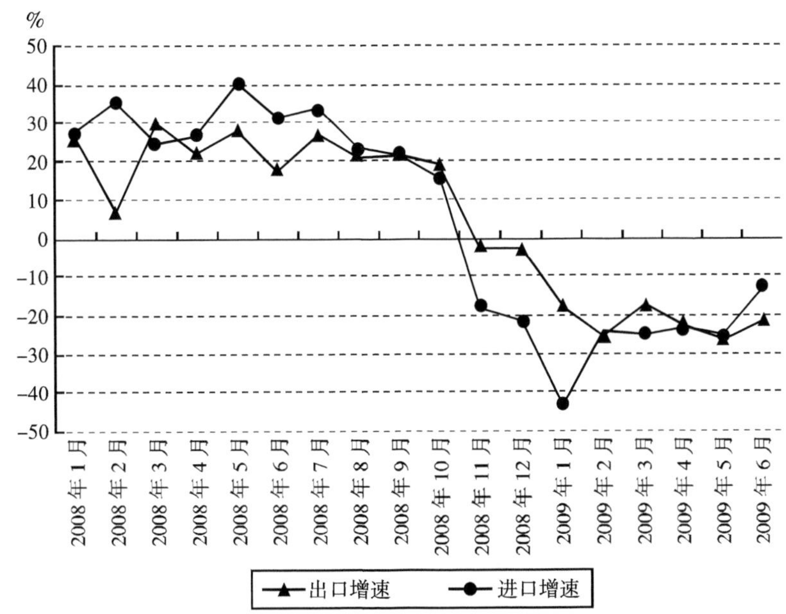

图 6–3　2008 年 1 月~2009 年 6 月进出口增速

数据来源：《中国经济景气月报》，2009 年第 7 期。

下跌趋势有所遏制。2009 年 1~6 月，实现进口 4245.95 亿美元，下降 25.4%。由于进口增速下降快于出口，贸易顺差继续保持，但增幅回落。2009 年 1~6 月，实现贸易顺差 969.34 亿美元，比上年同期减少 21.04 亿美元。

（2）主要产品出口规模缩减。中国正处于工业化与城镇化双加速发展时期，重工业快速成长使机电产品占出口总额比重连年上升，2008 年达到 57.6%。中国“入世”后，机电产品出口一直保持稳定增长，并成为次贷危机以来维持出口平稳的重要力量。但是，2008 年第四季度以后，机电产品出口形势发生逆转。随着世界实体经济衰退程度的加深，主要发达国家与发展中国家经济低迷，我国机电产品出口受到显著冲击。2009 年上半年，机电产品出口下滑幅度明显大于劳动密集型低端产品，机电产品出口 3066.7 亿美元，同比下降 21.2%。其中，电器及电子产品出口 1243 亿美元，下降 22.7%；机械设备出口 1038.8 亿美元，下降 18.9%。主要劳动密集型产品出口同比降幅均小于 18.9%的水平。其中，服装及衣着附件出口 458.6 亿美元，下降 8.5%；鞋类出口 129.1 亿美元，下降 4.3%；家具出口 117.6 亿美元，下降 9.8%；塑料制品出口 65.7 亿美元，下降 7.1%；箱包出口 58.9 亿美元，下降 7%。

（3）对新兴经济体出口萎缩。2009 年 1~6 月，中国对欧盟、美国、日本三大经济体出口降幅为 20.9%，好于整体水平 0.9 个百分点。其中对欧盟出口 1034.7 亿美元，下降 24.5%；对美国出口 970.8 亿美元，下降 16.9%；对日本出口 440.3 亿美元，下降 20.3%。我国与美国双边贸易表现明显优于欧盟和日本。

受金融危机冲击滞后影响，新兴经济体经济增长减速，需求持续萎缩，导致中国对其出口降幅不断扩大，上半年中国对韩国出口下降 33.4%，对俄罗斯下降 48.2%，对巴西下降 40.2%，对泰国下降 28.9%，均明显高于对三大经济体出口降速。

（4）一般贸易加速下滑。在中国调整贸易结构，转变外贸增长方式战略的推动下，近年来我国一般贸易增长逐渐超过加工贸易，呈现加速发展趋势。2009 年 1~6 月，一般贸易出口 1933.6 亿美元，下降 22.1%，高于出口平均降幅 0.3 个百分点。其中 4、5、6 月份一般贸易出现加速下滑趋势，降幅分别高

表 6–2　2009 年 1~6 月一般贸易与加工贸易进出口情况

单位：亿美元，%

	进出口额	进出口增速	出口额	出口增速	进口额	进口增速
总体	9461.2	–23.5	5215.3	–21.8	4245.9	–25.4
一般贸易	4628.7	–22.6	2350	–23.3	2278.7	–21.9
加工贸易	3818.7	–25	2501.9	–22.3	1316.7	–29.9
其他贸易	1013.8	–20.6	363.4	–5.3	650.5	–27.1

数据来源：根据中国海关数据整理而得。

于总体出口降幅 1.2 个、2.8 个和 6.8 个百分点。一方面，由于一般贸易生产环节主要集中在国内，进口原材料需求较少，其出口加速下滑直接导致贸易顺差锐减。另一方面，一般贸易较之加工贸易，不具备加工产品返销国外的特点，部分产品销售渠道与链条不稳定。所以一般贸易运行态势能够更加真实地反映出外部环境的恶劣程度。

3. 引资国际环境恶化，实际利用外资持续下降

国际金融危机的爆发，使中国吸引外资的国际环境发生变化。一方面，国际金融危机直接导致了全球跨国直接投资（FDI）规模大幅缩减。联合国贸发会议数据显示，2008 年全球 FDI 流量为 1.66 万亿美元，比 2007 年下降 15%。跨国并购交易也锐减，2008 年并购交易额同比下降 29%。美国、日本、欧盟等发达经济体出现经济衰退，跨国公司对外投资能力下降，投资意愿也明显减弱。据调查，目前全球拟增加投资额超过 30%的跨国公司比例从 2007 年的 32%下降为 21%，拟减少投资的企业比例由 10%上升为 16%。由于许多新投资项目被暂时搁置或取消，2009 年全球 FDI 将进一步下降 30%~40%。

另一方面，为应对金融危机，不少国家进一步放宽对外资准入的限制，出台税收减免等优惠政策，我国吸收外资面临的国际竞争加剧。此外，为保住和创造新的就业机会，发达国家对实体经济重视回升，采取财税等措施吸引跨国公司资金回流，对外转移制造业进程将放缓。同时，跨国公司为了渡过危机，大幅重组其全球投资，导致国际资本更多地在发达国家之间流动，对发展中国家的投资相应减少，面向发达国家市场的制造业投资甚至会撤离，国际资本流向发生重大变化。

自 2008 年 10 月以来，随着美国次贷危机发展为国际金融危机，我国吸收外商直接投资增速明显下降，10、11、12 月外商直接投资实际利用额分别下降 0.8%、30.7%和 54.3%，这是自 1998 年亚洲金融危机以来吸收外资首次全面下降。2009 年 1~6 月，中国吸收外资继续呈现下降的走势（如图 6-4 所示）。全国非金融领域吸收外商直接投资设立企业 1.04 万家，实际使用外资 430.1 亿美元，同比分别下降 28.4%和 17.9%。同期，全国金融领域实际使用外资 15.01 亿美元，同比下降 48.3%。

从外资的产业分布来看，服务业领域下降幅度比较大，制造业下降的幅度要低于全国平均水平。2009 年 1~6 月，服务业实际使用外资同比下降 27.7%。房地产领域实际使用外资的下降，是服务业实际使用外资大幅度下滑的主要原因。制造业实际使用外资同比下降 10.1%，下降幅度小于全国平均水平 7.8 个百分点。其中，专用设备、通用设备、交通运输设备制造这些资金技术密集型的产业实际使用外资的降幅受到的影响更大一些。它们的降幅分别是 13.9%、16.1%和 28.3%，分别高于制造业的平均降幅 3.8 个、6.0 个和 18.2 个百分点。

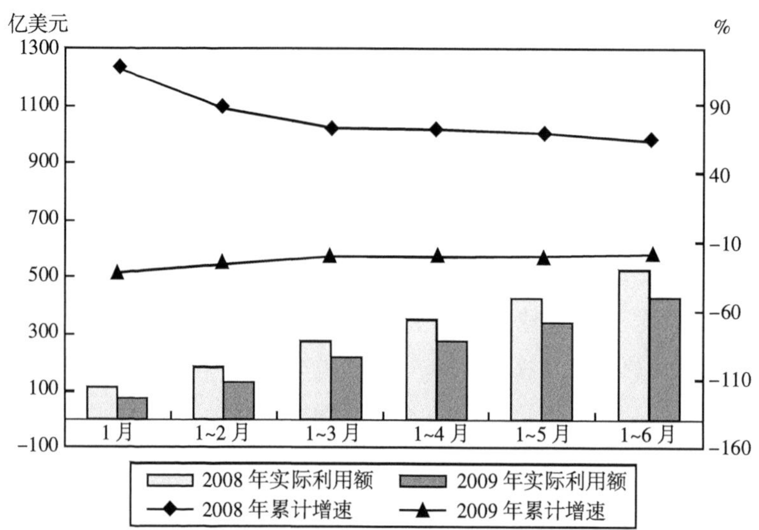

图 6-4 2008、2009 年 1~6 月实际利用外商直接投资比较

数据来源：《中国经济景气月报》，2009 年第 7 期。

从外资的区域分布来看，中部地区下降最多，西部地区次之，东部地区情况要比中部和西部好一些，下降幅度低于中西部。2009 年 1~6 月，中部地区实际使用外资下降 31%，降幅比全国高 16.2 个百分点，占全国总量的比重为 6.4%，同比下降 1.6 个百分点。西部地区实际使用外资下降 26.5%，降幅比全国高 8.6 个百分点，占全国比重为 6.6%，同比下降约 1 个百分点。

从外资的来源地来看，主要投资来源国和地区对华投资普遍下降，在按累计对华投入金额计算的前十位国家和地区中，有七个国家和地区对华投资出现下降，其中中国香港、中国台湾、新加坡、美国、韩国、英国六个国家和地区降幅超过两位数，日本对华投资下降 7%，荷兰、法国、德国分别增长 34%、8.8%和 1.3%。

从外资的进入方式来看，外资并购所占比重略有所上升。2009 年 1~6 月，我国共批准外资并购项目 329 个，下降 25.9%；实际使用外资金额 10.3 亿美元，下降 1.4%，但占全国总量的比重为 2.4%，相对提升了 0.7 个百分点。

从银行业吸收外资的情况来看，2009 年 1~6 月，实际使用外资 14.1 亿美元，同比下降 45.7%。

（二）经济增长快速回落，城乡就业矛盾突出

2002 年下半年，中国经济进入新一轮高速增长周期，2003~2007 年 GDP 增长速度均在 10%以上，2007 年达到 13%。针对投资增长过快、信贷投放过多、外贸顺差过大、高能耗、高排放和资源性商品出口增长过快等经济运行中

的突出矛盾，2007 年到 2008 年上半年国家采取了一系列宏观调控措施，对偏快的经济增长起到了抑制作用，从 2007 年下半年起，我国季度 GDP 增速出现回落，而随着金融危机的爆发，回落幅度不断加大，2008 年第四季度比第三季度回落 2.3 个百分点。2009 年上半年，我国国内生产总值 139862 亿元，按可比价格计算，同比增长 7.1%，比第一季度加快 1 个百分点。分季度看，第一季度 GDP 增长 6.1%，达到 10 年来季度新低；第二季度强劲反弹，同比增长 7.9%，扭转了连续 7 个季度的减速势头（如图 6-5 所示）。从 GDP 季度同比情况看，此轮经济的底部应该在 2008 年第四季度和 2009 年第一季度。从有关部门初步测算的 GDP 季度环比情况看，2008 年第三季度增长 2%，第四季度增长 0.1%，2009 年第一季度增长 1.5%，第二季度预计增长 2%以上，由此判断，此轮经济的底部应该在 2008 年第四季度。①

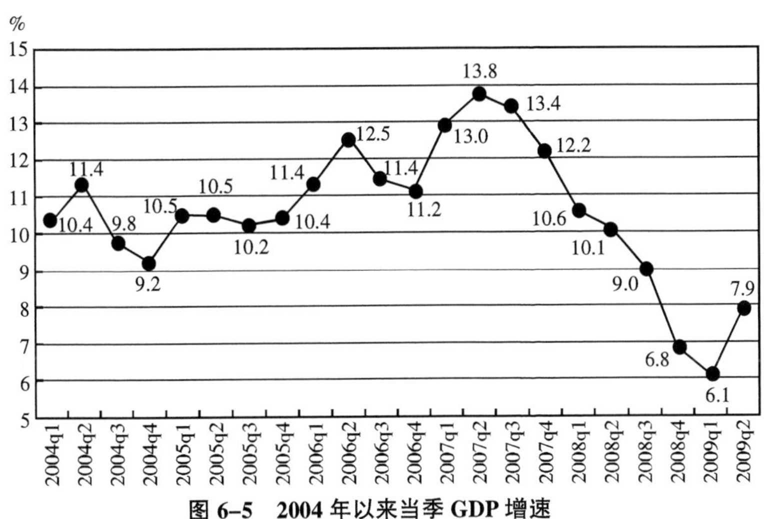

图 6-5　2004 年以来当季 GDP 增速

数据来源：《中国经济景气月报》，2009 年第 7 期。

1. 工业增速明显回落，利润大幅下降

经济的周期波动一般分为四个阶段：繁荣→衰退→萧条→复苏。国际上通常用 GDP（国内生产总值）和其他一些相关指标的波动判定经济运行所处的阶段，其中 GDP 是最综合、最重要的判定依据。由于农业、服务业相对比较稳定，加之 GDP 核算仅有季度数据，因此，衡量经济周期变化在我国更要看工业生产及相关重要产品的变动情况。②

从工业生产走势看，规模以上工业增加值 2008 年 6 月份增长 16%，此后

①② 郭同欣：《对当前几个宏观经济问题的初步分析》，国家统计局网站，2009 年 6 月 23 日。

逐月明显下滑，11、12 月分别增长 5.4%和 5.7%，2009 年 1~2 月进一步减缓为 3.8%。从 3 月份开始，呈现出较为明显的波动回升态势。3、4、5、6 月份分别增长 8.3%、7.3%、8.9%和 10.7%，5 月份增速基本恢复到 2008 年 10 月份水平。2009 年上半年，规模以上工业增加值同比增长 7.0%，增速比上年同期回落 9.3 个百分点。其中，第一季度增长 5.1%，第二季度增长 9.1%。

分经济类型看，2009 年 1~6 月，国有及国有控股企业增长 1.7%，集体企业增长 5.9%，股份制企业增长 9.4%，外商及港澳台投资企业增长 1.2%。

分地区看，2009 年 1~6 月，东部地区增长 5.9%，中部地区增长 6.8%，西部地区增长 13.2%。其中，沿海地区工业增长乏力，上海工业生产下降 5.1%，浙江增长 0.3%，广东增长 4.4%。资源型省市工业增长大幅下挫，煤业大省山西工业下降 17.4% 、有色金属大省云南工业生产仅增长 2.1%。分轻重工业看，重工业增长 6.6%，轻工业增长 8.2%。

从主要工业行业增速变动看，国内基建投资和消费的高速增长拉动交运设备、水泥、汽车、建材、食品制造等行业持续回暖。在出口需求剧烈收缩的影响下，出口减速居于前列的工业产品生产亦出现大幅下降。2009 年 1~6 月，通信设备、计算机及其他电子设备制造业工业企业增加值下降 0.6%。出口出现困难的化学纤维制造业、黑色金属冶炼及压延加工业、交通运输设备制造业、仪器仪表及文化、办公用机械制造业等行业工业企业增加值增速均出现明显回落。

从主要工业产品看，2009 年 1~6 月，十种有色金属产量下降 5.1%，焦炭产量下降 4.8%，与国际市场密切相关的棒材、中厚宽钢带分别下降 2.9%、6.5%。发电量从 2008 年 10 月出现负增长，11 月降幅达到 9.6%，2009 年 1~6 月下降 1.7%，其中火电下降 4.8%。

由于工业增速回落、工业品出厂价格水平大幅下降，工业企业利润大幅下降，亏损增加。2009 年 1~5 月，全国规模以上工业实现利润 8502 亿元，同比下降 22.9%，亏损企业亏损额 2347 亿元，增长 14.3%。

2. 扩大内需见效，外需拖累经济回升

（1）投资保持快速增长。受国际金融危机影响，我国固定资产投资增速在 2008 年第四季度小幅回落，城镇固定资产投资当月增速从 24.3%回落到 2009 年 1 月的 18%（如图 6–6 所示）。为应对国际金融危机，我国政府果断决策，实行积极的财政政策和适度宽松的货币政策，迅速推出包括 4 万亿元投资计划和十大产业振兴规划等在内的“一揽子”经济刺激政策。2009 年，在国家加大公共投资和扩大信贷规模等政策的强力推动下，固定资产投资保持高速增长。1~6 月，全社会固定资产投资 91321 亿元，同比增长 33.5%，增速比上年同期加快 7.2 个百分点。其中，城镇固定资产投资 78098 亿元，增长 33.6%，加快 6.8 个百分点。农村投资 13223 亿元，增长 32.7%。

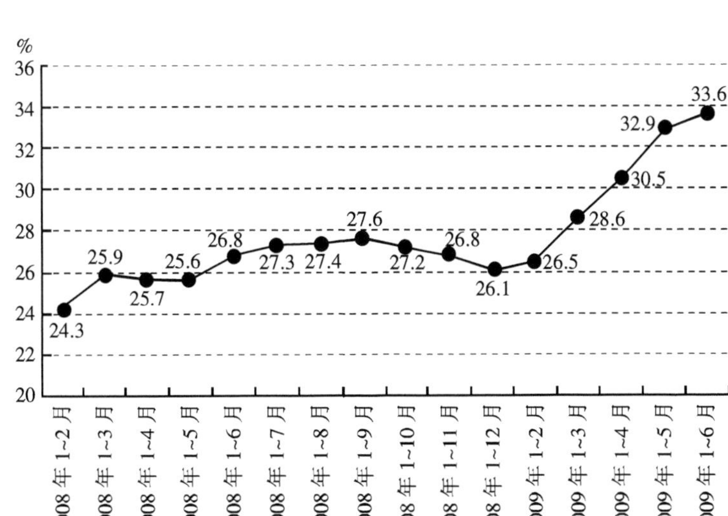

图 6-6　2008 年以来城镇固定资产投资累计增速

数据来源：《中国经济景气月报》，2009 年第 7 期。

在城镇投资中（以下同），国有及国有控股投资 33308 亿元，同比增长 41.4%；房地产开发完成投资 14505 亿元，增长 9.9%，回落 23.6 个百分点。

从项目隶属关系看，中央项目投资 6586 亿元，同比增长 28.6%，加快 9.7 个百分点；地方项目投资 71512 亿元，增长 34.1%，加快 6.5 个百分点。

从注册类型看，内资企业投资 71555 亿元，同比增长 37.5%；港澳台商投资和外商投资分别为 2747 亿元和 3377 亿元，港澳台商投资下降 0.4%，外商投资增长 1.1%。

从到位资金情况看，城镇投资到位资金 94856 亿元，同比增长 39.0%。其中，国内贷款增长 44.6%，利用外资下降 7.4%，自筹资金增长 36.4%。

分地区看，受金融危机冲击严重的东部地区城镇投资增长 26.7%，中部地区增长 38.1%，西部地区增长 42.1%，东部地区投资增速明显低于全国平均水平。

从产业看，第一、第二、第三产业投资分别为 1428 亿元、33956 亿元和 42714 亿元，同比增长 68.9%、29.0%和 36.6%，回落 0.6 个百分点、加快 2.4 个百分点和加快 10.4 个百分点。

从行业看，基础设施（扣除电力）投资 15498 亿元，增长 57.4%。其中，铁路运输业投资 1832 亿元，增长 126.5%；道路运输业投资 3988 亿元，增长 54.7%。城市公共交通业增长 57.2%；与基建相关的非金属矿采选业和非金属矿物制品业投资同比分别增长 57.7%和 52.6%；与消费密切相关的农副食品加工业、烟草制品业和交通运输设备制造业分别增长 41.1%、47.8%和 36.7%；装备制造业投资也保持快速增长，通用设备制造业、专用设备制造业以及电气机械及器材制造业分别增长 44.3%、42.2%和 50.5%；但另一方面钢铁、炼焦等行业受生产过剩的约束，投资较为低迷，黑色金属矿采选、冶炼及压延加工业投资仅增长 10.8%，石油加工、炼焦及核燃料加工业投资仅增长 7.5%。

民生投资增长高于其他行业。水利管理业、居民服务和其他服务业、卫生社会保障和社会福利业投资分别增长 65.0%、82.6%和 71.3%。

（2）消费品销售实际增长加快。受国际金融危机冲击，社会消费品零售总额名义增速从 2008 年 10 月的 22%快速下滑到 2009 年 2 月的 11.6%（如图 6-7 所示）。应对国际金融危机“一揽子”政策方案的出台使城乡居民消费信心增强，特别是政策方案中扩大城乡居民消费的增加收入、稳定就业、减轻税费、降低消费贷款利率和实行购房优惠利率等措施直接刺激消费需求。2009 年 1~6 月，社会消费品零售总额 58711 亿元，同比增长 15.0%（6 月份增长 15.0%），扣除价格因素，实际增长 16.6%，同比加快 3.7 个百分点。其中，城市消费品零售额 39833 亿元，增长 14.4%；县及县以下消费品零售额 18878 亿元，增长 16.4%。总体来看，政府通过财政补贴“家电下乡”、“农机下乡”、“汽车、摩托车下乡”等政策刺激农村消费，效果明显，农村消费明显快于城市消费。

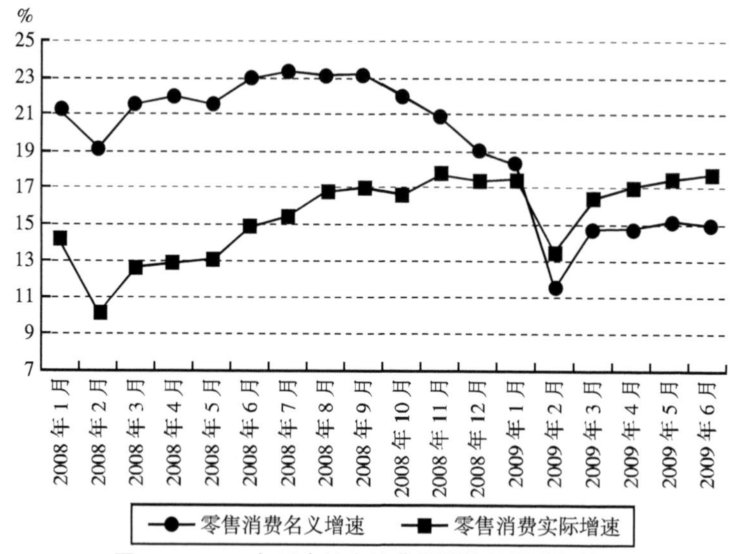

图 6-7　2008 年以来社会消费品零售总额增长情况

数据来源：《中国经济景气月报》，2009 年第 7 期。

分商品类别看，居民日常消费保持平稳，汽车类、石油及制品类和家具类等大件消费对居民消费影响较大。分行业看，批发和零售业增长 14.7%，住宿和餐饮业增长 18.1%。限额以上批发和零售业中，分商品类别看，粮油类增长 11.2%，肉禽蛋类增长 10.6%，服装类增长 18.0%，文化办公用品类增长 3.7%，体育、娱乐用品类增长 7.9%，日用品类增长 14.0%，家用电器和音像器材类增长 5.1%，家具类增长 28.3%，化妆品类增长 17.2%，金银珠宝类增长 15.4%，汽车类增长 18.1%，石油及制品类增长 1.5%，建筑及装潢材料类增长 17.5%，通信器材类下降 7.0%。

（3）外需萎缩制约经济回升。由于外需严重萎缩，在内需加快增长的情况下，工业生产增速还处在较低的平台。2008 年四季度出口增速由三季度的 22.9%大幅回落至 4.3%，2009 年一季度同比下降 19.7%，4~5 月下降 24.6%。从工业出口交货值情况看，2008 年四季度下降 2.1%，2009 年一季度下降 16.0%，1~5 月下降 15.5%。根据计量经济模型测算，近年来，工业出口交货值对工业增加值的影响程度显著提高。2002~2009 年，工业出口交货值增速每上升或下降 1 个百分点，可带动工业增加值增速相应上升或下降 0.19 个百分点；2005~2009 年，工业出口交货值增速每上升或下降 1 个百分点，可带动工业增加值增速相应上升或下降 0.32 个百分点；2007~2009 年，工业出口交货值增速每上升或下降 1 个百分点，可带动工业增加值增速相应上升或下降 0.42 个百分点。从出口交货值对工业生产的拉动作用看，2008 年 3 月份为 0.9 个百分点，6 月份为 0.2 个百分点，10 月份为 0.1 个百分点，从 11 月开始均为负拉动，其中，2009 年 1~2 月份拉动–2.2 个百分点，4、5 月份均为–1.5 个百分点。如考虑到出口型企业的一连串相关拉动作用，外需不足的影响可能更大。[①]

由于世界经济的明显放慢，外需的大幅减弱，外需成为拖累经济放缓的最主要力量。净出口对经济增长的贡献率从 2003 年的 1%上升到 2005 年以来的 20%左右（其中，2005 年为 24.1%，2006 年为 19.3%，2007 年为 19.7%），2008 年受金融危机的影响回落到 9.2%，2009 年一季度为–2.8%（2008 年一季度为 6.9%），拉动经济–0.2 个百分点。2009 年上半年，进一步下降为–41.0%，下拉经济 2.9 个百分点。

表 6–3　三大需求对国内生产总值增长的贡献率和拉动

	最终消费支出		资本形成总额		货物和服务净出口	
	贡献率（%）	拉动（百分点）	贡献率（%）	拉动（百分点）	贡献率（%）	拉动（百分点）
2001 年	50.0	4.1	50.1	4.2	–0.1	0
2002 年	43.6	4.0	48.8	4.4	7.6	0.7
2003 年	35.3	3.5	63.7	6.4	1.0	0.1

① 郭同欣：《对当前几个宏观经济问题的初步分析》，国家统计局网站，2009 年 6 月 23 日。

续表

	最终消费支出		资本形成总额		货物和服务净出口	
	贡献率（%）	拉动（百分点）	贡献率（%）	拉动（百分点）	贡献率（%）	拉动（百分点）
2004 年	38.7	3.9	55.3	5.6	6.0	0.6
2005 年	38.2	4.0	37.7	3.9	24.1	2.5
2006 年	38.7	4.5	42.0	4.9	19.3	2.2
2007 年	40.6	5.3	39.7	5.1	19.7	2.6
2008 年一季度	62.1	6.6	31.0	3.3	6.9	0.7
2008 年上半年	50.2	5.2	44.9	4.7	4.9	0.5
2008 年一、三季度	44.5	4.4	43.0	4.3	12.5	1.2
2008 年全年	45.7	4.1	45.1	4.1	9.2	0.8
2009 年一季度	69.7	4.3	33.1	2.0	–2.8	–0.2
2009 年上半年	53.4	3.8	87.6	6.2	–41.0	–2.9

数据来源：《中国统计年鉴》（2009）和 2009 年一季度和上半年国家统计局新闻发布会。

3. 城镇就业逐月下降，农民工大批返乡

金融危机爆发之后，对中国的实体经济包括就业产生非常大的冲击。2008 年四季度城镇就业出现逐月大幅度下降。2009 年春节前后人力资源和社会保障部会同国家统计局对农民工的就业情况的调研显示，到 2008 年底，全国农民工就业的总量是 2.25 亿人，其中外出农民工是 1.4 亿人。2009 年春节前，大概有 50%返乡，有 7000 万人，其中的 1800 万人需要解决就业问题。春节以后，有 95%的农民工回到城里就业，剩下的还有 5%在农村就地、就近就业和返乡创业。

针对这个情况，中央及时采取了一系列促进和扩大就业的政策措施。2009 年以来，一季度城镇就业逐月回升，二季度基本趋于稳定。1~6 月，全国城镇新增就业 569 万人，完成全年 900 万人目标的 63%；下岗失业人员再就业 271 万人，完成全年 500 万人目标的 54%；就业困难人员实现再就业 79 万人，完成全年 100 万人目标的 79%；城镇登记失业率为 4.3%，与一季度末持平。截至 7 月 1 日，全国已有 415 万所高校毕业生落实去向，就业签约率为 68%，与 2008 年同期基本持平。企业岗位流失速度减缓，6 月份出现净增。从数字变化来看，就业数字变化呈现“V”形，2008 年四季度是往下滑的趋势，2009 年一季度是往上升的。2009 年二季度城镇就业总体保持稳定，城镇新增就业人数在月均 100 万人左右，4、5、6 月分别是 97 万人、107 万人和 97 万人。

（三）产能过剩矛盾突出，物价水平持续下降

1. 产能过剩矛盾突出

由于金融危机的冲击，我国社会总需求明显下降，经济增速明显低于潜在

的增速，部分行业产能过剩，生产能力利用率偏低。一方面，2003~2007 年我国经济持续五年平均 11%的高增长形成了大量生产能力，但总体上仍处于全球产业链低端，可持续发展能力不强，外需严重不足导致部分外向型产业产能过剩问题异常突出。另一方面，随着国内需求的快速回升，产能过剩的矛盾得到了一定程度的缓解，一些本该淘汰的落后产能又在恢复生产。据国家统计局测算，2008 年四季度至 2009 年二季度，钢铁行业产能利用率分别为 68.2%、68.8%和 73.1%，铝冶炼行业分别为 63.6%、58.1%和 65.7%，铁合金行业分别为 58.1%、61.2%和 70.4%。

从产品相对价格来看，工业品出厂价格指数（PPI）连续 7 个月下降。2009 年 6 月份，PPI 同比下降 7.8%，并且降幅还在不断扩大；CPI 环比涨幅连续 4 个月为负，近几个月降幅也在扩大。从企业效益来看，全国规模以上工业实现利润 8502 亿元，同比下降 22.9%，亏损企业亏损额 2347 亿元，增长 14.3%。如果剔除金融、能源、电信等国有垄断性企业，其他企业的盈利状况更不理想。从行业总供求来看，工业企业产品销售率显著下降。上半年工业企业产销率 97.2%，同比下降 0.5 个百分点，为 2004 年以来同期最低水平。可见，不论从相对价格还是从产销率、企业盈利能力来看，我国的产能过剩问题都已经比较突出。

产能过剩将直接导致部分企业开工不足，竞争加剧，产品价格下跌，还将加大部分行业生产经营的困难，使企业效益下滑，进而会影响到企业未来投资意愿和能力，拖累相关行业乃至整个国民经济的回升。此外，目前的生产能力过剩问题带有全球性，而且具有复杂性，不仅落后产能存在过剩，部分先进产能也存在过剩，给去产能化增加了难度。

2. 投资消费失衡加剧

为了应对金融危机的冲击，中国政府出台一系列扩大内需的政策措施，导致投资大幅扩张，2009 年 1~6 月投资实际增速接近 39%，创 1997 年以来历史最高值。投资高增长对保持经济的企稳回升发挥了重要作用，但是由于投资高增长主要靠政府投资项目的推动，一些项目可能存在低水平重复建设或过度超前投资的问题。尽管在本轮经济刺激计划中国家十分重视经济结构调整，但投资高增长客观上还是带动了钢铁、水泥等基础产业投资和生产能力的增加，从而在消费后续动力不足、出口严重萎缩的情况下，使已经存在的产能过剩问题更加突出。根据历史经验，投资高增长往往伴随着投资效益的下降，原因在于：一是由于投资体制改革滞后、增长方式粗放，我国投资增长和投资效益一般呈负相关。二是受经济、社会、环境和政治等多重因素的影响，政府投资效率一般要低于社会投资。三是为了扩大投资保增长，各地区争上项目的热情空前高涨，急于求成，使投资决策缺乏科学性和民主性，严重威胁投资效益。

尽管本轮经济刺激计划对保持消费稳定也发挥了积极作用，但由于诸多因素的制约和消费这一经济变量自身的特性，消费保持了实际增速的稳中有升，但名义增速大幅回落，2009年上半年，消费对经济增长的贡献率达到53.4%，拉动3.8个百分点，但同期投资对经济增长的贡献率高达87.6%，拉动6.2个百分点，投资消费本已严重失衡的关系进一步扭曲，内部失衡进一步加剧。同时，由于投资的急剧扩张，为未来产能过剩埋下伏笔，加大了未来扩大消费和出口的压力，从而制约了内外部失衡状况的改善。

3. 物价水平持续下降

2007年到2008年上半年，中国面临严峻的通货膨胀压力，控制通货膨胀成为政府宏观调控的主要目标，到了2008年下半年，国内经济发展的基本面没有明显变化，但国际金融危机的爆发又使克服通货紧缩成了中国宏观调控的新目标。从价格水平变动情况看，无论是CPI还是PPI，总体上同比持续下降。

（1）CPI持续下降。由于食品价格的拉动，CPI涨幅在2006年年底开始加大，2007年基本上逐月上扬，全年上涨4.8%。由于国家加大控制通货膨胀的力度，2008年年初以来，CPI涨幅持续回落，但2008年10月CPI当月涨幅仍为4%，11月以后，受金融危机的影响，CPI回落明显加快，2009年2月份，CPI出现自2003年1月以来的首次下降，2009年1~6月CPI下降1.1%，比2008年同期回落9个百分点。

2009年1~6月，城市居民消费价格下降1.3%，农村居民消费价格下降0.6%。食品类价格下降0.3%，烟酒及用品类价格上涨1.7%，衣着类价格下降2.4%，家庭设备用品及维修服务价格上涨1.3%，医疗保健及个人用品类价格上涨1.1%，交通和通信类价格下降2.5%，娱乐教育文化用品及服务类价格下降0.7%，居住类价格下降3.9%。

（2）PPI降幅不断扩大。在2002年开始的新一轮中国经济增长周期中，带有明显的投资拉动和出口依赖的特征，由高速增长导致的供需失衡首先表现在生产者价格的提升上，然后逐渐传导到消费者价格上。相比较而言，生产者价格的波动幅度往往更大，而国际因素以及其他非确定性因素的影响（如雪灾、地震和洪涝灾害等），又加重了短期的价格冲击。2007年四季度开始，PPI上涨趋快，在2008年8月达到10.1%最高月涨幅后出现回调，10月份为6.6%。金融危机爆发后，PPI在2008年11月份为2%，12月份为-1.1%，2009年降幅逐月加大。2009年1~6月份累计，工业品出厂价格同比下降5.9%，比上年同期回落13.5个百分点。分类别看，黑色金属冶炼及压延加工业下降16.2%，有色金属冶炼及压延加工业下降25.4%，石油加工、炼焦及核燃料加工业下降10.5%。

二、后危机时代全球经济“再平衡”的前景

（一）世界经济初现复苏，后危机时代来临

自 2008 年下半年开始，受国际金融危机不断蔓延的严重影响，全球主要经济体经历了第二次世界大战之后的“最严重”冲击。各主要经济体、国际组织迅速做出反应，出台了一系列救助措施和刺激计划。在各国政府出台的一系列经济刺激政策的作用下，2009 年二季度以来，金融市场动荡减弱，融资功能逐步恢复，市场信心有所增强。经济先行指标 PMI（制造业采购经理人指数）得到回升，工业实际产出开始回暖，世界经济急剧下跌的势头减缓，经济增长预期上调，全球经济逐步渡过金融危机的恐慌而进入“后危机时代”。[①] 如何推动经济持续回暖并预防通货膨胀，成为“后危机时代”各国政府政策权衡的关键。

1. 金融市场趋于稳定，但高风险因素依然存在

自国际金融危机爆发以来，全球金融机构亏损超过 1.4 万亿美元，主要经济体纷纷出台救助方案，采取定量宽松货币政策向金融体系注入流动性，并通过注资、购买有毒资产、贷款等措施剥离不良资产，恢复流动性。金融救助措

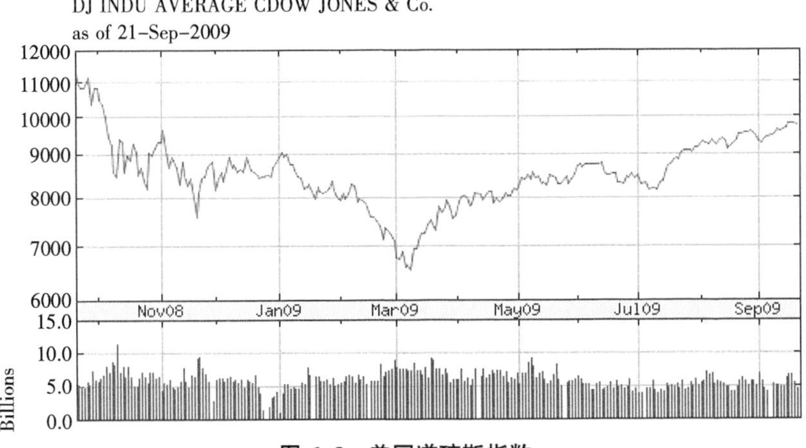

图 6-8　美国道琼斯指数

数据来源：http：//finance.yahoo.com。

① 后危机时代特指世界经济已经渡过金融危机的最黑暗阶段，但仍受到本轮国际金融危机后续影响的时期。在本书我们界定为 2010~2015 年。

施促使全球金融体系快速企稳，2009 年 3 月以来，全球期货市场和股市率先复苏。2009 年 8 月以来，随着世界经济复苏迹象趋于明显，全球金融市场信心进一步回升，市场运行总体向上。但是，国际金融市场隐患仍存。

（1）全球银行系统趋于稳定，但完全恢复尚需时日。美国大型银行业绩回暖，接受问题资产救助计划（TARP）注资的 19 家大型银行基本通过了美联储的压力测试，确保了其在金融危机和衰退中仍能稳定运行。富国银行、高盛集团、摩根大通、美国银行以及花旗集团的盈利均超预期。同业拆借市场已经恢复正常，银行逐步恢复对客户的借贷活动。美国克莱斯勒和通用汽车公司破产也未对金融市场造成冲击。从市场流动性风险指标上看，目前 3 个月美元 LIBOR（伦敦银行间同业拆息）与 OIS（隔夜指数掉期）之间的息差持续下降，目前已降至 56 个基点，美国银行体系的信贷压力在逐步减轻。这些均表明，美国银行体系“最坏时期”已经过去，金融体系中的系统性风险已基本释放。欧洲和日本银行业形势虽不乐观，欧洲银行受到东欧金融危机的爆发而面临着坏账增加、资本缩水以及挤兑等风险，但在美国金融市场好转的带动下，欧、日银行业也将逐步趋于稳定。

在过去的二十多个月内，大部分金融机构都进行了大规模的和次级债券相关的不良资产核销，但是金融机构表内、表外的所谓“有毒资产”，包括次贷、次债及相关衍生品等引发的损失尚未全部核销。据英国皇家康奈尔咨询的统计，美国银行销账比例已经占到国家银行系统合并资产负债表的 53%，占 GDP 的 4.4%。瑞士、荷兰、英国和德国的银行系统遭受了巨大的打击。这四个国家银行的销账比例分别占 GDP 的 15%、2%、4.2%和 2.8%，这给未来全球银行系统带来了较大不稳定因素。

另外，虽然各国政府及央行向金融系统注入了大笔流动性资金，但金融机构由于惧怕再遭受损失，反而提高了向企业和个人发放贷款的条件，导致实体经济部门仍面临信贷紧缩的风险，进而拖累经济复苏。如果经济形势得不到迅速改观，一些负债累累的家庭和非金融企业将面临更加严峻的挑战，这将导致银行的损失进一步扩大，加剧金融机构惜贷局面，并形成恶性循环。

（2）住房市场出现好转，仍处于不稳定的调整期。2009 年以来，受金融危机影响最深的全球房地产市场开始复苏回暖。从价格来看，美国房地产市场触底企稳，二季度以来，美国新房价格止住下跌态势，开始企稳回升，4 月和 5 月则分别环比上涨 5.2%和 4.2%。房屋购买力指数和新屋开工持续回升，新屋销售和新屋开工量也连续几个月企稳在 45.0 万套的水平；低利率水平以及可供出售房产的低水平，促使英国在过去几个月房价上涨。英国 8 月份 nationwide 房价指数涨 1.6%，创 2006 年 12 个月以来最大环比增幅；从销售量方面看，全美不动产协会（NAR）公布的另一份报告显示，7 月成屋待完成销售指数增加 3.2 个百分点至 97.6%，创纪录地实现连续 6 个月增长。

不过，未来房地产走势还要看住房库存。以美国为例，目前待售成屋存量上升 7.3%，至 409 万套。库存空置指标仍为 9.4 个月。而且随着供应量的增加，失业率的继续恶化，住房止赎案很可能会增加，进而导致违约率和止赎进一步上升。同时，不断扩大的商用地产违约，可能引发新的冲击。美国联邦监管机构 2009 年 9 月 10 日接管了芝加哥的 Corus Bank，这是首家因建筑和商业房地产贷款恶化而倒闭的美国大型银行。Corus Bank 的倒闭标志着银行，尤其是中小型地区性银行，除住房抵押贷款恶化以外还将面临新一轮冲击。当前，商业地产价格下降速度加快，小银行有很多商业房地产贷款，受到的冲击可能较大。

（3）东欧金融危机隐患仍存。国际金融危机爆发之前，欧元区发达国家的公司在东欧地区过度投资，银行过度放贷，东欧金融危机的爆发给相关企业和银行带来巨大损失。2009 年，东欧面临 4000 亿美元的贷款还款压力，占该地区 GDP 的 1/3，目前东欧面临银行亏损、外资抽逃、货币贬值、出口锐减，赤字走高等问题，一旦东欧违约，债务就会传导到西欧，对国际金融市场形成巨大冲击。

2. 实体经济出现复苏，但失业率连创新高

2009 年二季度以来，世界经济出现复苏迹象。美国经济 2009 年 3 月初显复苏征兆，二季度环比增长-0.7%，降幅收窄，据美国商务部公布的初步数据，2009 年三季度美国经济折年率增长 3.5%。欧元区经济在连续 5 个季度出现环比负增长后，欧盟委员会预测 2009 年第三季度将出现 0.2%的环比正增长。日本经济二季度也实现了 0.6%的环比正增长。不过，英国经济复苏进程显著落后于欧洲大陆，二季度 GDP 比一季度环比下降 0.8%，这也是英国经济连续第五个季度的衰退。新兴市场经济体总体表现较好。印度、越南等国经济始终继续保持增长，印度 2009 年前两季度经济增长分别为 5.8%和 6.1%，增速仅次于我国。一些受金融危机冲击较大的国家如俄罗斯，2009 年 7 月份工业生产也开始复苏。世界经济出现复苏主要有如下原因：第一，各国政府和央行救助金融机构的行为逐步恢复了金融市场的融资功能，市场信心恢复；第二，各国经济刺激计划取得了明显的成效，有些政策的效果几乎是立竿见影的，如美国通用的国有化稳定了汽车生产，而“旧车换新车”迅速拉动了消费；第三，新兴经济体内需增长加速，使经济增长从底部迅速反弹，如印度公路建设计划迅速拉动了工业生产。

发达国家目前的缓慢复苏是没有就业的经济复苏。美国的失业率持续上升，2009 年 9 月份的失业率升至 9.8%，创下 26 年来的新高。预计美国失业率 2010 年可能会攀升至 10.5%~12%。经季节调整后，欧元区 7 月份失业率从 6

月份的 9.4%升至 9.5%，创 1999 年 5 月份以来的最高水平；继金融风暴引发公司大量裁员后，日本失业率于 6 月已升至 6 年来新高，达 5.4%。根据该协会调查的经济学家预期均值，2009 年年底时，日本失业率将达到 5.56%，而 2010 年将可能升至 6%以上。从经济学的视角来看，就业率是微观经济主体复苏的最基础指标，尤其是对于美国这样以居民消费拉动经济增长的国家来说，失业率节节攀升实际上意味着消费的下降，而消费需求的不足不仅制约了工业生产需求的复苏，也意味着传统消费金融服务体系的潜在风险加剧。目前来看，发达国家尚无应对就业危机的良方。

3. 通胀预期逐步累积，经济刺激政策面临调整

（1）流动性过剩日益显现。一是主要经济体的量化宽松计划还远没有完成。2008 年 9 月前后，美国、欧元区、英国、日本、瑞士、瑞典、挪威和以色列中央银行都采取了某种形式的量化宽松措施。此后至今，这些经济体的狭义货币供应量 M_1 大都保持了强劲增长。目前，美国、欧元区、英国、日本四大经济体（G4）的 M_1 增速达到 12%，其中美国接近 20%，欧元区约为 8%，日本 M_1 增速也进入了正区间。G4 之外，瑞士和以色列货币供应量的增势也非常强劲，最新同比增长率分别高达 42%和 54%。挪威央行的量化宽松政策令其基础货币保持高位，其 M_1 增长率开始摆脱先前紧缩政策的不利影响，进入了正区间。在瑞典，基础货币的增加也使 M_1 增长率超过了 6%。主要经济体的量化宽松计划还远远没有完成。美联储资产收购计划的总额为 1.75 万亿美元，目前大约完成了一半，英格兰银行的收购计划还有 18%左右（230 亿英镑）未完成。此外，欧洲央行于 7 月份买进 600 亿欧元的债券。

二是货币政策创新增加了流动性创造途径。欧美中央银行推出的定期资金招标工具和互换货币交换工具等创新工具将大大增强流动性。

三是货币政策对流动性易放难收。各国央行为缓解信贷紧缩而向市场注入的大量流动性缺乏退出机制和有效的工具，直接结果就是导致过剩的流动性，而难以通过紧缩的货币政策来回收过剩的流动性。

（2）通货膨胀预期逐步累积。通胀预期是“后危机时代”全球面临的最为严重的考验。各国为应对危机而采取了超宽松的货币政策，向金融体系注入了大量的资金，在刺激经济企稳的同时，也加剧了通胀的预期。美国商品调查局的 CRB 指数[①] 是反映通货膨胀的主要指标，2009 年 6 月初，该指数达到 260，接近 2007 年 1 月的水平，CRB 领先 CPI 和 PPI 迅速反弹，充分反映了全球通胀的预期。2009 年 6 月，全球资产市场出现“隐性泡沫”。

---

① CRB 是 Commodity Research Bureau 的缩写。CRB 指数是由 CRB 依据世界市场上 22 种基本的经济敏感商品价格编制的一种期货价格指数。

目前货币供应量的较快增长还没有充分体现到价格总水平上，主要原因是这些国家的货币乘数和货币流通速度的明显下降减缓了各国央行大规模注入货币拉动价格上涨的影响。但是，随着金融危机的影响逐步减弱，一旦货币体系恢复了正常运转，货币乘数就可能恢复到正常水平，如果基础货币的数量不能降低到适当水平，货币供应量增速将明显提高；随着金融危机的影响逐步减弱，防范性货币需求可能减少，而交易性货币需求可能增加，货币流通速度也可能会很快恢复。一旦货币流通速度恢复到正常水平，价格水平有可能迅速发生变化。价格的快速变化将对经济平稳运行尤其是企业经营产生明显的不利影响。

（3）主要国家经济刺激政策面临调整。“后危机时代”如何推动经济持续回暖与预防通胀，成为各国政府政策权衡的关键。OECD 认为，各国政府应尽早准备经济刺激计划的退场策略，以免财政赤字越滚越大，为未来的发展造成巨大难题。但诺贝尔经济学奖获得者保罗·克鲁格曼表示，现在放弃那些刚刚初见成效的刺激政策还为时过早。八国集团声明表示，退出策略将因各国国内经济条件和公共财政情况的不同而有所区别，且必须确保经济长期、可持续复苏。

美国：2009 年 7 月 11 日，奥巴马明确表示，鉴于第一套经济刺激政策下的资金发放只完成 11%，其效果要在两年内全部见效，近期，美国政府不会出台第二套刺激经济的方案。但美国宽松的货币政策仍保持不变，美联储宣布将基准利率维持在 0%~0.25%目标区间不变，保持美元利率不变，继续推进 3000 亿美元美国国债购买计划。

日本：2009 年 7 月 15 日，日本央行发表声明，为了继续促进企业融资和确保市场稳定，央行继续将银行间的无担保隔夜拆借利率维持在现行 0.1%的水平不变，对 2009 年开始的紧急信贷计划进行延期，将买进的商业票据、企业债券和支持企业融资的临时资金提供措施的有效期从 2009 年 9 月 30 日延长到 12 月 31 日。日本央行此举表明，日本并不会急于退出刺激性货币政策。

德国：德国总理默克尔发表声明指出，欧洲央行提供了过度的货币支持，需要制定“可靠而可信”的退出策略。德国财长施泰因布吕克明确表示，德国正在专注于危机管理，而其更加明确的任务是准备抗击通货膨胀的卷土重来。此外，如英国、法国、加拿大等国家也主张谨慎从事，不要过早地制定退出策略。

印度：印度政府明确表示，印度经济仍需继续实施财政刺激措施，预计 2009 年的财政赤字将占国内生产总值的 6.8%，比例高于上财年的 6.2%。[①]

---

① 杨益：《后危机时代我国经济和产业面临的机遇、挑战及战略选择》，5 页，载《国际贸易》，2009 年第 9 期。

（二）后危机时代全球经济面临深刻调整

这次全球金融危机影响的范围远远超过了日本的“泡沫经济”崩溃，是全球经济体系、经济结构、经济秩序、经济规则的大调整。“后危机时代”给各国政府带来的最深远和最重要的挑战是如何改变造成这场全球金融危机的制度因素和增长模式。

1. 经济增长模式面临深刻调整

20 世纪 90 年代开始，全球经济的高速增长主要得益于美国的负债消费，一方面，美国的负债消费带动了其他国家尤其是东南亚国家的出口；另一方面，东南亚国家通过出口积累的外汇储备通过资本市场回流美国，支撑着美国的负债消费，国际金融危机打破了这种循环。在这种情况下，全球经济增长方式面临很大的调整压力。

（1）美国高消费低储蓄模式难以为继。金融危机爆发以来，美国的家庭储蓄率呈上升趋势，2009 年 5 月已上升到 5.7%，远高于危机爆发之前 0%~1%的水平。麦肯锡预计，美国家庭储蓄率上升 3 个百分点导致私人消费减少了 6500 亿美元。储蓄率的上升将导致美国家庭资产负债结构的调整，据估算，如果负债收入比下降 5 个百分点，将导致美国消费减少 5000 亿~6000 亿美元。尽管目前尚不能确认美国低储蓄、高消费模式能否就此发生根本性改变，并导致美国作为世界主要需求市场时代的结束，但可以确定的是美国以及其他发达国家总需求的减少，对世界经济增长的拉动作用会有所减弱。

（2）出口导向型发展模式面临严峻考验。长期以来，出口导向型国家经济增长呈现出严重依赖外部需求的不平衡状态，在外需持续增长的情况下，这种不平衡得以维持。全球金融危机的爆发，外部需求急剧萎缩，导致新兴市场国家乃至欧、日经济体的出口额大幅下降，使出口导向型的经济增长模式面临较大挑战。随着全球经济的复苏，出口仍会为出口导向型国家经济增长作出贡献，但由于以美国为首的发达国家调整其储蓄消费行为，出口对出口导向型国家经济的拉动作用将有所下降。因此，出口导向型国家将不得不对出口导向型发展模式做出调整，提高国内需求占国民经济的比重将成为未来拉动经济增长的必然选择。

（3）资源环境对经济发展的约束进一步加大。全球经济的高速增长，尤其是以“高投入、高消耗、高排放”为特征的传统工业的快速增长，对全球的资源和环境造成了极大的破坏。后危机时代，随着世界经济逐步恢复增长，全球能源资源需求将逐步增大，由于能源资源的供给增长有限，其价格将再度大幅上涨，加之世界各国对能源资源的争夺不断加剧，未来资源环境对世界经济发展的约束将不断加大。在这种背景下，世界各国尤其是发展中国家将不得不对传统的工业化道路和工业文明进行深刻反思，转变发展理念、道路和模式，大力节约能源资源并提高其使用效率，切实保护好人类赖以生存的自然环境，建立可持续的经济发展模式、健康文明的消费模式，更多地依靠科技进步和劳动生产率提高来促进经济增长，实现人与自然的和谐发展。

2. 经济增长动力酝酿积极变化

（1）新能源和低碳经济[①] 有望成为全球新的增长点。历史经验表明，经济危机往往催生新的技术和新的产业。为应对经济衰退和培育新的经济增长点，发达国家大力推动发展新能源和节能环保产业等新兴绿色产业，抢占未来技术进步和产业发展的战略制高点。结合应对全球气候变化，低碳经济正成为传统实体经济的转型方向。欧盟已明确提出加快向低碳经济转型，计划启动“绿色汽车”、“低能耗建筑”、“未来工厂”三大行动，大力发展低碳经济绿色技术，总投入 72 亿欧元；美国计划让新能源产业成为带动经济复苏的驱动力；日本近年来不断出台重大政策，将重点放在发展低碳经济上，尤其是能源和环境技术开发上；八国集团提出到 2050 年将全球温室气体排放量至少减半的目标也意味着将进行一场彻底的能源技术革命。新能源开发和产业化将带动相关产业的发展，形成规模庞大的产业集群，而节能环保和低碳技术的推广应用也会带动传统产业的转型升级，引发全球产业结构新的调整重组，推动形成新一轮经济增长。

事实上，在这场金融危机之前，主要发达国家的能源战略已经做出了重大调整——发展新能源。究其原因主要有以下四点：

一是发达国家急需寻找新兴支柱产业拉动经济增长。“二战”后世界经济发展表明，建立在科技创新支撑的实业基础上的经济繁荣，要比金融创新催生的繁荣更加可持续。在过去近 20 年时间里，房地产和金融业的快速发展引领主要发达国家出现持续的高增长，并累积了巨大的资产泡沫，在此轮危机中这些泡沫破灭，给有关国家带来巨大冲击。房地产业和金融业继网络经济之后，已无法承担带动发达国家经济重新走上快速增长的重任，发达国家迫切需要寻找新兴支柱产业来吸引国内乃至全球资本的投入，拉动经济增长。在这一背景下，新能源产业开始进入各国的政策视野。

二是发展新能源有利于发达国家摆脱对传统能源的过度依赖。长期以来，人类对传统能源的依赖，一方面导致相关资源的日益枯竭和价格高企，能源对经济发展的制约不断加剧。另一方面，导致资源能源争夺不断升级，人类赖以生存的生态环境不断恶化。在资源环境对经济发展约束日益加剧的背景下，为了发展经济、降低能源消耗、减少温室气体排放、保护环境，发达国家急切需

① 低碳经济是以低能耗、低污染为基础的经济。

要发展其自身可以掌控并且能够大量获得的可再生能源和替代能源，以打破传统能源的束缚。

三是发展新能源能最大限度地发挥美欧等国家的农业比较优势。生物能源是新能源中重要的一项，生物能源的主要原料是粮食，对美国和欧洲一些农业占比较优势的国家来说，发展生物能源能够带动大量的粮食需求，这不仅可以解决能源问题，还能拉动农业的发展。

四是发展新能源是发达国家提高经济竞争力的一条有效途径。节能减排和发展绿色经济是实现经济可持续发展的必由之路，正逐步成为国际共识，发达国家在节能环保和新能源开发以及发展低碳技术方面处于领先地位，不仅有利于其向全球其他国家转让技术和出售有关设备，也有利于其在环境保护规则尤其是温室气体排放规则制定等方面获取最大利益。在这种背景下，发展中国家不仅面临生产成本提高和传统生产方式转变的压力，而且还受到发达国家设置绿色壁垒等贸易保护主义措施的限制，经济发展面临的制约因素增多，实现工业化要付出比发达国家更大的成本。

（2）产业转移和国际分工将出现新变化。20 世纪 80 年代后期，全球经历了第二次世界大战以来第四次国际产业转移，美、日、欧等发达国家大力发展信息、新材料、新能源等高技术产业，把劳动、资本密集型产业和部分低附加值的技术密集型产业转移到海外。金融危机爆发以来，各国把产业结构调整升级作为应对危机的重要举措，第五次国际产业转移的序幕已经拉开。新一轮的产业转移和国际分工有以下特征：①

一是发达国家进入一轮“再工业化”过程。金融危机可能会使发达国家服务业过于超前发展、工业发展相对薄弱格局得到一定程度的回调，发达国家在高端消费品、投资品方面的生产能力将会增强，这对发达国家改善产业“空心化”现象以及国际收支不平衡状况将起到积极作用。但在短期内对外贸依存度较高的新兴市场经济体将产生一定不利影响。

二是产业分工向产品内分工方向发展。产品内分工是指将一体化生产过程分为若干独立生产工序，并安排在不同国家完成，形成全球生产网络。在产品内分工不断深化的过程中，国际产业分工将进一步细化，一国可能仅负责一道生产工序；产业转移链条将向两端延伸，从传统生产环节转移转变为生产、流通、服务等多环节转移；产品生命周期急剧缩短，一开始就转移最先进的技术和生产方式。

三是产业转移的服务化特征日趋明显。20 世纪 90 年代以来，发达国家服

① 李朴民等：《世界经济格局和经济结构调整专家座谈会综述》，6~7 页，载《研究与建议》第 13 期，2009 年 6 月 3 日。

务业转移加快，目前服务业占跨国直接投资比重已超过制造业。随着新一轮全球产业结构的调整，金融、电信等行业跨国并购正成为跨国投资的主要领域，汽车、电子、医药、化工等传统制造业的转移在更大程度上依赖于服务。同时，高新技术产业也出现转移趋势，发达国家不仅将高新技术产业加工组装环节转移到发展中国家，而且将配套零部件生产、物流、营销、研发外移，甚至有些高技术产品生产线刚研发出来就转移至发展中国家生产，发达国家则主要控制核心技术和品牌。

总体上看，发达国家在科技创新、发展新兴产业等方面仍将保持领先优势，发达国家仍将重点发展金融、保险、信息、技术、会计和法律服务等现代服务业。继续向有成本和市场优势的新兴市场和发展中国家转移一般制造业和高新技术产业的生产制造环节，以及非核心研发环节和相关的生产性服务业。新兴市场和发展中国家在继续承接发达国家制造业转移和服务业外包的同时，产业结构也将不断调整升级，但在国际分工中仍将处于不利地位。

(3) 世界经济增长格局出现“新版图”。此轮危机发端于美国，最先冲击欧、日等发达经济体，随后发展中国家也卷入其中。但由于发达国家和发展中国家遭受危机冲击的程度相异，加之发展阶段和发展潜力不同，未来两类国家经济增长的趋势相对会有所变化。

一方面，主要发达国家经济增长动力仍待增强。此次国际金融危机爆发于发达国家，其金融体系和实体经济的恢复将是一个较长的过程，发达国家经济走出衰退以后，由于工业化和城市化已经完成，人口结构日益老化，如果没有新的技术突破和新的产业出现，发达国家很可能会进入较长的经济低速增长阶段。事实上，自 20 世纪 70 年代能源危机之后，欧洲大陆的发达国家经济就处于相对低速的增长区间；1990 年经济泡沫破灭之后，日本经济也陷入了长期的停滞；美英等国通过放松管制和经济全球化，在过去 20 年中维持了较好的增长态势，但在这次危机中受到的打击最大，从长期发展潜力来看，其也面临增长动力转换的问题。

另一方面，部分发展中国家经济增长前景看好。后危机时代，由于主要发达国家总需求增长相对乏力，过度依赖发达国家市场和资金的发展中国家经济增长会相对缓慢。但那些国内经济规模较大、财政和金融状况稳健、外汇储备充实的国家是有条件保持经济较高增长的，这些国家工业化和城市化发展空间广阔，劳动力数量和素质不断提升，市场化改革空间较大，经济增长的前景依然看好，在全球经济中的地位将有所提升。

3. 政治经济秩序改革有望加快

世界发展史表明，每次危及全球的重大挑战，都会导致国际政治经济秩序改革的加快甚至重构。这次危机在对世界经济造成巨大冲击的同时，也为全球政治力量对比、经济金融秩序重构带来了契机。后危机时代，尽管建立新的国际政治经济秩序难以取得明显成效，但改革的步伐在危机的推动下必然会有所加快。

(1) 美国等发达国家政治主导权将相对下降。这次金融危机尚不致根本改变世界政治版图，美国等发达国家在政治、经济、军事和科技等方面领先的优势地位不会发生根本改变，但其在发展理念、模式、体制上长期拥有的优越感和话语权，由于危机的爆发而明显滑落。后危机时代，发达国家的政治影响力有所减弱，发展中国家在国际舞台上的话语权有所增强，已经是一个不争的事实。

(2) 新兴市场和发展中国家将在国际经济中扮演更重要的角色。随着在世界经济总量中所占份额的增加，新兴市场和发展中国家在国际经济金融事务中将发挥更大作用，全球治理结构将发生一定变化。发展中国家特别是新兴大国在国际货币基金组织和世界银行等国际组织中将争取到更多的投票权和话语权，在国际经济政策协调中将扮演更加重要的角色。“八国集团”与新兴大国的“8+5”对话机制将进一步加强，有主要发展中国家参加的“二十国集团”在协商解决国际经济金融问题中的作用有可能超过仅由发达国家组成的“七国集团”。同时，“金砖四国”的对话协商有可能机制化，主要新兴经济体寻求在国际经济金融事务中发挥更大作用。

最后，虽然主要新兴经济体在世界经济中的地位将不断提升，但发达国家与发展中国家由于发展阶段不同而造成的南北差距将长期存在，在资源、环境和发展等方面仍有尖锐的矛盾和利益冲突，发展中国家在推动建立公正、合理的国际经济新秩序和维护自身利益方面依然任重道远。①

(3) 美元为主导的国际金融体系面临调整和变革。在全球经济秩序方面，现有的金融、贸易、投资等领域的规则不会发生颠覆性变革，但加快改革国际金融体系已成为各方共识。国际金融危机使人们认识到，金融监管的全球化是未来发展的方向。同时，这次危机动摇了对美元和以美元为主导的国际货币体系的信心，国际货币体系朝着多元化的方向发展，已成为一个重要趋势。

首先，金融危机重创美国经济和金融体系，世界各国对美国恢复金融体系稳定和实现经济可持续增长的信心受到极大打击，对美国依然庞大的贸易赤字和大幅攀升的财政赤字有可能导致美元汇率进一步贬值深感忧虑，纷纷采取措施降低对美元的依赖，以规避美元贬值带来的风险。美元在国际贸易结算、金融市场交易和各国外汇储备中所占比重，从长期看有可能因此降低，这将削弱

① 毕吉耀等:《“十二五”时期世界经济主要发展趋势》，11页，《调查·研究·建议》(31)，2009年8月11日。

美元作为主要国际货币的地位。

其次，金融危机后，国际社会特别是新兴市场和发展中国家强烈要求改革以美元为核心的现行国际货币体系，包括联合国在内的国际组织也赞同以特别提款权为基础建立超主权国际储备货币的主张。虽然这一主张仍处在学术研究和探索阶段，以美元为核心的国际货币体系在短期内还难以出现根本性改变，但国际货币体系变革将不可避免地朝着弱化美元地位的方向发展。

最后，随着新兴经济大国在世界经济中地位的不断提升和区域经济金融合作的深入发展，美元的独霸地位不仅继续受到欧元不断成长壮大的制约，而且将受到来自以人民币为代表的新兴市场国家货币国际化进程加快的挑战。虽然这种发展进程在短期内尚不至于从根本上动摇美元在国际货币体系中的核心地位，但不断增强的国际储备货币多元化趋势将推动国际货币体系朝更加均衡和公平的方向发展。

总之，国际储备货币将不可避免地走向多元化，有可能形成由美、欧、中三大经济体货币共同主导的格局。从长期发展趋势看，为降低主要国际货币之间汇率波动对全球经济的不利影响，未来世界各国在继续深化经济金融和货币合作以及探索建立超主权国际储备货币的过程中，有可能效仿欧元区的做法，探索建立世界中央银行和全球统一货币，彻底打破美国利用美元的特殊地位主导国际货币体系和国际金融运行的不合理格局。[①]

（三）后危机时代全球经济“再平衡”前景

从世界经济面临的调整压力看，金融危机实质上是对全球经济失衡的强制性调整。全球经济“再平衡”调整是一个长期复杂的过程，当前，可以从发挥各自优势、调整贸易结构入手。发达国家增加技术、服务和高端产品出口，减少经常项目赤字；增加对发展中国家的投资，促进它们的工业化和城市化。发展中国家注重改善民生，扩大内部需求，减少对出口的依赖；改善投资环境，吸纳发达国家的资本和技术转移。努力实现双向互动、互补、互赢，逐步促进消费储蓄结构的调整。

1. 世界经济将在调整中恢复增长

（1）后危机时代经济复苏不会一帆风顺。尽管世界经济已经出现复苏迹象，但有许多因素阻碍世界经济进一步回暖，世界经济短期内仍难以摆脱低迷。一是增长从政府刺激型向市场推动型转变尚待时日。目前全球经济大幅度下滑得到遏制得益于各国政府大规模财政刺激计划和超宽松的货币投放。据测算，美

---

① 毕吉耀等：《“十二五”时期世界经济主要发展趋势》，9~10 页，载《调查·研究·建议》(31)，2009 年 8 月 11 日。

国 7870 亿美元的经济刺激方案对于经济刺激作用主要集中在 2009 年第二季度和第三季度，将拉高 GDP 增长 4 个百分点（环比折年率）。而随着各国政府实行经济刺激政策调整，政策对经济推动将逐步减弱。与此同时，由于债务增加、收入下降，加上消费融资困难和对经济前景悲观，以美国为代表的发达国家的消费者被迫调整储蓄、消费行为，储蓄倾向上升，消费倾向下降；而由于经济前景不明朗，企业在销售下滑背景下减少了资本支出，当前反映市场自主投资意愿的全球企业融资指数持续下降。私人消费需求和投资需求的低迷，将影响世界经济的可持续复苏。

二是主要发达经济体新的经济增长动力尚待培育。金融危机后，拉动美国经济等发达国家经济增长的“金融、消费和房地产”三大动力，都面临着盈利模式重建，短期内无法恢复到危机前的繁荣；近年发展较快的医疗、教育等产业也都受到金融危机的严重冲击；而被寄予厚望的新能源产业，仍面临技术“瓶颈”、基础设施建设和市场培育等多重挑战，目前在经济上还难以与现有产业竞争，短期内难以像信息产业那样在 20 世纪 90 年代世界经济中起到“领头羊”作用。

三是“去产能化”制约全球工业生产持续强劲复苏。要真正走出全球经济危机，最关键的问题在于为现有庞大的生产能力找到与之相适应的需求，加快消化过剩产能。全球经济数据显示，与库存调整相关的基钦短周期已接近尾声，但是与全球“去产能化”相关的中长周期却刚刚开始，这必将影响未来长期潜在产出。尽管全球制造业出现明显复苏迹象，但是各国产能利用率还处于历史低位。美国 2007 年 9 月制造业产能利用率为 79.7%，而 2009 年 7 月已降至 68.5%。在最近 20 年的历史上，美国两次产能利用率探底分别发生在 1990 年~1991 年间和 2001 年~2002 年间。在两次经济衰退周期中，产能利用率分别下跌至 78.7%和 73.5%。显然，仅从数据上看，目前的状况比当时要糟糕得多。欧元区 7 月份制造业产能利用率约为 70.5%，较 2007 年第二季度 84.6%的水平下降了约 14 个百分点。包括中国在内的新兴市场经济体产能过剩更趋严重。考虑到多数制造业产业关联度高、“迂回生产”环节较长，因此“去产能化”的周期和调整幅度将是一个较为漫长的过程。

（2）后危机时代世界经济将逐步恢复增长。首先，各国经济刺激政策有利于世界经济企稳回升。全球金融危机爆发后，面对 20 世纪 20~30 年代经济“大萧条”以来最严重的经济衰退，各国政府加强了经济政策的协调与合作，采取了一系列力度空前的刺激性措施，实行极度宽松的货币政策和大规模的扩张性财政政策，以稳定金融形势、刺激经济复苏、改善基础设施、培育新兴产业，这些措施的实施已经起到恢复市场信心、扭转经济下滑的作用。后危机时代，尽管这些政策将逐步退出，但其对经济复苏仍将发挥积极的促进作用。

其次，经济全球化和科技进步仍将是推动世界经济增长的基本动力。金融危机和经济衰退虽然导致各种保护主义抬头，但不会改变经济全球化发展的大趋势。资本的逐利性、技术进步和市场开放决定了经济全球化发展的基本动力依然存在，无论是发达国家还是发展中国家都从参与经济全球化进程中不同程度地受益，继续扩大市场开放程度和继续推动经济全球化进程，仍将是世界各国实现经济发展和繁荣的必然选择。因此，经济全球化大趋势不可逆转。

各国大力发展新能源和节能环保等绿色产业，有可能引发新一轮的科技进步浪潮，形成新的经济增长点。从历史经验来看，在经济衰退期间或者说经济萧条期间，对于技术的需求会受到较大影响，在这样一个情况下，技术进步往往会有一个直线式的下降，比如在“大萧条”时期，美国专业申请数量在1929年到1930年期间下降37%，直到1965年专业申请量才回复到1929年的数量。但从本次金融危机爆发至今的情况来看，世界范围内专利申请数量没有明显减少。此外，美国等发达国家，在应对经济衰退的经济刺激计划里，已经开始加大对新能源等方面的研发投入。不仅研发投入的增加所产生的需求本身对于经济的恢复将产生积极的影响，而且，如果这些方面取得一些进展，还将会为未来经济发展培育新的增长点。

最后，从以往世界经济的增长趋势和波动规律看，经济金融危机不会改变世界经济长期增长趋势。20世纪90年代以来，在经济全球化和信息技术革命的推动下，世界经济增长从1991年的1.5%提高到2007年的5.2%，年均增速达到3.5%。其间，虽然受1997~1998年亚洲金融危机和2000~2001年美国“新经济”泡沫破灭影响而出现下滑，但在1~2年后又恢复到年均增速之上，总体保持平稳增长趋势。根据以往规律，世界经济仍将逐步回升到长期年均增长水平。

初步预计，2009年世界经济增速将下降1.5%左右，2010年世界经济将恢复正增长，增速在2%左右，2011~2012年世界经济将增长3%左右，从2013年开始恢复4%左右的正常增长。

2. 国际贸易和跨国投资再趋活跃

国际金融危机对国际贸易和跨国直接投资产生巨大冲击，2009年全球贸易量有可能创战后以来最大降幅，出现10%左右的下降。全年全球跨国直接投资有可能大幅下降50%以上，2010年止跌回升的难度依然较大。但随着世界经济逐步摆脱金融危机影响重新走向复苏，国际贸易和跨国直接投资还将再趋活跃。①

---

① 毕吉耀等:《“十二五”时期世界经济主要发展趋势》，6~8页，载《调查·研究·建议》(31)，2009年8月11日。

首先，国际产业转移将在更广范围、更大规模和更深层次上进行，国际分工将呈现出更加错综复杂的格局，不仅垂直分工与水平分工相互交织，而且基于产品链和产业链细化拆分的产品内分工和产业内分工也将继续发展，推动产品内和产业内贸易扩大，并带动相关服务贸易和投资的进一步增长，从而创造出更多的国际贸易和跨国投资机会。

其次，近年来各种形式的区域经济合作和自由贸易区蓬勃发展，区内贸易和投资有力地推动了国际贸易和跨国直接投资的发展。目前，欧盟、北美和东亚的区内贸易已分别占各自对外贸易的65%、40%和45%左右，区内相互投资也不断增加。从发展趋势看，区域经济合作和区域经济一体化仍将继续深化，区域内产品、资金、技术、人员等要素流动会更加便捷，区内贸易和投资仍有很大的发展空间。

最后，新能源和节能环保等绿色产业的发展，不仅将创造出新产品、新技术和新产业，带动相关产业转型升级，引发新的全球产业调整转移，而且将创造出对绿色产品、节能环保技术和设备等方面大量新的需求，带来更多贸易和投资机会，成为国际贸易和跨国直接投资新的推动力。

后危机时代也存在一些制约国际贸易和跨国直接投资发展的不利因素。一是全球经济失衡的再平衡调整，特别是美国等发达国家将减少消费和提高储蓄率，这虽然有助于纠正全球贸易严重失衡格局，但也将降低进口需求，制约新兴市场和发展中国家出口的增长，从而抑制国际贸易的增长。二是发达国家出于政治、经济、安全等方面的考虑，对来自新兴发展中大国的投资和收购兼并活动有可能设置更多的障碍和采取更多的限制。在新兴市场和发展中国家日益成为跨国直接投资重要新来源的情况下，这种带有偏见和具有针对性的投资保护主义，将影响和制约未来跨国直接投资增长。

初步预计，后危机时代国际贸易和跨国直接投资将再趋活跃，重新成为推动世界经济增长的重要力量，国际贸易的年均增速将逐步恢复到5%~7%的正常水平，全球商品和服务贸易占世界生产总值的比重继续维持在25%~30%之间；跨国直接投资将逐步回升，年均规模有望重新达到1万亿美元以上，新兴市场和发展中国家在跨国直接投资中的比重将进一步提升，能源资源、基础设施、现代服务业和绿色产业将成为跨国投资的重点领域。

3. 全球经济不平衡状况趋于缓和

经济失衡是世界经济运行的常态和基本规律之一，不同时期的经济失衡有着不同的表现。当经济失衡积累到十分严重的程度时，就会以经济危机的形式释放出来。因此，近20年来，全球经济失衡就与金融危机如影随形。例如，20世纪80年代日、美的贸易失衡导致的日元升值、日本经济泡沫破裂，就触发了日本经济危机和日本10多年的经济停滞。此次全球范围内的经济失衡最大的特征，就是日益广泛的全球化背景下国际分工和全球价值体系的不断深化，以及由于贸易分工和金融分工不断深化导致的全球经济金融结构失衡。美国、亚洲新兴国家、石油国家成为全球经济失衡的三极，后两类国家靠输出廉价商品、劳务和资源，创造了大量的“商品美元”和“石油美元”，形成了“美元—石油美元—商品美元”的三角关系，使全球供需和分工体系维系在“脆弱的平衡”上。十多年来，全球都在用高成本的“透支经济”来熨平经济增长的周期，但是膨胀不是无限度的，当美国“金融泡沫”和“债务泡沫”破裂导致其实体经济剧减、消费收缩和资本流失的时候，全球这个“脆弱的平衡”就被打破了。

从失衡到再平衡的过程是一个成长的过程，每次危机都是对失衡的一次纠正。未来全球经济将进入艰难的结构调整期，只有有效缓和乃至改善全球经济失衡，全球经济和金融才能真正从危机中走出来。全球经济失衡的根本原因在于参与全球经济活动的主要国家出现内部经济失衡。因此，纠正全球经济失衡需要各国政府调整内部经济结构和发展战略，同时需要全球多边联合行动和政策协调一致，建立更适应 21 世纪需求的新多边主义的制衡体系和世界经济体系，推进全球货币、金融、贸易及其分工体系的重建进程。

从世界经济面临的调整压力看，金融危机实质上是对全球经济失衡的强制性调整。美国多年保持巨额贸易赤字和财政赤字，居民大量借贷，寅吃卯粮，这种低储蓄、高消费的发展模式难以为继。以新兴经济体为代表的高储蓄国家，外汇储备和外贸依存度往往较高，易受金融风险的冲击。这种全球“消费—储蓄”模式，很大程度上受各国经济实力、文化传统、人口结构的影响。金融危机后，美国等发达国家不得不减少消费和增加储蓄，减少贸易赤字，使国际收支平衡状况有所改善，亚洲等发展中国家也更多地转向扩大内需促进经济增长。

后危机时代，世界经济结构调整的趋势将会继续朝着“再平衡”的方向发展。金融危机将迫使国际社会认真分析国际分工与需求失衡之间的关系，重新进行调整。从产业结构的调整来看，前期发达国家服务业过于超前发展、工业发展相对薄弱的格局可能会得到一定程度的回调，可能会使得美国等发达国家开展一轮“再工业化”，发达国家在高端消费品、投资品方面的生产能力将会增强。产业结构的变化将带动需求结构的调整，发达国家工业生产能力的增强，将会使得发达国家消费需求和投资需求面向国内和其他发达国家的比例提高，对于校正这些国家的国际收支不平衡状况将起到正面作用。

后危机时代，发达国家可能将继续朝着改善国际收支的方向调整。根据国际货币基金组织 2009 年 4 月的估计，到 2014 年，美国贸易赤字占 GDP 的比重将从 2008 年的 4.72%下降到 2.81%，下降 1.91 个百分点。

随着世界经济增长多极化的深入发展，包括“金砖四国”在内的新兴经济体实力不断壮大，各种区域性要素流动和贸易活动将得以发展，以美国负债消费、亚洲低成本制造、能源资源输出国供给大宗商品为大循环的全球增长格局将逐步成为历史，取而代之的是全世界范围内几个区域性的贸易区，更多的贸易活动将在区域内或区域间出现，而不是集中在几个大国。

在国际经济“再平衡”过程中，国际资本的流向可能会发生一定的变化。原来形成的部分新兴市场经济体和发展中国家将贸易盈余投向发达国家金融市场、发达国家产业资本向新兴市场经济体和发展中国家投资的循环，流量将会有所减弱。在此过程中，金融市场交易规模的增速将会有所放缓。

总之，随着美国不断提高储蓄率、调整消费投资和内外需关系，包括中国在内的新兴经济体调整收入分配格局、提高消费比重，上一轮增长期以美国负债消费带动全球经济大循环格局，将被全球几个重要增长极之间进行的，既包括区域内又包括区域间的区域性循环所替代。

三、后危机时代中国经济内外均衡的前景

（一）后危机时代中国经济发展的有利条件

1. 世界经济调整带来新的机遇

（1）世界经济的推动力由发达国家逐步转向新兴国家，中国追赶发达国家的步伐有可能明显加快。从 2009 年开始，世界经济的主要推动力逐步向中国、印度、俄罗斯、巴西、印度尼西亚、墨西哥等新兴国家和发展中国家转移。新兴国家拥有广阔的尚待开发的内需市场，面临产业现代化的强烈驱动力，具备庞大的可供开发的投资潜力，这为新兴国家在危机中和危机后维持较好的发展速度提供了条件。危机之后，新兴市场国家将占有更大比重的市场空间。此外，国际能源、资源价格相对处于低位，有利于我国产业、企业降低生产成本，有利于我国企业延伸产业链，提高定价的话语权。

随着世界经济的减速，虽然中国经济增长也将会受到影响。但由于中国具有发达国家所不具有的后发优势，中国可以继续通过从发达国家引进先进技术来提高国内的技术水平，受世界科技创新低潮的影响相对较小。如果处理得当，可以将引进消化发达国家的先进技术、承接国际产业转移与扩大国内市场需求有效结合起来，仍然能够保持相对较快的经济增长。因此，这也是中国在经济发展水平上赶超发达国家的良机。后危机时代，如果美国经济延续较低增长的态势，中国 GDP 年度增量将明显超过美国，追赶美国的步伐加快。同时，

由于日本经济下降幅度比美国还大，追赶日本的步伐也将明显加快。按照汇率法计算，在 2010 年中国有可能在总量上赶超日本。

（2）世界经济结构将逐步调整，中国产业结构调整的步伐有可能因此而加快。从各国应对金融危机、推动全球经济复苏中，我们看到了以开发清洁能源、新能源和节能减排产业等为基本内容的绿色产业革命正在悄然兴起，展现出向节能低碳的更为绿色的经济转变的良好势头。我国发展低碳经济，是转变经济增长方式，调整产业结构，增强产业国际竞争力，提高资源能源利用率，保护生态环境，实现可持续发展的需要。

受金融危机的冲击之后，为促进经济增长，一些国家和地区放松对出口的管制，出台有利于产品出口的政策，以前限制对我国出口的高新技术产品，部分也获得了解禁，这对于我国引进先进设备和技术以及平衡与贸易伙伴的贸易盈余都极其有利。在此次经济危机中，欧美许多企业倒闭破产，其中有些企业拥有我国需要的核心技术，利用此机会并购这些企业，不仅购买了设备，还附加了关键技术。同时，国际初级产品价格走低，为我国加快资源类产品的战略储备提供了良好的机遇。

跨国公司更加重视在中国市场的投资与发展，因此比较高端的生产环节和研发能力出现了加速向中国转移的趋势。通过这次危机我国企业加快在全球市场上收购关键零部件企业、技术、品牌和人才，这些都是中国各主要产业存在的薄弱环节，通过收购与兼并，可以提升我国这些战略性产业的产业链条的薄弱环节，增强国际竞争力。

伴随着发达国家的“再工业化”，发达国家在制造业领域将会更多地吸引外来投资，这将为我国部分具有较强竞争力的产业在海外拓展发展空间提供机遇。与此同时，发达国家服务业的产业资本在本国的投资空间相对缩小，有可能会在国外寻找更大的发展空间，部分产业资本有可能从发达国家向发展中国家转移。这将为我国从发达国家承接服务产业转移，提高国内服务产业竞争能力，提供良好的机遇，也将为我国国内调整产业结构，适当降低工业比重，扩大服务业比重，产生积极影响。同时，世界经济结构调整还将会为中国调整国际收支提供了机会，外贸顺差规模甚至有可能出现一定幅度的下降。

（3）随着综合国力的增强和对外开放程度的加大，中国国际经济影响力将进一步提升。金融危机过后，国际金融体系面临改革。随着美欧经济的下滑，新兴国家的迅速发展，虽然短期内美元的主体地位难以撼动，但长期来看国际货币体系将持续向多元化方向演变，为人民币国际化创造了良好的外部发展环境。同时，金融危机使各国相对实力发生了明显变化，中国在国际社会中的地位得到了一定程度的提升。从 2008 年二季度到 2009 年一季度，美国、欧洲、日本等主要经济体纷纷陷入深度经济衰退。在世界主要经济体中，只有中国还保持相对较快的经济增长，对稳定世界经济增长发挥了重要的作用。后危机时代，中国经济在这方面的作用将愈加突出。作为在经济领域发挥重要作用的体现，人民币在未来国际经济活动中也应该发挥更大的作用。人民币在中国与周边亚洲国家的国际贸易结算中已经开始发挥了重要的作用。随着中国经济实力的进一步增强，可加快人民币国际化进程，加快提升人民币在国际上的地位，使得人民币发挥越来越重要的作用。

随着中国综合国力的增强和对外开放程度的加大，中国更为深入地融入到世界经济体系之中。这必然要求中国将更加积极地参加国际和区域性事务的对话、协商活动，在其中发挥更大作用，并通过对话、协商解决与其他国家发生的争端。随着中国综合国力的增强，广大发展中国家希望中国作为发展中国家的代表，在国际事务中积极反映发展中国家的利益。这也要求中国在国际组织改革中发挥更大作用，争取在国际组织中获得更大的话语权。

2. 国内需求拓展的空间广阔

（1）扩大消费潜力大。人口大国尤其是发展中的人口大国这一基本国情，决定了我国比世界上任何国家都更加具备立足扩大国内需求推动发展的有利条件，我国的最终消费需求还存在巨大的潜力。一是农村市场蕴涵着巨大的消费潜力。从人均消费总量来看，2008 年农村居民人均消费为 3756 元，占城市居民人均消费的 27.8%。从主要耐用消费品数量看，2007 年农村居民每百户拥有彩色电视机 99.22 台，电冰箱 30.19 台，空调 9.82 台，分别占城市的 74.66%、32.24%、9.79%，市场空间广阔，如能持续提高农村居民人均收入，对总体经济拉动将非常可观。

二是城市居民消费需求还存在进一步的提升空间。2008 年，城市 20%的最高收入家庭人均消费为 22435.15 元，是 20%的低收入家庭的 4.18 倍。如能有效提高城市低收入人群收入，也将对总体经济增长产生有利影响。

三是相对于发达国家在相同历史阶段的消费状况，我国居民消费存在较大的提升空间。例如，我国目前人均收入水平所处的阶段大体与日本在 20 世纪 60~70 年代相当，而这一时期日本的国内消费迅速扩张，成为拉动经济增长的主要动力。后危机时代，我国城乡居民消费结构仍将处于不断升级的过程中，伴随着居民收入的持续增长和社会保障体系的进一步完善，城乡居民消费增长的潜力还很大。

（2）城镇化空间广阔。截至 2008 年，我国城镇化率达到 45.7%，比 2000 年提高近 10 个百分点，未来还有较为广阔的上升空间，庞大的农村人口将逐步向城镇转移，广阔的农村区域将逐步向城镇化发展。从世界各国经济发展历史看，城镇化对于经济增长具有重要的带动作用。

首先，城镇化会引发大规模的投资需求。一是会引发生产性投资，从而为转入城镇的劳动力提供就业机会。二是会引发建设城镇所需要的基础设施投资，如道路、给排水、电力、通信、垃圾和污染物处理等，这些基础设施建设不仅是为满足城镇人口生活的基本需要，也是为现代消费品进入居民消费领域所准备的基础条件。三是会引发房地产投资，以满足城镇人口的居住需求和工商企业的发展需求。粗略地计算，中国从 2003~2008 年起，每增加一个城镇人口大约会引出 50 万元的城镇固定资产投资。

其次，城镇化会引发更多的消费需求。这是因为农民消费行为逐步地市民化，将促进消费需求的增长。城镇人口收入要高于农村，有能力消费更多的商品，而且现代大工业所生产的消费品，都是以城镇基础设施配套为使用条件的。所以城镇人口比重的提升就会带来消费总量的扩张。

最后，服务产业的发展与城镇规模的扩张密不可分。不仅依托于城镇的工业体系发展，还必须有与之配套的生产性服务体系，如流通与通信服务体系、金融与法律服务体系、劳动力市场与交易体系等，城市居民的基本生活保障与生活质量的提高，离不开商业服务与医疗、娱乐的服务产业的发展。而在农村，由于受到人口聚集程度和收入水平的限制，这些服务产业缺乏发展空间。因此，城镇化能打开中国的一个长期巨大需求，也是对冲外部需求严重萎缩的重要出路，而且也是中国经济在走向现代化过程中的内生性要求，即便没有这场世界性危机，中国也会由于长期积累的结构矛盾，引发一个为城镇化补课的城镇化高潮。目前的国内国际因素都在推动中国立即推出城镇化战略。

后危机时代，伴随着城镇化进程的加快，我国工业化进程也将受到推动，工业化进程的加速，将使生产性服务业加快发展，从而大规模带动物流、商务、通信等领域的投资。

（3）高储蓄率为潜在需求实现提供资金保障。经济的持续快速增长离不开大规模的资本投入，充足的资本实力不仅将为我国进一步扩大生产规模提供可靠保障，同时也将为研究开发、技术引进和技术改造提供强大支撑。后危机时代，我国在资本积累方面的条件和优势将继续保持，高储蓄提供了长期的建设资金来源。20 世纪 90 年代以来，我国总储蓄率一直保持在 40%以上，2008 年达到 51.4%，与西方发达国家的低储蓄和过度消费形成鲜明对比。我国外汇储备相对充裕，为保障总体金融形势平稳提供了有利条件。2008 年，我国外汇储备达到 19460 亿美元，居世界第一位。2008 年，国家财政收入达到 61330.35 亿元，比 1978 年增长 53.17 倍。国库的充盈，有效地提高了国家抵御各种风险和自然灾害的能力，增强了政府宏观调控的能力，为加强经济和社会中的薄弱环节、切实改善民生、加快和谐社会进程提供了有力的资金保障。

3. 国内供给能力不断提高

（1）产品竞争力不断增强。改革开放 30 年来，我国已经建立了以电子信息、钢铁、汽车、装备制造、化工、纺织为主要支柱的完备的现代化工业体系，主要工业产品生产规模居于世界领先地位，成为名副其实的“世界工厂”，目前我国电子信息产业规模已位居世界第二，钢铁产量位居世界第一，是世界第三大汽车生产国和第二大汽车消费市场，在发电设备、重型设备等领域已接近国际先进水平，中低档数控机床、中低档大型工程机械等也已接近国际水平，成为世界第二造船大国，与第一大国的差距不断缩小，在纺织业等轻工业部门已成为世界龙头。产品竞争力在对外经济开放中不断增强。进出口贸易总额居世界位次跃升到第二位，仅次于美国。对外贸易的国际竞争力明显增强，工业制成品出口占出口总额比重继续上升，机电产品和高新技术产品进口快速增长。国际金融危机后，我国出口产品在主要国家的市场份额提高。后危机时代，我国制造业的国际竞争力将进一步提高，外需仍然是我国重要的经济增长动力之一。

（2）劳动力素质稳步提高。2006 年以来，我国全面实行城乡免费义务教育，对所有农村义务教育阶段学生免费提供教科书。2008 年，高等教育毛入学率达到 23.3%；高中阶段教育毛入学率 74.0%；初中教育毛入学率 98.5%；全国小学净入学率达到 99.5%，教育普及程度明显提高，已接近中等收入国家平均水平。适应我国经济发展进程要求的职业教育得到迅速发展，2008 年中等职业教育在校生达到 2056.7 万人，每年已有 500 多万中等职业教育毕业生进入劳动力市场，这是我国承接和发展先进制造业和现代服务业的重要依托。

（3）技术后发优势仍将存在。当今世界，科技发展日新月异，科技已成为支撑和引领经济发展和人类文明进步的主要动力，谁掌握了先进科技，谁就掌握了经济社会发展的主动权。后危机时代，我国还难以实现技术赶超，但通过引进、学习发达国家先进技术，我们仍能实现经济发展的技术后发效应。从目前情况看，中国具有获得比较先进的技术的外部可能性和内部条件。从外部可能性看，后危机时代，发达国家经济大部分时间仍将处于金融危机后的恢复期。为缓解债务压力，改善国际收支，发达国家可能会放松对中国的一般技术出口，中国从发达国家获得先进技术的渠道将有所拓宽，与发达国家的技术贸易将会明显增加。从内部条件看，我国具有引进先进技术的人员、资金条件。我国的科技人力资源丰富，我国的研发人员总量仅次于美国，居世界第二位，具备引进、消化、吸收国外先进技术的人才条件。2008 年，我国外汇储备居世界第一位，具备引进技术的资金实力。

4. 体制效应还有进一步释放的潜力

一是后危机时代改革开放将进一步推进。改革开放 30 年的实践证明，在困难的情况下，改革有可能取得突破。1978 年，党的十一届三中全会在我国当时经济极其困难的情况下，确定了改革开放的目标。1992 年，党的十四届三中全会在我国经济徘徊的关键时期，明确了建立社会主义市场经济体制的改革方向。2007 年以来，全球经济开始调整为党的十七大提出深化改革的战略举措再一次带来机会。2008 年下半年，外部冲击和内部调整的压力迫使我国启动了以深化改革、扩大内需为核心的酝酿多年的一系列政策措施。后危机时代，一些重要领域和关键环节的改革将取得新的突破，市场配置资源的基础地位将进一步强化，整个经济的自主增长能力将进一步增强。

二是我国具有社会主义集中力量办大事的政治体制优势。后危机时代，世界政治、军事、经济形势将可能发生重大变化，国内经济社会的发展仍会出现难以预料的突发事件，我们完全可以继续发挥这一先天优势，及时化解各种国际、国内问题和矛盾，保持经济社会的和谐稳定。

三是后危机时代我国宏观调控能力将进一步增强。全球经济深度调整的冲击可以使我们更加客观地看到我国社会经济发展面临的主要问题和基本矛盾，更好地总结和借鉴发达国家在现代市场建设和金融开放监管方面的经验和教训。全球经济深度调整也可以使我们更加有效地利用国内和国外两种资源、两个市场，不断积累应对外部经济冲击、防范外部风险的能力。

（二）后危机时代中国经济发展的不利因素

1. 世界经济调整带来新的挑战

（1）世界经济“再平衡”有利于中国经济外部平衡，但外需拉动经济的增长模式难以为继。金融危机过后，世界经济的“再平衡”过程，使得发达国家的需求更多地依靠国内需求和发达国家之间的供给来满足，新兴产业在短期内难以获得技术上的重大突破。加之主要发达国家将在提高储蓄率的同时，降低消费需求，势必对我国出口带来挑战；出口高增长的时代将结束，以出口拉动的经济增长模式将难以延续。与此同时，伴随着发达国家的“再工业化”，中国制造业领域吸引外资的优势可能削弱，对中国制造业的技术进步会产生一定的不利影响。这些因素都使得中国经济面临新的挑战。

（2）多极化趋势有利于争取和平的国际环境，但中国面临的国际矛盾更加复杂。后危机时代，多极化趋势的发展增强了世界各国之间的相互制衡关系，世界继续朝着更加有利于和平的方向演变，有利于中国争取和平发展的国际环境。但中国面临的国际矛盾可能更加复杂。一是随着中国产业技术水平的提高和产业结构的升级，中国的竞争对手逐渐从部分新兴市场国家转变为发达国家，竞争对手的实力明显增强，中国与发达国家在某些领域的碰撞可能会有所强化。二是随着国际政治经济制度的变迁和各国经济实力的增强，中国与一些国家的矛盾可能会显性化。如随着新的国际海洋公约的生效，中国与周边国家关于海事主权的争端进一步显性化，成为中国难以回避的问题。

（3）面临的国际竞争将愈发激烈，中国受外部冲击的影响更大。后危机时代，国际贸易保护主义和贸易摩擦加剧。受国际金融危机的冲击和影响，一方面，我国成为国际贸易摩擦的主要对象，出口应诉的贸易摩擦案件增多；我国大量出口产品受阻。另一方面，国外低价倾销产品冲击我国市场，国内产业受损害的现象也在增多。今后一段时期，受进口冲击影响大的产业主要是化工、钢铁、电子、机械、农产品等行业。

随着中国产业升级和产业结构调整进程的加快，中国不仅在获取战略资源方面仍然将面临激烈的竞争，在人才、技术上同发达国家竞争的激烈程度也将会越来越大。随着国际竞争的更加激烈和中国经济实力的崛起，发达国家对中国的高技术封锁可能会进一步增强。

在经济全球化的过程中，中国既从参与国际经济分工中获取了一定利益，但随着中国对外贸依存度的增强，受外部冲击影响的可能性也在增大。特别是经济全球化使得国际金融市场不稳定因素增多，并增强了国际金融市场的传染效应，金融市场对商品市场的影响增强，中国受国际金融市场动荡的影响也将会加大。国际游资对中国金融市场稳定造成的影响越来越大。此外，由于中国很多原材料对国际市场的依存度较高，许多产品又主要面向国际市场，国际商品价格的波动对我国的影响将明显加大。因此，在融入国际经济体系的同时，如何减小金融市场动荡、世界经济波动的影响，成为中国需要解决的重要任务。

2. 应急调控带来的经济失衡加剧亟待化解

（1）投资消费失衡加剧。在我国应急式的保增长措施显示出成效之时，经济结构的失衡也在加剧。为了应对金融危机的冲击，中国政府出台了一系列扩大内需的政策措施，导致投资大幅扩张，尽管本轮经济刺激计划对保持消费稳定也发挥了积极作用，但由于诸多因素的制约和消费这一经济变量自身的特性，消费保持了实际增速的稳中有升，但名义增速大幅回落，2009 年 1~9 月，消费对经济增长的贡献率达到 51.9%，拉动 4.0 个百分点，但同期投资对经济增长的贡献率高达 94.8%，拉动 7.3 个百分点，投资消费本已严重失衡的关系进一步扭曲，内部失衡进一步加剧。

（2）产能过剩问题突出。在应对金融危机时，政府加大投资刺激经济，虽然信贷资金主要投向基础设施等与民生相关的产业，但无法避免部分信贷资金流向产能过剩的行业，盲目投资和低水平重复建设导致产能过剩的形势更加严峻。目前，从低端到高端产能、从内需到外需产能、从传统到新兴产能均不同程度面临过剩问题。一是钢铁、水泥等传统行业产能过剩矛盾较深。据统计，2008 年底我国粗钢产能 6.6 亿吨左右，目前实际需求为 4.7 亿吨左右，1.9 亿吨左右产能出现闲置。水泥行业总产能达到 17 亿~18 亿吨，而市场需求量大约为 14 亿吨，存在 3 亿~4 亿吨过剩产能。二是外需行业产能过剩问题难以解决。受金融危机影响，2009 年以来，中国出口呈现急剧下滑趋势，导致大部分为外需服务的生产能力出现过剩，其中不仅包括纺织、鞋帽、箱包等低端产能，而且还包括多晶硅、光伏太阳能电池等高端产能。这些产能的生产特点、产品设计、经营模式以及销售渠道均具有明显外向型特征，难以通过国内市场容纳并消化。三是部分新兴行业显露出产能过剩迹象。新能源、新材料等行业目前在我国属于新兴产业，发展处于起步阶段，需求市场尚未充分建立。但是在本轮大规模投资的刺激下，部分新兴行业由于新建项目快速增长，产品需求体系建设滞后，已经出现了产能过剩迹象。

(3) 增长动力亟待转换。2009 年以来，中国经济的企稳回升，主要靠政府推动。后危机时代，要保持经济增长动力、增强投资发展活力，必须实现由政府投资向社会投资的转换。2009 年以来，我国新增贷款规模大幅增加，大型国有企业融资环境比较宽松，特别是随着住房销售和房价的快速回升，部分国有资本大规模进入房地产领域，在各地土地拍卖中频频创造出新“地王”。国有资本大量进入房地产等竞争性领域，将出现“国进民退”、国有资本“与民争利”的局面。尽管近几个月来，房地产等领域投资增速有所加快，但是大部分中小企业融资困难，投资积极性不高。如何有效启动民间投资成为下一阶段经济可持续增长的关键问题。

(4) 资产价格泡沫再起。2009 年以来，我国巨额新增信贷中有一部分流向了股市、房地产市场，股市和房地产市场存在一定的泡沫。2008 年底以来，我国整体房价已上涨 8.5%，个别大城市的增幅超过一成，楼价已逼近甚至超过 2007 年的高位。股市方面，尽管近期有所调整，但是，上证指数由 2008 年末的 1820 点升至 8 月 4 日 3478 点的 2009 年最高点，暴涨逾 90%。资产价格泡沫加大了市场调整压力和剧烈波动风险，特别是房价过快上涨抑制了购房需求，给经济回升带来了一定的不利影响。

3. 资源、环境和要素成本上升的压力加大

过低的生产要素价格和“无限”的劳动力供给是我国内外失衡的重要支撑，在目前资源价格形成机制下，资源的稀缺性、环境治理成本和资源枯竭后的退出成本都没有体现，资源定价过低，使失衡式经济增长得以实现。目前，我国人均资源紧缺，绝大多数资源的人均占有量低于世界平均水平，但单位 GDP 的资源、能源消耗量却大大高于世界平均水平。工业化和城市化的加速发展，意味着对土地、矿产和水资源的需求扩大，资源的国内保障程度将进一步降低，而国际市场的依赖程度上升，容易引起新的国际纠纷和市场波动。由于非农用地挤占农业用地的势头仍难以改变，土地资源将持续紧张。同时，《全球气候变化公约》、《京都议定书》对我国温室气体排放形成了硬约束，来自国际社会的减排压力将进一步增加。因此，推进要素、资源价格改革势在必行，要素和资源价格的上升是必然趋势，要素和资源价格向合理水平的提升将使失衡式增长的代价越来越大，并逐渐促使低成本扩张成为历史。

我国收入分配制度改革和“人口红利”逐渐接近尾声，也将改变我国剩余劳动力过多、劳动力成本过低的状况。一是人口老龄化带来劳动力资源减少。建立在2000年第五次人口普查结果上的最新预测表明，15~64岁年龄段人口数量还会持续增加到2014年，届时总量会达到9.97亿：而15~60岁年龄段的人口增长到2011年就会停止，届时总量为9.27亿。因此，从劳动供给的角度来看，中国劳动力供给最为丰富的时间还会维持10年左右，之后，劳动年龄人口绝对数量将不再增长，其规模会逐渐缩小。[①] 二是劳动力成本上升。20世纪90年代末以来，大多数行业特别是6类主要吸收普通劳动者就业的行业（社会服务、交储邮、制造业、批零餐饮、建筑业、采掘业），其从业人员的平均工资水平都呈现出上升的趋势。随着我国劳动力成本的上升，近两年，一些外商投资已经开始向越南等劳动力更为低廉的国家转移。据蔡昉预测，[②] 中国已初步进入了“刘易斯拐点”（劳动力从无限供给到短缺的转变），从2009年开始全国劳动年龄人口比例将停止提高，稳定若干年后将逐渐降低，预计人口红利2013年终结，“刘易斯拐点”的出现将引起工资水平和劳动力成本的上升。随着后人口时代的来临，很多与人口红利相关的行业如房地产、汽车、钢铁、建材、基建、煤炭等行业都将陆续进入成熟期，而随着中国的劳动力成本的提高，未来低成本将不再是中国产品的竞争优势。

4. 社会转型加速将使现有的社会管理机制面临压力

后危机时代，在经济发展的同时，社会转型将进一步加快，城市人口比例增加，新的社会阶层将不断出现，利益主体多元化现象日趋强化，我国将加速从单一的社会结构向复杂的社会结构转变，现有的社会矛盾可能进一步显性化，同时剧烈的社会结构变动可能会产生新的社会摩擦和问题。

一是建立和谐社会，迫切需要解决生产力的发展与人民不能充分分享改革成果的矛盾，我国长期积累的收入分配、就业、社会保障、教育、医疗、住房、食品安全和环境保护等问题将更加突出，人口老龄化将如期到来，各种压力将以前所未有的分量接踵而至，解决社会发展滞后于经济发展问题更加紧迫。

二是城市化、市场化在为社会注入新的活力的同时，也会对目前的城乡二元结构产生冲击。农民向非农产业和城市大量转移，必然也应该享受和现有城市居民一样的公共产品和服务，加大财政负担。显然，我国现有的公共财政体

---

① 张车伟：《中国劳动力成本优势能长久保持吗?》，载《社会科学报》，2006年8月17日。

②《刘易斯拐点：中国走向发达经济的关键转折——专访中国社科院人口与劳动经济研究所所长蔡昉》，载《21世纪经济报道》，2008年9月13日。

系还没有为这种变化做出准备。

三是利益格局日趋复杂，利益主体化日益多元化，不同利益群体对不同利益的诉求和矛盾将进一步凸显，而现有的沟通渠道和社会协调机制已经不适应这种复杂的局面。

四是转变经济增长方式，迫切需要改变长期形成的干部选拔、考核制度和行政管理体制，探索适合我国经济和社会发展现状的行政管理体制，提高治理效率。而相应的改革必然会造成短期经济增长速度的下降，牺牲部分短期经济利益，影响经济增长的速度。

（三）后危机时代中国经济内外均衡的前景

1. 经济增长将逐步恢复到10%左右的潜在增长水平

后危机时代，随着国内外经济环境的改善，2010~2012 年，我国经济将出现稳步复苏，预计 GDP 年均增速保持在 9%~10%；2013~2015 年，我国经济增长的内生动力明显增强，经济发展进入新一轮上升期，预计 GDP 年均增速将保持在 10%~11%。

（1）我国仍将处于工业化和城市化快速发展阶段。从发展阶段看，2010~2015 年，我国仍然处于工业化和城市化快速发展阶段，国际金融危机和经济调整不会改变我国经济社会发展的阶段性特征。在经过一段时间的结构调整之后，我国经济增长将会重新回到潜在增长率 10%以上。

（2）劳动力、资本和科技要素支持我国经济仍将保持较快增长。从生产要素看，一是我国仍处于人口红利时期，根据相关研究，在 2013 年前后我国人口红利将达到最高峰，因而未来几年我国仍将保持高储蓄率、高投资率水平，我国有较为充裕的资本存量。二是相对于英国、美国、德国、日本等少数几个拥有整套完备工业体系的制造业大国，劳动力供给充裕和成本低廉仍然是未来几年我国的比较优势所在。三是我国科技水平在稳步提高，全要素生产率对经济增长的贡献率继续上升。

（3）三大需求将更加协调拉动经济增长。从需求结构来看，消费、投资和出口三大需求对经济增长的拉动作用更为协调。一是随着我国居民可支配收入的稳定增长、消费结构式升级、社会保障体系的不断健全，我国消费将保持稳定增长，居民消费对经济增长贡献将会得到提升；二是在工业化完成之前投资需求始终是拉动我国经济增长的重要动力之一，随着刺激政策逐步减弱，投资增速可能会略有放缓，但随着经济重新进入上升期、内生增长动力加强，投资增速将会逐步加快；三是随着世界经济逐步复苏，外贸出口需求将逐步恢复，但估计外需对未来几年经济增长的贡献度将会明显减小。

（4）三次产业共同推动经济增长。从产业结构来看，未来几年，我国一产比重将继续下降，三产比重将稳步上升，因仍处于工业化快速发展阶段而导致二产比重继续提高，直至 2015 年前后将达到峰值，特别是二产内部结构变化剧烈，政策导向以及市场压力双重推动制造业优化升级，能源原材料基础工业发展趋于成熟，而高加工度制造业将继续快速发展。

（5）宏观调控政策更加重视增长质量。在当前我国经济企稳回升之后，货币政策较早发出动态微调信号，而近期国家出台了防止盲目重复建设和解决产能过剩的政策，这表明国家不再单纯追求过高的增长速度，较早着手解决结构问题。未来几年，我国宏观调控政策的目标可能发生较大转变，由过去高度重视 GDP 增长数量，逐步向注重经济增长质量转变，更加重视涉及民生领域的改革，注重让人民共享发展和改革的成果。

综合上述分析，未来几年我国经济增长速度将呈现出前低后高的态势，初步预计，2010~2015 年，我国 GDP 年均增长 10%左右；其中，农业年均增长 3.5%左右，工业年均增长 11.0%左右，服务业年均增长 11.5%左右；产业结构进一步优化，到 2015 年，第三产业比重由 2008 年 40.1%上升至 43.5%左右。

2. 物价水平将逐步回升，但仍在可控范围内

后危机时代，随着我国经济复苏，物价水平将呈逐步回升趋势。由于国内产能过剩问题突出，消费品价格难以全面大幅上涨。影响我国物价水平的因素主要有输入型通胀、食品特别是肉禽价格变化以及政策性调价因素等。

第一，输入型通胀压力较大。随着世界经济逐步复苏，特别是为应对国际金融危机的冲击，各国所采取了极度宽松的货币政策，已经形成了强烈的通胀预期，并导致大宗初级产品价格的快速飙升以及资产价格的上涨，全球范围内通胀快速上升的可能性较大。随着我国开放度的不断提高，初级产品进口规模在不断扩大，因而输入型通胀成为未来几年我国通胀的主要影响因素之一。

第二，食品价格特别是肉禽价格对物价影响较大。在我国 CPI 中，食品占约三分之一的权重，而肉禽类在食品中也占约三分之一的权重，因此，食品价格历来是通货膨胀的最重要影响因素之一。未来几年，随着我国生活水平的不断改善，肉禽需求在食品中的比重进一步提高，而食品价格特别是肉禽价格受天气变化、政策调整以及周期性等因素的影响波动较大，成为影响未来我国通胀的重要因素之一。

第三，政策性调价因素较多。未来几年，我国将会加快推进要素价格改革，特别是政府控制力度较多的油、气、煤、电、水等资源价格普遍面临上调压力，将会推动通胀水平的上涨。同时，各级政府控制的门票、排污费、停车费等公用事业收费价格也存在上涨的可能和压力。

第四，货币政策将会对物价上涨提前做好应对。面对可能出现的全球性通胀压力，各国政策在出台刺激政策之初，就在考虑退出机制问题，特别是强烈的通胀预期给各国货币当局提前预警。目前，我国宏观经济企稳回升后货币政策已经发出了动态微调的信号。根据以往经验，我国货币政策在经济稳定复苏后将会较快做出调整，这将有助于将通胀控制在合理范围之内。

第五，产能过剩抑制物价回升。由于上一轮扩张期（2003~2007 年）我国年均经济增速高达 11%，形成了大量生产能力，而产能过剩的调整需要较长的时间。因此，未来几年普遍的产能过剩将会抑制物价水平的上涨。

综上所述，未来几年我国物价水平将稳步回升，但仍将保持在可控在范围之内。初步预计，2010~2015 年，我国居民消费价格指数（CPI）平均上涨 4.0%左右，工业品出厂价格指数（PPI）上涨 6.0%左右。

3. 中国经济内外失衡状况有所缓解

后危机时代，随着世界经济增长方式的调整，美国等发达国家过度消费、中国等东亚发展中国家过度储蓄的格局可能出现一定变化，中国经济内外失衡状况有所缓解，主要表现为内需对经济增长的支撑在加强，投资、消费比例趋于协调。

（1）消费需求对经济增长的贡献有所回升。

第一，随着我国人均 GDP 超过 3000 美元，以住房、汽车为龙头的消费结构升级加快。未来几年，一方面，我国住房自住需求比较旺盛，特别是实现全面小康社会改善型住房需求潜力较大；另一方面，轿车将快速进入我国普通老百姓家庭，千人汽车保有量将快速增加，轿车将成为代步工具和主要出行方式之一，轿车普及由大城市向二线城市快速发展。同时，住房、汽车消费还会带动一系列相关商品消费。

第二，收入水平增加和收入分配体制改革将有助于促进消费提升。一方面，随着我国经济的稳步复苏，居民可支配收入将稳步增加。另一方面，目前我国基尼系数大大超过 0.4 的警戒线，收入分配差距过大存在引发社会不稳定因素的较大风险，因而调整收入分配差距迫在眉睫。近年来，国家正在研究制定收入分配体制改革的相关政策，这些政策的陆续出台有助于未来几年缩小收入差距，促进我国居民消费水平的提升。

第三，社会保障体制以及医疗卫生体制等重大改革，从制度上保证消费水平的提高。我国医疗卫生体制改革方案已经出台，未来几年将逐步落实，将会极大缓解老百姓看病难、看病贵的问题。而养老、就业等社会保障水平在未来几年将会得到明显改善。因此，社会保障体系的不断完善将会解决居民后顾之忧，有助于改善消费预期。

第四，随着全球范围内对经济失衡的调整，我国扩大内需特别是促进消费需求始终是未来政策的重点。投资率偏高、消费率偏低与我国工业化、城市化快速发展的经济阶段密切关联，未来几年随着我国向工业化后期发展和城市化超过 50%，在大力扩大内需政策的作用下，我国消费率将会由降转升，消费得到较快增长。

综合上述分析，未来几年我国消费将会稳定增长，消费对经济增长的贡献有所回升。初步预计，2010~2015 年社会消费品零售额年均名义增长 20%左右，剔除价格因素，实际增长 16%左右。

（2）投资仍将是拉动经济增长的第一动力。

第一，我国保持较高的储蓄率，投资资金来源充裕。2008 年，我国国民储蓄率高达 51.4%，目前外汇储备高达 2 万亿美元，尽管未来几年内外需、投资和消费关系将会出现调整，但我国仍将保持较高的投资率；同时，我国在工业化、城市化完成之前仍需要大量投资需求，投资空间较大。

第二，2010~2011 年，国家三年刺激计划的后两年，一批国家和地方的重大项目将会陆续上马；同时，随着新能源、新材料、生物技术等新经济增长点的逐步形成，在 2013~2015 年将催生新的投资需求。

第三，以房地产、汽车、高档家电、信息产品等为龙头的消费结构的升级，将带动社会投资的快速增长；同时，随着投资体制的逐步改革，以及市场准入的逐步放开，民间资本的投资领域将得到进一步拓展。

第四，我国银行等间接融资体系受此次国际金融危机的冲击较小，保持着良好的发展态势；同时，证券、企业债券市场快速发展，逐步为企业发展提供了有力的直接融资支持，创业板的推出将会为中小企业发展开辟新的重要融资渠道。

第五，我国企业盈利水平逐步改善，综合竞争能力逐步提高，企业自有资金比较充裕；同时，我国良好的发展前景和广阔的市场空间，使得外资继续青睐我国。

综合上述分析，未来几年我国投资将保持较快增长，仍然是拉动经济增长的第一动力。初步预计，2010~2015 年，我国全社会固定资产投资年均名义增长 25%左右。

（3）出口对经济增长贡献有所下降。

第一，在目前国际产业分工格局下，我国外贸出口比较优势依然存在，出口仍然是我国经济增长的动力之一。随着我国出口结构的升级，机电产品、高技术产品等高附加值产品的竞争力将会不断提高。

第二，随着世界经济逐步复苏，外贸出口需求将逐步恢复。在各国政府规模空前的刺激政策推动下，世界经济将逐步复苏，国际贸易将逐步活跃，我国出口需求将逐渐得到恢复。

第三，出口增速难以恢复到上一轮扩张期水平。一方面，世界经济将面临深幅、较长时间的调整，2010~2012 年世界经济将处于逐步复苏的低速增长期，初步估计这期间世界经济平均增长在 2%~3%，2013~2015 年世界经济增速将逐步恢复到过去 30 年 3.6%的平均水平。另一方面，经过国际金融危机的冲击，美国等发达国家过度消费的发展模式将逐步得到改变，对我国商品的进口需求将减弱。

综合上述分析，未来几年我国外贸出口将逐步恢复，但增幅将明显低于“入世”以来高达 27.3%的平均水平。初步预计，2010~2015 年，我国外贸出口年均增长 15%左右，出口对经济增长的贡献将有所下降。

第七章　后危机时代促进中国经济内外均衡的对策

一、促进中国经济内外均衡的总体思路和原则

从前面的分析可以看出，目前中国经济内外失衡的原因是复杂的，既有全球经济一体化、世界产业结构调整、世界货币体制缺陷和国际金融危机冲击等外部因素，又有国内经济发展方式粗放、收入分配失衡和政府职能转变滞后等内部因素；既有制度、体制等长期因素，又有宏观经济政策不协调等短期因素。因此解决中国经济内外失衡必须采取综合对策措施。后危机时代，要促进中国经济内外均衡，必须在保持经济稳定回升的同时，化解过去多年聚积的结构性矛盾，为更长期、更健康、更可持续的发展创造条件。必须远近结合、标本兼治，把短期政策与中长期调整战略结合起来。短期政策应立足“保增长”，保持经济稳定回升；中期调整战略应着眼于“促转型”，推进经济结构战略性调整和发展方式转变。

（一）促进内外均衡的总体思路

面对复杂多变的国内外环境，后危机时代，应坚持以“稳增长、调结构、促改革、惠民生”为基本政策取向，继续实施积极的财政政策和适度宽松的货币政策，适时调整完善政策，增强政策的针对性和可操作性，着眼长远，培育自主增长能力，推进经济结构调整和增长方式转变，努力实现持续稳定增长。

1.“稳增长”是内外均衡的首要任务

“稳增长”有两方面意图，一方面，世界经济“见底易、复苏难”的特点使未来我国经济运行的国际环境存在变数，外需萎缩态势可能持续较长时间，我国出口形势明显好转的难度较大；目前我国经济企稳回升“政策拉动力强、自主增长力弱”的特点使内需增长的可持续性大打折扣，短期内政策效应面临边际递减问题，增长动力亟待转换；在保增长取得明显成效的同时，产业结构调整进展不快，一些行业产能过剩、重复建设问题仍很突出，内需平衡稳固回

升基础不牢。因此，需要保持宏观政策的连续性和稳定性，为经济的稳定复苏保驾护航。

另一方面，随着我国经济的企稳回升，我们要从全力恢复经济增长转向保持平稳可持续的增长，同时要防止总需求过快扩张带来的通胀压力。据有关测算，我国目前潜在产出水平在 10%左右。如果经济增速接近或高于潜在产出水平，通货膨胀压力就会逐步上升。2009 年经济增速在 8.5%左右，如果继续加大刺激经济增长的力度，而同时世界经济又进一步复苏，内需的持续扩张以及外需的反弹会导致经济增长进一步加快，届时通货膨胀压力将显现并逐步加大。因此，在经济复苏态势基本形成的情况下，为防止通货膨胀形成，刺激内需的政策力度不宜进一步扩大，而要保持稳定，并根据情况做出适时调整。

2. “调结构”的紧迫性进一步加大

在政府投资主导的内需增长带动经济企稳回升的同时，“调结构”的迫切性和严峻性也进一步加大。首先，经济复苏仍处于不进则退的关键时期，未来在政府投资效应可能逐渐减弱的情况下，如果不通过结构性调整来释放居民自发性消费和民间投资增长热情，实现由“政策刺激内需增长”向“自主性内需增长”的切换，则内需增长和经济复苏的可持续性堪忧。因此，需要努力使经济结构更加平衡，为提高我国经济可持续发展能力创造基础。

其次，我国经济发展中长期存在的不协调、不稳定和不可持续的问题，归根结底是结构问题，2009 年政府主导的投资增长加剧了“重复建设”和“国进民退”等方面的矛盾。只有下决心解决结构问题，才能从根本上化解投资高增长带来的产能过剩、银行坏账风险上升等长期风险，真正改善经济增长的质量，保证经济回升的稳固、平衡和可持续。

最后，国际金融危机的爆发将迫使发达国家调整储蓄—消费行为，改变经济增长方式并实现世界经济新的平衡，外需市场的萎缩、跨国投资的减少和贸易保护主义的重新抬头，将对我国出口产生较大的影响。而国内资源、环境和要素成本上升的压力的不断加大，使得我国出口—投资导向型增长方式面临极大挑战。因此，为了促进中国经济的内外均衡，从市场需求看，我国的经济增长必须实现从主要依靠外需向主要依靠内需和巩固外需转变；从增长动力看，必须实现从主要依靠投资、出口拉动向投资、消费和出口协调拉动转变；从产业发展看，必须实现从第二产业的“单兵突进式”发展向二、三产业协调发展转变。

3. “促改革”与“惠民生”是促进内外均衡的根本路径和根本目的

国际金融危机使我国经济长期存在的体制性、结构性矛盾更加充分地暴露出来，2008 年 11 月以来政府推出的一系列刺激性政策对于防止经济进一步下滑起到了至关重要的作用，但在一定程度上延迟了经济的结构性调整并加大了经济失衡的风险，经济失衡风险的加剧进一步加大了下一步改革的难度。后危机时代，应适时地抓住全球经济格局变化的机遇，加快对国内经济体系的改革，在治理经济失衡的同时，通过系统性的政策设计与高效率的执行，以改革促发展，以改革促转型，以改革惠民生。

“促改革”的重点一是要改革现行财税体制，为由投资主导型增长模式向消费主导型增长模式的转变奠定基础；通过收入分配改革，缩小城乡收入差距和居民个人收入差距，提高中产阶级收入水平，为扩大居民整体消费需求创造基础；放宽市场准入，为民间投资和创业积极营造良好环境。二是要通过推动科技创新、产业转型升级以及资源价格和金融体制等方面的市场化改革来实现供给结构的调整。三是要加快推进医疗卫生、社保体制改革，彻底消除居民后顾之忧。

“惠民生”一是要求宏观经济政策要向民生倾斜，财政支出和信贷投放要更好地满足民生需求；二是要求努力推动居民收入更快增长，扩大社会保障覆盖面，提高社会保障水平，使得城乡居民真正分享到经济发展的成果。

（二）促进内外均衡的总体原则

1. 进一步增强统筹国内发展和对外开放的协调能力

要增强统筹国内发展和对外开放的协调能力，就要做好三个层面的内外统筹协调。一是增强内外经济发展战略层面的统筹协调能力，使国内的经济发展战略与对外经济发展战略相协调。二是增强内外经济政策层面的统筹协调能力，不断完善外贸与内贸的一体化政策、市场准入与产业结构调整政策、外资与内资政策、保持国际收支基本平衡的政策体系。三是增强内外经济体制层次的统筹协调能力，主要包括建立和不断完善统筹国内发展和对外开放领域中的体制规则、执行程序以及监督体系之间的协调性；建立和不断完善统筹法律、法规和管理体制，如涉外经济方面的法律与国内法律，内部管理体制与涉外管理体制的协调性。

从内外统筹的战略重点来看，由于进一步扩大开放的政策空间和体制效率以及战略影响力已明显递减，对外开放的范围、深度和广度已大大超越对内开放的程度。现阶段扩大开放的重点是实现内外公平和非歧视性开放，把市场竞争激励作为促进国内发展的动力并提升参与经济全球化的能力，建立中国经济与世界经济互动的协调机制。现阶段扩大内需的重点是在进一步完善市场基础和调控机制的前提下，扩大居民消费和带动民间投资，形成消费和投资双拉动的内生增长机制。在扩大开放和扩大内需之间，扩大开放是建立开放型经济体制的必经路径和基础，也是通过建立国内统一大市场并与国际市场联结来实现扩大内需的内在要求和必要条件。要建立与主要贸易伙伴国的新型合作关系，从战略上减少国际摩擦和正面冲突的概率，实现“共赢”。要研究我国在经济全球化、区域化以及国内次区域化的不同战略定位，高度重视中国在区域经济、贸易和货币一体化中的主导作用，创造更有利于和平发展的国际国内经济环境。[①]

2. 继续将内部均衡目标放在宏观调控的优先位置

内部均衡目标应该放在宏观调控的优先位置是基于以下原因：第一，作为一个大国，我国内需对国内经济的影响大于外需；第二，人口基数庞大和二元经济结构，决定了就业压力长期存在，如果就业问题解决不好，不但容易引发社会稳定问题，也会影响经济稳定发展；第三，国内市场化改革，尤其是金融改革和企业改革尚未完成；经济结构还处在快速调整和升级阶段，这些都要求有一个增长率较高、相对稳定的宏观经济环境；第四，长期以来，我国经济主要依靠投资和出口拉动，投资率不断提高，对外依存度不断上升，对我国这样一个发展中大国来讲，投资、消费、进出口长期发展不平衡，经济发展过于依赖外需，加大了经济发展的外在风险和不稳定性。同时伴随着全球经济增长模式的调整，主要进口国家对外部市场的需求将进一步萎缩，我国过度依赖外需的发展方式难以为继。因此，治理内外部经济失衡的着力点应放在内部失衡上，外部失衡的调整应服从于实现内部均衡，为内部均衡的实现创造条件。

要促进中国经济内外均衡，实现经济的可持续性增长，必须转换经济发展方式，将投资出口导向型增长模式逐步转变为消费、投资、出口协调型增长模式。协调型增长模式是指消费、投资、出口相协调，速度、质量、效益相协调，经济、社会和自然相协调，效率与公平相协调。该模式的特点是：强调扩大消费和内需；强调通过技术进步，依靠要素质量改进和优化配置来提高产量和产品质量以实现经济增长；重视社会发展和环境改善；注重社会公平。

为此，我们在千方百计稳定出口的同时，要坚定不移地扩大消费需求。一是采取综合措施提高居民收入水平，从根本上提高居民消费能力。要继续加大对医疗卫生、文化教育、养老保障等民生工程的投入，加快调整国民收入分配格局。二是通过税收制度改革、加大消费信贷支持力度和培育新的消费热点等措施，形成有利于扩大消费的环境，推动居民消费结构转型升级。三是健全扩大内需的长效机制，逐步消除制约城镇化进程的制度约束，加快培育新的消费增长点，以逐步扭转严重失衡的投资与消费比例关系。

3. 不失时机地推进产业结构转型升级

要促进中国经济内外均衡，实现经济的可持续性增长，必须转换经济发展方式，实现从主要依靠第二产业拉动经济增长向依靠第一、二、三产业协同拉

① 张燕生等：《增强国内发展与对外开放的协调性》，23~24 页，中国计划出版社，2005。

动转变，实现从主要依靠增加物质资源消耗向主要依靠科技进步、劳动者素质提高、管理创新转变。为此，一要全面实施以企业为主体的市场化创新战略，在引进消化吸收基础上实现重点突破，大力提高原始创新能力、集成创新能力和引进消化吸收再创新能力。在全社会形成企业自主创新、政策主动扶持、产学研紧密结合的良好创新氛围，从根本上改变我国“三高一低”的粗放型经济增长模式，变更多的“中国制造”为“中国创造”，提升产业国际竞争力，为产业结构调整提供技术支撑和不竭动力。二是要积极发展新能源和节能环保等新兴战略性产业。新兴战略性产业是促进消费、增加投资、稳定出口一个重要的结合点，也是调整结构、提高国际竞争力一个现实的切入点。要加快研究制定总体发展战略和专向发展规划，以企业为主体，以市场为导向，选择具备突破条件的关键技术加大投入，研究制定鼓励新兴战略性产业发展的政策支持体系，促进新兴产业发展壮大。三是要推动制造业与服务业联动发展。继续落实重点产业调整振兴规划和实施细则，推动现代制造业与服务业有机融合协同发展；进一步放宽市场准入，降低服务业市场门槛，落实鼓励服务业发展的政策措施，引导民间资本进入服务领域，加大对国家或区域性服务业中心、生产性服务业集聚发展示范区建设的支持力度。

4. 积极审慎地参与国际政治经济秩序改革

后危机时代，经济全球化不会逆转，中国经济将进一步融入世界经济之中。为了促使中国经济内外均衡的实现，我们必须积极谨慎地参与国际政治秩序改革，推动国际政治经济秩序朝着科学、合理的方向发展，朝着于我有利的方向发展。总的来说，我们主张在新一轮的国际政治经济秩序改革中必须要消除原有发展模式下积累的矛盾，既要继续发挥全球化在提高资源配置效率方面的积极作用，又要避免出现利益分配严重失衡的结果；既要继续保持国际分工带来的提高效率的正面作用，又要避免需求失衡产生的负面影响；既要发挥金融市场便利资金流通的积极作用，又要避免金融市场过度波动对世界经济造成冲击。具体来讲，要推动以下四方面的合作：一是积极推动金融合作，促进国际金融体系尽快稳定，千方百计减轻国际金融危机对实体经济的冲击和影响，共同推动国际金融体系进行必要改革，避免类似危机重演。二是积极推动贸易和投资合作，加大对有关国家的贸易融资支持，坚决反对贸易保护主义和投资保护主义等“去全球化”现象，避免世界经济再次走 20 世纪二三十年代保护主义盛行的老路。三是积极推动企业间合作，为企业跨境投资、技术转让等提供便利条件，尤其要加强中小企业合作，帮助它们尽快摆脱经营困境。四是积极推动产业合作，尤其是在新能源、节能减排、环保等领域的合作，积极培育世界经济新的增长点，引领世界经济早日走上复苏之路。①

二、促进中国经济内外均衡的短期对策

中国政府为了应对国际金融危机而推出的“保增长、扩内需、调结构、惠民生”一揽子经济刺激计划取得了良好的效果，在积极的财政政策和适度宽松的货币政策的推动下，中国经济企稳回升态势在2009年第二季度以后基本确立。目前我国经济发展仍处在企稳回升的关键时期，经济回升的基础并不稳固，内生增长动力尚待加强，为防止经济复苏出现反复，宏观经济政策应保持连续性和稳定性，继续执行积极的财政政策和适度宽松的货币政策。同时需要看到，为应对国际金融危机、遏制经济下滑势头，2009年财政政策和货币政策在实际执行中，扩张的力度相当大，属于非常时期的“非常之策”。随着经济逐步转暖，为避免给“非常之策”的长期实施带来负面作用，财政政策和货币政策的扩张力度应适时调整。

（一）继续坚持积极的财政政策，但力度和投向可做适当调整

自2008年年底国家决定实施积极财政政策以来，财政支出保持了较快增长，重点领域支出得到较好保障，国家扩大内需相关支出的拨付及时有效，各项税费减免政策有序实施，政府债券融资顺利进行，有效弥补了外需下降带来的不利影响，在美、日、欧等主要发达经济体出现深度衰退的情况下，我国经济保持了较高的增长速度。后危机时代，要继续实施积极的财政政策，更好地发挥财政政策的积极作用。

1. 保持适当的赤字规模

考虑到积极财政政策的投资项目多为“铁、公、基”，有一定的建设周期，后续投入仍较多，政策需要保持相对的连续性；政府投资对经济回升起到了至关重要的作用，在增长动力没有切换之前，还需要保持一定力度的政府投资规模。国际、国内经济不确定因素仍很多，维持一定的财政赤字规模，保持一定的增量调控能力，有利于主动地应对国际、国内各种复杂的形势。因此，继续实施积极的财政政策，保持适当规模的财政赤字，有利于保持经济社会的持续稳定发展。

---

① 李朴民等：《世界经济格局和经济结构调整专家座谈会综述》，15~16页，载《研究与建议》第13期，2009年6月3日。

2. 加大结构性减税的力度

一是针对增加居民收入和扩大消费，较大幅度提高个人所得税起征点，适当降低增值税税率，并维持对经济型轿车和居民购买首套自住住房的税收优惠；二是针对自主创新，落实好研发费用加计扣除等政策，同时可考虑对中小科技型企业实行3~5年的企业所得税减免；三是对企业节能减排投资给予所得税税前加计扣除等措施；四是合理运用出口退税、关税、财政补贴等财税政策手段，稳定和扩大出口；五是继续加大对中小企业的财税支持力度。

3. 大力调整财政支出结构

在财政支出方向上，要更加突出结构调整和改善民生，继续加大对产业调整振兴、自主创新、节能减排、收入分配和保障民生等领域的投入力度，加大对“三农”的投入力度。进一步落实好产业调整振兴规划中确定的各项财税扶持政策，增加对基础科学研究、重大科技专项、重点工程实验室的投入。进一步落实好西部大开发等财税政策，加大转移支付力度，促进地区协调发展。支持重大装备国产化、东北老工业基地振兴、重点产业结构优化升级和资源枯竭型城市发展接续产业。完善出口退税、加工贸易、进出口关税等相关政策措施，抑制高耗能、高污染、资源型产品出口，支持高附加值产品出口，鼓励资源型、节能降耗、关键零部件等产品进口。

4. 着力保障和改善民生

一是密切关注就业形势，加大就业资金投入，努力保持就业局势基本稳定。进一步扩大小额担保贷款贴息范围，重点向大学生、农民工等倾斜。支持解决零就业家庭就业问题。加大对就业、再就业培训的支持力度。二是按照医药卫生体制改革方案要求，抓紧出台有关配套文件，加大医疗卫生投入，提高资金使用效益。继续完善新型农村合作医疗制度，全面开展城镇居民基本医疗保险。进一步推进基本公共卫生服务逐步均等化，完善重大公共卫生事件应对机制。三是继续加大对保障性住房建设的支持力度。

（二）货币政策在强调“宽松”的同时，更应强调“适度”

2009年信贷的大量投放固然有助于促进经济的复苏，但是我们也应该清醒地看到，信贷猛增的背后仍存在不少结构性问题需要引起我们的足够重视。一是新增贷款未能有效进入实体经济，部分滞留于银行体系，部分进入资本市场，推动资产价格膨胀。二是从行业结构看，“铁、公、基”贷款占比偏高。由于基础设施行业贷款周期长，回收速度慢，这将使银行短存长贷的资产负债错配问题进一步凸显。此外，基础设施贷款增加，还挤占了其他行业贷款。三是从贷款的企业投向看，贷款主要投向国有大型企业，中小企业获得的贷款仍然远远不能满足需要。后危机时代，为了保持经济持续回升和结构优化，货币政策在保持连续性的同时，力度和结构要做适度调整。

1. 宽松的货币政策要立足“适度”

后危机时代应坚持实施适度宽松的货币政策，但在强调“宽松”的同时，更应强调“适度”，坚持适度宽松，防止过度宽松。灵活运用货币政策工具，引导货币信贷适度增长。合理安排公开市场工具组合、期限结构和操作力度，保持银行体系流动性及货币市场利率水平的合理适度。进一步观察经济金融形势发展和政策效应，创新货币政策工具，调节市场资金供求，合理满足经济发展需要。

同时要根据国内外经济走势和价格变化，注重运用市场化手段进行动态微调，把握好适度宽松货币政策的重点、力度和节奏，及时发现和解决苗头性问题，妥善处理支持经济发展与防范和化解金融风险的关系，进一步增强调控的针对性、有效性和可持续性，维护金融体系的稳定，巩固企稳向好的经济形势。避免信贷投放再次出现过度膨胀的状况，防止信贷膨胀带来的潜在金融风险和通货膨胀风险。

2. 推动信贷平稳投放，积极引导信贷结构调整

要保持信贷政策的连续性，既要保持总量平稳，又要做到结构优化，以更科学的信贷投放服务经济增长与结构调整的需要。在总量控制上，要推动信贷平稳投放，保证信贷政策对政府投资计划的支持力度，保证符合条件的政府投资项目所需配套贷款及时落实到位，配合积极财政政策的实施，做好稳定和刺激内需的工作，同时适度控制信贷规模，防止信贷过度膨胀。在结构调整上，要结合新形势下实体经济的需求变化，把握好结构调整的力度、节奏和方式，通过窗口指导推动贷款投放的结构调整，促进和巩固经济企稳回升，在实现经济复苏的过程中引导经济结构调整优化。

一是规范银行信贷，堵住银行资金和信贷流入资产市场的一些政策漏洞，要促使商业银行信贷投放向实体经济倾斜，可以对商业银行提出强制性要求，保证继续宽松的信贷和资金大部分进入实体经济。

二是积极引导商业银行对信贷投放进行结构性调整，在保持基础设施建设的配套贷款合理增长的同时，解决经济复苏由政府推动向市场自主性增长的动力切换问题。信贷投放要向有效推动民间投资和消费增长的企业倾斜，具体而言，要加大对创新能力强、产业前景好、有订单、有利于带动就业的中小企业和民营企业的信贷投放；加大对技术改造、兼并重组、过剩产能向外转移、节能减排、发展循环经济等相关部门的信贷支持；在支持重点项目和基础设施建设的同时，把先进制造业和现代服务业纳入信贷扶持的重点；有针对性地培育和巩固消费信贷增长点，增加对居民消费贷款的投放，落实好房地产信贷政策；加大对“三农”、助学、就业等的信贷支持，同时继续限制对“两高”行业和产能过剩行业劣质企业的贷款；鼓励和引导金融机构扩大出口信贷的规模，探索在出口信贷中提供人民币中长期融资。

三是加大对中西部和重点区域的信贷投放。缩小区域经济发展差距已经成为国家经济发展的重要战略，与此同时，国家建立区域性的经济增长点，以点带面促进经济发展的意图也越来越明显。应结合国家的区域经济新布局，制定前瞻性和有针对性的信贷政策。

3. 推进金融体制改革，发展资本市场

一是允许民间资金以适当的方式进入金融市场提供金融服务，加大小额贷款公司的推广力度，适当加大民间金融机构的杠杆比例。二是积极推进利率和汇率市场化改革。三是发展资本市场，拓宽融资渠道。尽快建立完善的退市机制，改变目前“只上不下”的不利局面，真正做到优胜劣汰；完善市场交易制度，尽快引入做空机制，降低市场风险，以加快融资、融券等信用交易推出步伐为重点，中长期要做好各种基础性工作，适时推出股指期货交易。

4. 继续推进利率市场化改革，完善人民币汇率形成机制

加快货币市场基准利率体系建设，努力提高金融机构风险定价能力和水平，更大程度发挥市场在利率决定中的作用。密切关注国际主要货币汇率变化，继续按照主动性、可控性和渐进性原则，完善人民币汇率形成机制，增强汇率弹性，保持人民币汇率在合理均衡水平上的基本稳定。继续深化外汇管理改革，进一步便利国内机构境外投资，稳步扩大国内资本市场开放，积极推动外汇市场发展，丰富汇率风险管理工具。稳步推进跨境贸易人民币结算试点工作。进一步提高外汇储备使用效益，努力实现保值增值。

（三）进一步采取有力措施增强经济内生增长动力

1. 继续扩大居民消费

后危机时代，要保持消费持续增长，不仅要保持已有政策的连续性，更需补充和出台新的扩大消费政策，同时要继续加大改善民生支出，从根本上解决居民消费意愿不强的问题。

（1）正确贯彻落实事业单位绩效工资改革。2010 年起事业单位全部实施绩效工资改革。近两年来，政府采取一系列措施提高农民收入；通过贯彻执行公务员工资改革方案，公务员的工资普遍提高；部分效益好的企业近几年来持续提高员工工资。而事业单位的工资一直偏低，在当前为应对金融危机冲击和增加消费信心，提高事业单位工作人员的工资水平正当其时。按照这一思路，2010 年事业单位全面实施绩效工资，不仅会提高 3000 万事业单位职工收入水平，更会形成一套体现公平和效率的薪酬机制，为尽快改革收入分配机制作出尝试性探索，有利于增加居民收入，促进消费扩大。

(2) 提高"家电下乡"补贴标准和范围，进一步挖掘农村消费。要进一步发挥"家电下乡"的政策效应，赋予政策新的内容：一是扩大家电下乡的品牌、提高质量，让农民买到更多的物美价廉商品。二是建议政府将销往农村的家电、电脑和汽车等工业品的财政补贴比例提高至 17%。在城乡倒挂的"二元经济"时代，农村提供给城市的农副产品常常低于成本 30%~50%甚至更高，为支持城市发展，农民做出了巨大牺牲。目前农民收入水平和耐用消费品拥有率与城市居民相差 10 年以上，为了鼓励和吸引农民消费，可考虑将家电下乡的补贴由 13%提高至 17%。

(3) 规范和延长城市家电"以旧换新"等政策。城市家电"以旧换新"带来的消费效应不佳，主要原因在于没有严格执行 10%的补贴标准，将 400 元作为补贴的最高限，由于城市居民消费支出较大，区区 400 元难以吸引消费者。建议出台补充政策，无论何种商品均严格按照购买商品总金额的 10%予以补贴返还，并扩大试点城市的范围。此外，汽车 1.6 升及以下小排量购置税减半政策 2009 年底到期，建议延长其购置税减半等政策。

2. 有效启动民间投资

(1) 调整政府投资的投资领域和使用方式，充分发挥其对民间资本的引导带动作用。首先，要适当增加产业关联度高的制造业投资力度。近年来财政投资领域一般局限于产业链条较短的基础设施部门，为更有效地带动民间投资，财政资金应对投资的产业组合作出恰当选择，除某些必要的基础设施项目外，还应选择一些需要发展的、产业关联度强的制造业项目来投资，特别是投资于高新技术的制造业项目，以带动相关产业。其次，发挥财政资金的杠杆作用，通过财政贴息、参股、担保等方式放大财政资金的作用，以此带动民间投资，并引导社会资金按国家产业政策的方向进行投资。最后，为增加地方政府的投资能力，可对已经建成的基础设施项目采用 TOT 方式转让给民间经营，对地方配套资金无法落实的在建基础设施项目可采用 BOT 方式解决配套资金，有收费经营能力的基础设施项目应向民间资金全面开放。

(2) 放宽对民间资本的准入限制，执行"非禁即入"的法治原则。市场经济的原则是"非禁即入"，只要没有法律的明文禁止，都可以自由进入，当然，为了社会的利益有时候需要设立"行政许可"，即设立进入限制。20 世纪 90 年代曾经按照中央要求进行全面清理，取消了一些行政审批，但是近年来五花八门的审批项越来越多，必须坚持"非禁即入"的原则，彻底清理，坚决取消各种各样不合理和不合法的行政许可。加快推进铁路、电力、市政公用事业、盐业等行业体制改革。落实放宽市场准入各项政策，积极支持民间资本参与国有企业改革，使其能够进入基础设施、公用事业、金融服务业和社会事业等领域。

(3) 建立一个多元化的中小企业服务体系，加大对民营企业的支持力度。在国家支持下，建立一个多元化的中小企业服务体系，不但要具有完善的融资担保功能、风险补偿机制和税收优惠政策，还应在设立专门的中小企业银行、制定中小企业信用评级标准、规范管理拓宽民间融资渠道以及发展中小企业直接融资等方面做出全方位规划。

3. 重点化解突出问题

(1) 抓住有利时机淘汰落后产能。受国际金融危机的影响，2008 年下半年以来我国出现了比较严重的产能过剩，并由此造成一批企业破产倒闭。产能过剩一方面给经济和社会发展带来许多负面影响，另一方面也为推动结构调整和淘汰落后产能带来动力。因为在产能过剩的情况下，市场竞争加剧，企业才会有调整结构的意愿和压力，市场机制才有条件将落后产能淘汰出局。因此，我们在大力扶持符合产业政策、符合产业发展方向、符合当前比较优势的优势企业同时，也要下决心淘汰那些产能过剩严重、高能耗、高污染、高成本、缺乏竞争力的企业。一是大力支持技术创新和技术改造，建立落后产能退出的保障和补偿机制，关闭淘汰污染大、技术落后的产能。二是强化企业联合和兼并重组，提高产业集中度，提高产业结构竞争力。三是要严格控制借国家扩大内需、加大固定资产投资之机，在产能过剩行业继续扩充生产能力的企业。

(2) 促进房价向合理水平回落。中国房价的快速上涨对消费没有多少财富效应，却有很大的“挤出效应”，即房价的过快上涨迫使人们节约消费用来购买住房。人们不是因房价高而有了财富效应扩大消费，相反会挤压消费，这说明中国仍处在住房的消费改善阶段，投资效应低。高房价在中国还有很强的“财富转移”效应，即房价的上涨只是把收入在居民中进行重新分配，主要是将财富向富人集中，向政府集中，特别是进城的年轻人的收入被房地产商和政府所吸收，或将消费性住房者的收入重新分配到投资性购房者手中。[①] 因此，处理好房地产价格和房地产发展模式选择问题，抑制房地产泡沫，有效促进房价向合理水平回落，是激活房地产有效需求、促进房地产市场健康发展和实现经济平稳增长的重要方面。

首先，加快构建完善的住房体系。一是切实推进保障性住房计划，重点建设一批经济适用房、廉租房，增加住房供应量，满足低收入群体的住房需求，抑制住房价格的上涨。二是优先发展中小户型、中低价位限价商品住房，满足中等收入家庭的首次置业需求。三是适当发展大户型商品住房、限制豪华型住房，满足改善型住房需求。四是积极发展二手房市场。

其次，稳定开发商和公众对住房价格的预期。地方政府根据当地房地产企

---

① 冯浩:《我国房地产财富效应研究》，首都经济贸易大学硕士论文，2009。

业实际建房成本，按照本地区其他行业平均利润水平确定房地产企业的合理利润率，并结合当地物价水平及工资收入标准，为不同档次、不同地段的住房制定指导价格。

最后，建立健全房地产市场监管机制。成立相关的监管当局，对房地产土地出让和房地产交易进行统一监管，重点检查房地产开发中土地占用情况，查处房地产交易中土地收益流失情况，分析和预判房地产市场形势，为科学决策提供依据。

(3) 采取措施稳定外贸出口。一是要进一步清理和取消限制出口的政策措施，采取出口退税、关税、财政补贴等财税政策手段，稳定和扩大符合产业结构调整方向、具有自主知识产权和自主品牌、高质量和高附加值的产品出口。

二是加大对外贸易的金融支持力度，采取买方信贷、卖方信贷和出口信用保险等多种方式，支持企业开辟拉美、东欧、中东、南亚和非洲等新兴市场，在规避风险的前提下增加提供买方信贷的规模。

三是妥善应对贸易摩擦。后危机时代，我们一方面要积极参与有关国际经济贸易规则的调整与制定工作，谋求与我国经济实力相称的经济话语权；另一方面要积极推动储备货币的多元化，加强与欧元区、拉美、东北亚、金砖四国的区域协调，广泛建立自由贸易区，努力推动建立一个多极化的制衡体系。同时，面对国际经贸摩擦增多的新特点，既要充分利用 WTO 解决贸易争端的有效机制，妥善应对贸易摩擦，又要充分利用国际通行规则，依法合理地运用贸易救济手段，维护国内企业合法权益，维护国内重点产业的安全。

三、促进中国经济内外均衡的中长期对策

促进中国经济内外均衡除了在短期内要加强和完善宏观调控以外，由于其长期性和复杂性，在长期内要从转变经济增长方式入手。要从需求和供给两个方面推进经济转型升级，在需求方面，增加最终消费需求对经济增长的拉动作用，逐步矫正“出口—投资驱动型”经济增长模式；在供给方面，提升科技创新和人力资本对经济增长的贡献率，逐步改变经济增长的资源环境代价过大的状况。要实现中长期调整的目标，关键在于推进改革，以改革释放潜在的国内市场需求，以改革拓展广阔的发展空间。

(一) 以扩大城乡居民消费为重点调整需求结构

在高投资增长具有客观基础，外需还会在相当一段时间内保持较高增长的背景下，为了保持经济的持续稳定增长，不能通过人为大规模压缩投资和出口

来实现从“出口—投资驱动型”经济增长模式向“投资、消费和出口协调拉动型”经济增长模式的转变，而只能通过增加最终消费对经济增长的拉动作用来逐步实现需求结构的调整。增加最终消费的关键在于扩大城乡居民的消费，而要从中长期扩大居民消费，必须在以下几个方面有所突破：一是要通过积极就业战略来增加城乡居民的可支配收入，增强居民的消费能力；二是通过收入制度改革，提升城乡在宏观收入分配格局中的份额，缩小居民收入之间的差距，来提升居民的消费能力和消费倾向；三是通过构建以社会保障制度为核心的社会安全网，来稳定和改善居民的消费预期，增强居民消费信心。

1. 实行“以创业带动就业”的积极就业战略

创业是最积极、最主动的就业，它不仅能解决劳动者的自身就业，还能通过带动就业产生倍增效应。国家应实行“以创业带动就业”的积极就业战略，清理不利于创业和自主就业的政策、法规，降低创业门槛，完善创业促进就业机制，尽快形成政府推动、社会支持、自主创业和不断创新的政策支持体系。

（1）加大对创业者的政策扶持力度。从鼓励劳动者创业出发，政府要在税费征收、小额贷款、社会保险补贴、经营场地、工商管理等方面给创业者提供更多的方便，降低创业门槛，减少创业成本和风险，加快制定面向全体城乡创业者的优惠政策，扩大帮扶创业范围。要加大信贷支持力度，对登记个体经营（国家限制的行业除外），自筹资金不足的，给予小额贷款及贴息。多方吸纳社会资本，为缺乏经验和资本的创业者提供孵化期和政策扶持，提高他们的创业成功率，降低创业风险。充分发挥创业实训和孵化基地的引领作用，在创业资金、知识产权保护、政府采购、政策法规等方面为创业者提供支持和服务。

（2）完善创业培训体系。创业带动就业，必须加强创业技能培训，这是劳动者掌握创业技能、提高创业能力和创业成功率的重要手段。应尽快建立政府引导、社会各方面参与、适应市场、培训与就业紧密结合的创业培训机制。充分运用就业专项资金和失业保险基金，加强对企业职工岗位培训、城镇下岗失业人员的再就业培训和对农民工的技能培训，以及对农村初高中毕业生的劳动预备制培训，在提高有关人员的就业能力和素质的同时，使其处于积极准备就业的状态，而不是散落在社会上。

（3）加快户籍制度改革，清除劳动力流动的制度障碍。加快户籍制度改革，逐步剥离依附在户籍制度上的就业权、居住权、教育权、社会参与权、社会保障权、医疗服务权、公共设施权和福利服务权。当前，要重点开展农村劳动力平等就业试点，鼓励各地积极探索农民工在就业准入制度、劳动福利、工资报酬、工作时间、社会保障、子女就学等方面享受与城镇居民同等的待遇，积极探索建立城乡平等就业制度的途径和渠道，为最终统一全国劳动力市场创造条件。从长期看，要在农村劳动力转移就业的市场准入、政府投入、劳动保护、社会保障、运行机制、管理体制等各个方面进行改革和实践，消除农村劳动力转移就业的体制性障碍，探索建立全国统一、开放、竞争、有序的劳动力市场，促进农村劳动力有序转移。

2. 调整宏观收入分配格局，缩小居民收入差距

（1）合理调整政府、企业和居民之间的收入分配关系。在制定国民经济和社会发展年度计划中，要根据国内生产总值增长的预期，合理确定居民收入增长的预期目标，并将其作为宏观调控的重要内容。国民收入分配格局调整的重点，是在保证国家宏观调控能力的前提下，合理安排国家财政收入的增长，通过企业合理地增加劳动者报酬支付、增加分红和政府增加社会福利开支，使居民部门在初次分配中和再分配中的收入比重得到合理的增加，使居民收入增长与宏观经济增长相匹配。

努力缩小居民收入差距。着力提高低收入者收入水平，扩大中等收入者比重，有效调节过高收入，取缔非法收入，努力缓解地区之间和部分社会成员收入差距扩大的趋势。设法消除和减少因机会不平等造成的社会分配不公，特别是靠滥用政府机构权力、靠偷抢蚕食全民资产带来的分配不公。

完善财产性收入增长的保障机制。首先，稳步增加各种金融理财渠道，拓宽居民多元化的投资渠道。其次，完善资本市场监督监管机制，加快投资者保护制度建设，鼓励有盈利的上市公司分红；避免股价大幅波动，在价值理念驱使下，实现投资增值。此外，加大保障性住房建设，促使房价合理回归，让拥有住房者在正常的房屋买卖和租房的运转中，实现保值增值。

（2）维护劳动者权益，建立和谐的劳资关系。要引导企业建立以岗位工资为主的基本工资制度，把市场机制引入企业，确定科学的工资标准。提高技术岗位、关键岗位、高素质、短缺人才的工资水平，建立岗位工资水平合理增长和调整的制度，实行竞争上岗，岗变薪变，个人工资与劳动贡献紧密挂钩。加快工资制度改革，建立健全职工工资长效增长机制。严格执行最低工资保障制度、逐年提高最低工资保障标准，建立各城市最低工资标准和职工工资指导线与当地经济增速同步提高的机制。

（3）千方百计增加农民收入，努力遏制城乡收入差距不断扩大的趋势。要合理调整收入分配结构和政策，改变城乡二元结构的体制机制，加大对农业的支持和保护力度，扎实推进社会主义新农村建设。收入分配要向农村倾斜，进一步落实“多予、少取、放活”的方针；推进农村综合改革，促进农业不断增效、农村加快发展和农民持续增收；加快农业科技进步，调整优化农村经济结构，推进现代农业建设，发展农业产业化经营，提高农业综合生产能力；加强农村基础设施建设；增加对农村义务教育、医疗卫生等的投入；继续深化农村税费改革，逐步加大对粮食主产区和种粮农民的直接补贴力度；加大金融支农力度；加大农村扶贫开发力度；推进城镇化建设，发展壮大县域经济。实现农村剩余劳动力的有序转移，优化农村外出务工环境，继续清理对农民进城就业的歧视性政策。实行最严格的耕地保护制度，从严控制征地规模，加快征地制度改革，提高对农民的补偿标准，解决好被征地农民的就业和社会保障问题。

（4）要加强对垄断行业收入分配的控制和调节。对于某些垄断行业普遍存在的职工工资畸高现象，政府有关部门应加强对其工资总额的控制，根据其劳动人事制度改革的完成情况及人工成本、劳动力市场价位等，决定是否增加工资总额。同时，国家应当运用税收、金融，物价、计划以及法律手段进行宏观调控，限制超额利润，以解决社会收入分配不公问题。加大国有独资和垄断行业的改革力度，放宽市场准入，推进投资主体和产权多元化。大力提高国有企业利润分红比例，国有企业现金分红必须纳入到财政预算或财政专项资金，用于充实社会保障基金。

（5）在二次分配中重点向低收入者和贫困群体倾斜。财政应增加对社会保障体系的投入和对低收入群体的转移支付，政府投资应适当向重大民生工程倾斜。提高社会保障支出、抚恤和社会福利救济费在财政支出中的比重，增加政府用于再分配的资金总量。首先，加强财政对教育尤其是基础教育的投入，中央或省政府在整个义务教育中的投入比重至少应达到 50%。对于西部地区和较贫困的农村，中央财政要加大义务教育支持力度，确保在全国城乡真正实现免费的九年制义务教育，减轻农民的教育支出负担。其次，加快改革医疗卫生体制，组织好改革试点，加强基层医疗卫生服务体系建设，抓紧出台各项具体配套政策，为保证“人人享有基本卫生保障”的目标，我国公共卫生经费占 GDP 的比例应从目前的 0.9%提高到 1.5%以上。再次，建立健全住房保障制度和货币补贴制度，一方面要完善面向低收入人群的住房保障制度，加快建设保障性安居工程，加大对廉租住房建设支持力度，加快棚户区改造，实施游牧民定居工程，扩大农村危房改造试点。另一方面要妥善处理住房制度改革中出现的问题，参考房地产价格上涨的实际水平，合理上调无房职工住房货币补贴标准，并使补助工资化。最后，认真组织开展农村养老保险试点工作，强化地方政府责任。

3. 完善社会保障制度，稳定居民支出预期

（1）建立全国统一的、中央政府负责的社会保障体系。我国目前的社会保障体系，无论是养老保险、医疗保险、失业等，还是城乡“低保”等都是由地方政府负责。这样的安排产生了若干不良后果。首先是存在效率损失。社会保险作用的大小和参与保险的规模相关，现行的安排事实上形成了若干分割的地区保险市场。养老、失业和医疗等风险不能在地区之间分享。其次，地区之间支付水平差异过大，社会保障的属地化不利于劳动力在全国各地合理配置。最后，地方政府面临平衡预算约束，在财力衰退时期，可能会减少社会保障方面的开支。社会开支的减少既不利于地方稳定，也减少了经济复苏的动力。为了避免这些问题，有必要建立全国统一、由中央政府负责的社会保障体系。例如，由社会和劳动保障部统一负责全国社会保障中的养老、医疗和工伤事故险；由民政部统一负责全国的“低保”和其他救济事宜。

（2）加大财政投入力度，完善社会保障筹资机制。为满足不断增长的社会保障资金需求，各级政府首先要调整财政支出结构，通过深化行政体制改革和事业单位改革控制行政事业经费支出的过快增长，政府逐步退出竞争性领域以进一步压缩建设性支出，相应增加社会保障支出比重。中央财政可以通过划拨国有资产、扩大彩票发行等多渠道继续充实全国社会保障基金，在人口老龄化高峰期可通过发行社会保障特别国债适当平滑财政支出，减轻当期压力。地方财政也可视财力增长情况建立相应的保障储备基金。同时，建立健全社会保险基金自求平衡机制。

（3）统筹城乡发展，完善以农村为重点的社会保障体系。要进一步落实对农村、农业“多予、少取、放活”的方针，将国民收入分配结构向农村和农业倾斜。通过加大中央和地方对“三农”的支持力度，调整财政资金和国债资金的使用方向，加快完善农村社会保障体系。一是要加强法制建设，充分发挥政府在社会保障建设体系中的作用。二是集中政府财力，支持农民根据本地经济发展和财力状况，在农村建立健全符合当地实际的最低生活保险、医疗保险和基本养老保险金在内的三条基本社会保障线，实现农民老有所养、病有所医和贫有所济。三是继续加大扶贫开发力度。

（4）完善社会保险制度，促进居民消费需求增长。一是加快完善企业职工基本养老金保险制度，进一步扩大养老保险覆盖范围，完善鼓励个体工商者和灵活就业人员的参保政策。二是加快事业单位养老保险制度改革。三是完善城镇医疗保险方案。四是推进失业、工伤、生育保险制度建设。五是适应城镇化加快的需要，加快建立符合农民工特点的社会保障制度，优先解决工伤保险和大病医疗保障问题。推进农村新型合作医疗建设，尽快建立适应国情的农村养老保险制度。切实解决好被征地农民的社会保障问题。

（5）加快发展社会救助和社会福利，提高低收入者收入水平。一是完善城乡最低生活保障制度。二是完善农村供养制度，继续提高农村五保供养标准，并确保落实到位。三是积极发展城乡医疗救助。四是大力发展以扶老、助残、救孤和济困为重点的社会福利和慈善事业。完善优抚安置政策，确保重点优抚对象的实际生活水平高于群众平均生活水平。五是大力发展社会慈善事业。①

① 中国人民大学经济研究所：《中国宏观经济分析与预测》（2009 年第三季度），54~55 页，内部资料，2009。

（二）以科技创新和产业转型升级为重点调整供给结构

经济增长方式的转变需要调整增长要素的投入比例，降低一般的资金、资源、人力的投入，更多地依靠科技进步因素实现增长。而经济发展从整体上不仅需要调整要素投入比例，还需要农业、工业与服务业之间协调发展，工业内部传统加工业与精细加工、高新技术产业的协调发展，以便推动产业结构的高级化。

1. 努力增强自主创新能力，促使经济增长方式向创新驱动型转变

全面实施以企业为主体的市场化创新战略，在引进消化吸收基础上实现重点突破，大力提高原始创新能力、集成创新能力和引进消化吸收再创新能力。在全社会形成企业自主创新、政府主动扶持、产学研紧密结合的良好创新氛围，从根本上改变我国“三高一低”的粗放型经济增长模式，变更多的“中国制造”为“中国创造”，提升产业国际竞争力，为产业结构调整提供技术支撑和不竭动力。

（1）完善激励企业自主创新的财政政策。逐步建立稳定增长的财政科技投入机制，保证科技经费的增长明显高于财政经常性收入的增长，提高国家财政性科技投入占 GDP 的比例，财政科技投入重点支持社会资本不愿意或不能够涉足的科研领域，确保对基础研究、社会公益研究、前沿技术研究以及对科技基础条件的建设和科学技术普及的投入。扩大财政担保和财政补助的范围，鼓励、支持、引导企业自主创新，加强对风险投资发展的引导力度，有效引导金融资本、民间资本投资于科技创新项目和企业。

（2）完善可持续发展的自主创新税收政策。加大对企业研发投入的所得税税前的抵扣力度，对科研活动使用的设备、专用仪器、房屋等实行加速折旧；对科研人员个人所得税实行减免优惠，允许科研人员的工资全额税前列支；对资源节约型、环保型以及高精尖产品进口以及国内企业开发的具有自主知识产权的产品、装备所需要的重要原材料和关键零部件的进口税收优惠。同时，对企事业单位、社会团体和个人通过公益性的社会团体及国家机关向中小企业自主创新基金和经国务院批准设立的其他激励企业自主创新的基金的捐赠，可按照国家或省的相关规定在缴纳企业所得税和个人所得税时予以扣除，以激励支持中小企业的自主创新活动，为自主创新提供资金保障。

（3）健全促进企业自主创新的金融支持系统。鼓励探索构建自主创新的金融支持机制，积极推进金融工具创新，推进我国自主创新金融支持体系建设。大力发展和应用现代管理技术和方法，通过各种有效手段降低对企业的信贷风险，应当探索和开展多种形式的担保方式，如出口退税质押、股票质押、股权质押、保单质押、债券质押、仓单质押和其他权益抵（质）押等。对拥有自主知识产权并经国家有权部门评估的高新技术企业，还可以试办知识产权质押贷款。除资产抵、质押外，还应当加强与专业担保机构的合作，接受专业担保机构的第三方担保。解决企业在自主创新过程中遇到的不同类型的资金难题。

(4) 构建知识产权保护体系。企业可以通过仿冒产品进入市场，大量仿冒产品的存在不仅导致了市场过度竞争，而且还使真正的技术创新者利益得不到保障，直接影响企业创新的积极性，加强知识产权保护才能解决这一难题。一是需要制定完善适合我国国情的知识产权政策和法律体系，通过完整的法律体系来保障创新者的利益，通过良好的法律环境来倡导人们树立尊重和保护知识产权的公德心。二是要把获得自主知识产权作为科技评价体系重要的基础性要求，融入科技评价体系，建立起有利于促进技术创新与发展的激励机制。三是要把自主知识产权作为发展所必须的国家战略来推行，主动建立知识产权体系，包括重视研究开发，重视知识产权积累，重视知识产权转化，重视知识产权保护。

(5) 促进产学研协调配合。一是加强产学研合作力度。通过建立教学科研生产联合体，合办研发机构，联办科技企业，比如企业可以通过购买科研院所的股权，从而得到使用技术成果的权利；也可以通过大学、科研机构技术入股企业和科研院所自己创办企业以及高等院校与企业联合成立技术研究中心等方式，加快自主创新成果的产业化进程。二是强化产学研政策支持力度。政府通过制定科技发展规划、科技政策、产业政策及教育文化政策，营造良好的环境与机制，促进产学研各方的发展与集成创新。

(6) 加大对自主创新产品的政府采购力度。政府采购是一种非关税贸易壁垒，一直是世界各国保护本国幼稚产业、促进技术创新的有效手段，我国自主创新产品的研发、应用和推广迫切需要政府采购的大力扶持。因此，我们应建立财政资金采购自主创新产品制度，建立自主创新产品认定标准和评价体系，制定自主创新产品政府采购目录。在政府采购的预算中应优先安排自主创新产品，对自主创新产品优先购买，即使其价格略高于同类产品。建立激励自主创新的政府首购和订购制度，国内企业或科研机构生产或开发的试制品和首次投向市场的产品，且符合国民经济发展要求和先进技术发展方向，具有较大市场潜力并需要重点扶持的，由于其技术含量高价格也高，又是创新产品，所以首次接触往往不为人们所认识，不敢贸然购进，此时政府应起示范作用，进行首购，以解除其他使用者的心理负担。

2. 加快传统产业改造步伐，大力发展现代服务业

(1) 加快以高新技术改造传统产业的步伐。目前我国经济中的加工制造业、传统服务业依然占有很大比重，这些传统产业尽管技术含量低、附加值低、资源消耗多、污染严重，但这些产业每年为我国贡献数量可观的就业岗位和外贸顺差，其中纺织、家电等传统优势产业已经具备较强的国际竞争力。对于传统产业，一要加快用高新技术加以改造的步伐，积极拓展其产业发展空间，延伸产业链，拓宽产业带，实现产业结构的调整和升级，增强产业的国际竞争力。二要依托重点建设项目，研制一批对国家经济安全有重要影响、对可持续发展有显著效果、对产业升级有重要带动作用的重大技术装备和产品，实现核心技术和系统集成能力的突破。三要大力推进结构调整，对于产能已经过剩的行业，要加大力度淘汰落后生产能力，严格环保标准。四要积极运用高新技术提升邮政、金融、物流、文化、教育、卫生、旅游等传统服务业的服务水平和质量，满足多层次的服务需求。

(2) 大力发展现代服务业。中国服务业发展空间巨大，未来现代服务业大力发展的动力来自于消费需求升级以及生产型服务业围绕制造业的展开与深化。加快发展现代服务业，提高现代服务业的竞争能力是中国增长动力转变的重要内容，加快现代服务业的发展将成为中国结构转型的重要产业政策。一是大力发展生产型服务业，促使生产型服务业围绕制造业的展开与深化，使现代制造业与服务业有机融合、互动发展。细化、深化专业分工，鼓励生产制造企业改造现有业务流程，推进业务外包，加强核心竞争力，同时加快从生产加工环节向自主研发、品牌营销等服务环节延伸。二是放宽市场准入，加强与境外服务企业的合资合作，大力引进外资投向基础设施、金融保险、现代流通、旅游设施、公共交通、文化教育、医疗体育、社区服务等服务领域，加快服务业的国际化进程，提高服务业的市场化水平。三是加快户籍制度改革，加快推进城市化、市场化进程，做大服务业的总量规模。①

(3) 积极发展战略型新兴产业。中国经济增长的下一个重点是通过工业化、城市化释放出巨大的产业升级和技术进步的生产力能量。从制造业到服务业，从一般制造业到高科技先进制造业将是未来我国产业结构变迁的两大方向。“中国制造”的战略重点已非过去的加工贸易、轻工业的低端制造，而是占领装备制造业、航空航天等全球战略产业的高端领域。因此，产业关联度高、需求弹性大、资金技术密集的先导产业不仅决定了中国工业拓展的范围、深度和效率，也必将对启动新一轮经济增长，改变世界失衡格局具有重大战略意义。

一是整合壮大战略性大产业，发展资源性大产业。构建代表先进生产力的装备制造业、航天制造业、物流产业、信息产业、资源产业等现代工业体系，这是国家长久立于不败之地的根基。发展大产业，要坚持“以资源换产业”、“以资源兴产业”的发展理念，积极重组大企业集团，深度开发和利用各地具

---

① 中国人民大学经济研究所：《中国宏观经济分析与预测（2009年第三季度）》，56页，内部资料，2009。

有优势的资源，延长产业链，培育自主品牌，提高附加值，实现资源优势向产业优势、经济优势转化。

二是发展清洁能源技术，推动产业升级。能源技术特别是清洁能源技术必将成为推动新技术革命的主要方向。大力推动传统产业的技术提升和产业升级，实现节能降耗和减排；逐步改变高耗能、高污染的发展模式，发展低碳经济，重点瞄准低碳能源和低碳能源技术，充分发挥清洁发展机制（CDM）的作用，促进国际清洁能源技术的扩散，推动具有比较优势的部门的产业升级，占领未来经济发展制高点。

三是发展金融产业，加快资本全球化战略布局。加快我国金融体系建设和我国资本的全球化战略布局。积极展开包括产业资本、商业资本、金融资本在内“中国资本”的全球化配置，这不仅是破除中国在全球贸易分工体系与金融分工体系中处于劣势的关键抉择，更是提高资本投入产出效率，推进经济增长向集约化转型的必由之路。①

3. 推动产业集群培育和升级，强化区域创新系统的创新能力

后危机时代，推动以产业为核心的集群培育升级是有效地拉动区域经济增长、推动农村工业化与城镇化进程、提升产业竞争优势、促进中小企业发展、推进国有大型企业的改革、强化区域创新系统的创新能力的重要举措。

（1）加大对区域产业集群的扶持力度。在市场机制的基础上，加大对区域产业集聚的扶持与调控，培育区域经济增长的动力。进一步推进和完善促进中部地区城市群发展和承接产业转移的相关政策措施；研究促进异地联合兴办开发区和设立承接产业转移示范区的相关政策，促进区域间产业有序转移。在继续关注老工业区、落后地区就业与经济结构调整的同时，重视区域生态环境的治理与保护，坚持区域经济、社会与环境协调发展。

（2）转变出口导向战略，促进产业集群升级发展。以招商引资为手段，以出口为目标，是多数地方政府实现本地产业集群升级发展和经济增长的重要途径。国际金融危机的爆发，使这种出口导向型模式遇到极大挑战。因此，必须引导企业逐步从出口导向型向内需主导型转变，积极整合资源，提升产业层次，真正做大做强。同时，加大产业链的整合力度，积极推动产业跨地区、跨行业兼并重组，加强地区之间协调互补，形成区域间的产业内、产业间的分工协作，提升产业的聚集度，最大限度促进集群升级发展。

（3）提高自主创新能力，培育集群升级的核心驱动力。推动集群升级的动力在于创新机制的完善，持续不断的创新是产业集群发展的生命力。因此，政

---

① 杨益:《后危机时代我国经济和产业面临的机遇、挑战及战略选择》，7 页,《国际贸易》2009 年第 9 期。

府一方面应灵活运用投资补助、创新风险基金、贴息、价格、利率、税收和资金等手段给企业的技术创新以支持，鼓励集群内有条件的企业在关键技术、关键工艺上进行技术改造与技术创新；另一方面，面向产业集群的紧迫需求，着力引进或突破一批共性关键技术，促进其推广应用，引导产业集群加强与高校及科研单位的合作，加快创新成果的转化，构造区域创新体系。

（4）整合集群资源，打造集群品牌和营销渠道。由于我国的地方产业集群一般以中小企业为主，缺少塑造品牌的能力，而集群的区域品牌却是中小企业产品开疆拓土的有力武器。在这种情况下，政府应积极有效的整合集群内企业的资金和营销渠道等资源，打造集群共享的品牌和营销渠道。推动具有准政府职能的行业协会的建立，引导产业集群内企业加强行业自律，通过行业协会共同制定严格的产品技术、质量、环境等标准和强有力的监督处罚制度来维护区域品牌在市场上的良好形象。

（三）以推进经济转型升级为重点加快改革进程

危机蕴涵着巨大的战略机遇，调整孕育着新一轮经济繁荣。改革开放以来，每次大的经济调整，都是靠改革来创造出新的持续发展方向。1978 年，党的十一届三中全会在我国当时经济极其困难的情况下，确定了改革开放的目标。1992 年，党的十四届三中全会在我国经济徘徊的关键时期，明确了建立社会主义市场经济体制的改革方向。亚洲金融危机时期，我国立足扩大内需、促进经济增长，同时积极推进金融制度和住房制度改革，积极加入 WTO，迎来了 21 世纪持续 5 年增速高于 10%的经济繁荣期，综合国力大幅提升，在亚洲和世界经济中的地位明显提高。这次金融危机对我国经济的冲击大于亚洲金融危机，但只要我们善于吸收历次应对危机的经验，在调整中积极推进改革，在挑战中周密谋划发展，就一定能够把这次国际金融危机转变成我国经济发展迈上新台阶、成功实现和平崛起的重大历史机遇。

1. 加快推进财税体制改革，促进出口—投资驱动型增长模式向消费、投资和出口协调拉动型增长模式转变

（1）推进财税体制改革。明确各级政府提供基本公共服务的职责范围，健全财力与事权相匹配的体制，下放财力与责任，加大市、县财权比例，增加中央对地方的转移支付力度，实质性增加一般性转移支付比例；适当增加地方政府税种和税收分成，国家应尽快研究并出台允许地方政府在全国人大的监督下，经过省级人民代表大会审议，设立完全属于地方税的税种的相关规定，研究并出台允许具备条件的地方政府发债，摆脱对“土地财政”的依赖的相关规定，促进财政体制更加公开透明。

通过财税体制改革，强化政府的公共服务职能，进一步调整财政支出结构，扩大基本公共服务财政支出比重，更多向“三农”、教育、卫生、就业、廉租房等重点领域倾斜，着力保障和改善民生。

（2）调整企业所得税政策。细化落实新的《企业所得税法》的各项鼓励性措施，对国家需要重点扶持的高新技术企业，减按 15%的税率征收企业所得税等。运用所得税优惠政策鼓励全社会对教育的投资，降低劳动者的教育投资成本。鼓励用人单位加大员工在职培训力度，允许用人单位发生的职工培训费用在企业所得税前据实予以扣除。对各种教育机构、社会上依法成立的专门提供就业培训的机构取得的各种正常收入给予减免企业所得税的优惠待遇。

（3）在增值税改革基础上改革营业税。我国增值税转型对企业加大技术改造和设备更新投资产生了初步的积极作用，要在增值税转型的基础上，将营业税并入增值税，促进各类企业增加研发投资和技术改造投资。

（4）加强税收对收入的调节作用。一是适时提高个人所得税起征点，除了为低收入阶层提供专门的教育、医疗、购房等税收抵免项目之外，还要允许纳税人根据家庭负担和赡养人口的多少扣除一定数额的生计费用。二是完善现行房地产税制，实施开征统一规范的物业税。三是研究出台遗产和赠与税。

（5）尽快形成相对稳定的出口退税机制。由于出口退税率的提高并不能大幅提升“订单”，反而会给部分企业降价倾销提供空间，可能引发更多贸易摩擦，建议对现行的以促进出口（特别是劳动密集型产品）为主的出口退税政策目标进行调整，重新将其定位于以调整产业结构为主、促进出口为辅，将它目前所承担的过多功能适当分配给其他更优的政策工具来实现。特别是对“两高一资”等限制出口的产品，不但要降低或取消出口退税，有些还要加收出口关税。

（6）进一步取消外资的“超国民待遇”。目前，外汇和资金短缺已经不是制约我国经济发展的主要问题。2008 年 1 月 1 日起，我国开始实施新的企业所得税法，内外资实行统一的企业所得税税率。今后要进一步取消外资的“超国民待遇”，形成内外资企业一视同仁、公平竞争的环境。不应以内资还是外资作为优惠的依据，而将项目的技术水平作为是否提供优惠的标准，限制环境污染大、能源消耗高和技术含量低的加工贸易项目，只对技术含量高、带动性强、填补我国空白的高技术产业实行优惠，以提升我国在全球生产链上的分工地位。

2. 深化金融体制改革，提高储蓄—投资的转化效率

政府管制金融、国有垄断的金融体制和金融市场发展的滞后等，金融压抑的结果使资金不能真正反映市场价值，刺激了贷款冲动，低效率的金融市场使资金难以流向短缺的经济部门，加剧了产能过剩。因此，为实现经济发展方式的转变，必须深化金融体制改革，提高储蓄—投资的转化效率。

(1) 建立多层次金融体系。国家应加大对非国有经济间接融资的支持力度，拓宽民间企业融资渠道，鼓励商业银行向非国有经济和中小企业扩大贷款，建立健全为非国有经济服务的金融机构。进一步加大对创新能力强、产业前景好、有订单、有利于带动就业的中小企业和民营企业的信贷投放。针对中小企业贷款难问题，进一步完善金融机构体系、多层次融资渠道、财税支持、信用体系和担保机制建设，积极拓展对中小企业的信贷服务。

在直接融资方面，我国企业数量庞大，规模大小有巨大差异，区域经济发展程度不同，这决定了我国企业直接融资问题的解决不可能仅仅依靠深沪交易所主板市场，必须借助于多层次的资本市场，包括创业板、企业债、金融债、市政债市场等。应逐步放宽和取消对非国有经济在股票、债券发行方面的不合理限制，消除所有制歧视，在民企上市、发债、兼并、收购上给予政策支持。

(2) 加快利率市场化改革。利率是资金的使用价格，是反映资金稀缺程度的重要指标。如果资金价格受政府管制，利率指标无法反映资金的“松紧”程度，货币政策将无据可依，企业也无法通过“竞价机制”来优胜劣汰。因此，利率市场化改革也是促进经济发展方式转变的重要条件。目前我国利率按市场化程度主要有三种情况：一是被严格管制的利率，主要是居民和企业的人民币存款率、美元小额存款利率；二是正在市场化的利率，如银行贷款利率和企业债券发行利率；三是已经基本市场化的利率，包括除企业债券发行利率以外的各种金融市场利率、人民币协议存款利率、以美元为主的大额存款利率和外币贷款利率等。总体上来看，目前中国利率市场化改革远远不能适应经济和金融的发展需要，深化利率市场化改革越来越迫切。因此，要认真学习和借鉴其他国家的经验教训，结合我国实际情况，制定相应的策略和步骤。

(3) 积极推进资本全球化。

第一，作为对冲全球系统性风险的重要手段，我国应考虑分阶段建立对全球或地区开放的汇市、股市、期市、债市及金融衍生工具市场体系，为实体经济提供相关的金融和风险管理服务工具。

第二，由于人民币结算及国际化有利于抵补企业跨境交易的货币和金融风险，有利于降低国民跨境交易成本和风险，有利于提供跨境货币和金融交换的便利和自由化，因此，应加快推进人民币结算的试点和推广，培育人民币离岸业务和离岸市场。

第三，保持人民币汇率基本稳定，加快推进人民币汇率风险防范市场体系建设，加快推进国际收支、外汇储备和对外贸易差额之间的统筹协调和战略性调整。在合理管理和运用外汇储备资产的同时，建立藏汇于民、支持“走出去”、促进国内结构调整、增强国家软实力的战略目标；在改善对外金融资产的币种结构的同时，推进金融组合、直接投资组合、战略性资源储备组合的新配置。

（4）进一步加强金融监管。在本次金融危机中，由于我国金融体系开放性不足，避免了外部系统性风险的传染效应。随着我国经济的进一步发展，我国金融体系将进一步开放，金融市场将进一步活跃，从而对金融监管提出了更高的要求。为此，我们一要继续坚持全面覆盖的监管理念，同时也要根据金融发展的需要和金融市场、机构、产品的风险水平，采取不同强度的监管措施，完善多层次、多机制、综合性的监管体系。

二要加强资产负债表监管。此次金融危机表明，金融机构资产负债表的不完备、不透明是导致金融风险失控的重要因素，也是导致危机处置失当、不及时的原因之一。随着金融创新的飞速发展，我国金融机构的资产负债表及表外业务也在迅速扩张，如不进行有效监管，必将成为影响金融稳定的重大隐患。为此，应通过完善资产负债表的编报规则、强化对资产负债表变化情况的动态监控和预警来加强资产负债表的监管。

三要鼓励金融创新、提高我国金融体系竞争力。我国金融监管对金融创新监管过严，金融衍生品市场乃至整个金融市场都不发达，难以满足实体经济和金融消费者和投资者的需要。因此，应适度放松对金融创新的管制，由市场主导金融创新。

四要积极参与国际金融的监管协调与合作。一方面，这有利于树立负责任大国的形象；另一方面，也有利于争取主动，最大限度维护自身利益。同时，也有利于应对新的系统性风险的发生和蔓延。

五要创造条件，逐步推进统一监管。现行的“一行三会”的金融分业监管格局，协调成本大，不利于处置重大系统性风险。随着金融发展和金融开放的进一步推进，这种监管体制的局限性将越来越明显，因此，应该下大决心，创造条件组建有明确法律权限、有实体组织的金融监管协调机构，监督指导金融监管工作。

3. 加快行政管理体制改革，提升资源配置效率

经济发展方式难以改变，其根本原因是我国政府有强大的经济干预能力。政府不仅可以运用经济手段调控经济，而且可以运用直接手段影响投资结构、资源的分配和土地的使用等，来直接影响社会资源的配置，最终导致政府的政策措施对社会经济运行有重大影响。为此，必须加快行政管理体制改革，转变政府职能。

（1）要改革和完善决策机制，推进决策的科学化、民主化。完善重大决策的规则和程序，通过多种渠道和形式广泛集中民智，使决策真正建立在科学、民主的基础之上。对涉及经济社会发展全局的重大事项，要广泛征询意见，充分进行协商和协调；对专业性、技术性较强的重大事项，要认真进行专家论证、技术咨询、决策评估；对与群众利益密切相关的重大事项，要实行公示、听证等制度，扩大人民群众的参与度。建立决策失误责任追究制度，健全纠错改正机制。有组织地广泛联系专家学者，建立多种形式的决策咨询机制和信息支持系统。

（2）加快转变政府职能，缩小政府对经济的管制范围。转变政府职能，是市场正确发挥作用的基本前提。缩小政府对经济的管制范围，完善市场经济制度，创造公开、公正、公平竞争的市场环境，政府应从一些不必要的经济活动中退出，把更多的事情交给“看不见的手”即市场来调节。将政府的理念从全能政府转向有限政府，将政府的经济管理方式从直接管理转向监督和服务，从缺乏透明度转向公开透明，从侧重市场准入转向全面规范市场主体，将政府职能从对经济的直接干预转变为主要承担经济调节职能、市场监管职能、社会管理职能、公共服务职能。切实解决公共资源城乡分配不合理、社会发展滞后于经济增长的矛盾，维护社会公平正义并促进经济社会的和谐发展。

建立科学的干部考评机制，将反映资源节约、环境保护、城乡和区域协调发展、就业增长、居民收入增加、社会保障覆盖面扩大以及社会和谐的指标纳入到各级政府的业绩考核体系之中，并使之制度化。

加快推进政企分开、政资分开等，减少和规范行政审批。在减少对经济活动经济性规制的同时，适当增加对经济活动的社会规制，以维护市场公平竞争，保证消费者、劳动者权益和整个社会利益不受侵害。

继续深化投资体制改革，进一步完善项目核准制和备案制，最大限度地缩减核准范围。继续推进垄断行业改革，放宽市场准入，按照“非公经济 36 条”确定的“非禁即入”的原则，加快行政性垄断行业对社会资本的开放。

（3）尽快推出资源税费和资源性产品价格改革方案。实现经济发展方式的转变，关键在于提高经济资源的配置效率。由于价格机制是实现资源配置效率的基础机制，因此，推进经济发展方式的转变，必须理顺各类要素资源的价格，让价格充分反映资源和要素的稀缺程度及市场供求关系，充分反映生产的成本及其对环境的损害成本。

一是利用资源价格低位运行时机，尽快推进资源税改革，完善资源产品价格形成机制。进一步扩大资源税征收范围，将水资源全面纳入资源税征收范围，将耕地占用税并入资源税，并逐步将森林、草场、滩涂等资源纳入资源税征税范围。完善资源税计征办法，将原油、天然气、煤炭的征收方式改为“从价定率”征收。逐步提高资源税税负水平，以更好地调节矿山企业的超额收益，促使其规范资源开发行为，更好地利用资源。

二是推进资源性产品价格改革，完善资源价格形成机制。以理顺价格为基础，稳妥推出资源环境价格改革方案，建立能源、资源使用差别化价格、阶梯式价格调节机制，让价格真正反映资源产品的稀缺程度，引导和激励市场主体在充分竞争中提高资源利用效率。在成品油价格和税费改革的基础上，继续推进天然气、电力、供水和污水处理价格改革。同时，推动资源领域的国际合作，探索建立区域性的多边价格磋商机制。建立健全国际资源价格谈判国内协调机制，增强我国在国际资源价格谈判中的话语权。

三是加快改革资源管理体制，健全矿权有偿使用制度，完善资源开发审批制度。要建立资源利用的效果评价制度，完善资源开采和使用权交易制度。

四是完善建设项目生态环境影响的评估制度，探索开征碳税等新型绿色税种。研究建立排污权有偿取得和交易制度，加快建立投资项目能效评价制度，以及通过实施强制性的能效标识制度、扩大节能产品认证范围和推行合同能源管理等方式，推行市场化的资源节约新机制。

参考文献

中文部分

[1] 马克思：《资本论》（第一卷、第二卷、第三卷），人民出版社，2004。

[2] 亚当·斯密：《国民财富的性质和原因的研究》（上、下卷），商务印书馆，1975。

[3] 凯恩斯：《就业、利息和货币通论》，商务印书馆，1999。

[4] 马歇尔：《经济学原理》（上、下册），商务印书馆，1994。

[5] 詹姆斯·米德：《国际收支》，首都经济贸易大学出版社，2001。

[6] 丁伯根：《经济政策：原理与设计》，商务印书馆，1998。

[7] 保罗·克鲁格曼、茅瑞斯·奥伯斯法尔德：《国际经济学》，中国人民大学出版社，2001。

[8] 斯蒂格利茨：《经济学》（下册），中国人民大学出版社，1997。

[9] 保罗·萨缪尔森、威廉·诺德豪斯：《宏观经济学》，人民邮电出版社，2006。

[10] 杰弗里·萨克斯、费利普·拉雷恩:《全球视角的宏观经济学》，上海三联书店、上海人民出版社，2004。

[11] 雅克布·弗兰克尔、阿萨夫·雷兹恩、阮志华：《世界宏观经济学：全球一体化下的财政政策与经济增长》，经济科学出版社，2005。

[12] 让—帕斯卡尔·贝纳西：《市场非均衡经济学》，上海译文出版社，1989。

[13] 高鸿业：《西方经济学》，中国人民大学出版社，2004。

[14] 王春正：《转换分配机制理顺分配关系》，中国经济出版社，1994。

[15] 王春正：《我国居民收入分配问题》，中国计划出版社，1995。

[16] 王春正：《探索·实践：宏观经济运行与调控》，经济科学出版社，2003。

[17] 刘鹤：《结构转换研究》，中国财政经济出版社，2002。

[18] 吴敬琏、樊纲、刘鹤、林毅夫、易纲等:《中国经济 50 人看三十年：回顾与分析》，中国经济出版社，2008。

[19] 张平：《中国改革开放：1978~2008》（综合篇·下），人民出版社，2009。

[20] 吴敬琏：《中国经济增长模式抉择》，上海远东出版社，2008。

[21] 林毅夫、蔡昉、李周：《中国奇迹：发展战略与经济改革》，上海三联书店、上海人民出版社，1994。

[22] 蔡昉：《中国经济转型 30 年》（1978~2008），社会科学文献出版社，2009。

[23] 樊纲、张曙光：《公有制宏观经济理论大纲》，上海三联书店、上海人民出版社，1999。

［24］姜波克：《国际金融新编》，复旦大学出版社，2008。

［25］ 杨瑞龙：《宏观非均衡的微观基础》，中国人民大学出版社，1994。

［26］刘锡良、戴根有：《宏观经济与货币政策》，中国金融出版社，2001。

［27］张平、刘霞辉：《中国经济增长前沿》，社会科学文献出版社，2007。

［28］北京大学中国国民经济核算与经济增长研究中心：《全球衰退下的中国经济可持续增长：中国经济增长报告 2009》，中国发展出版社，2009。

［29］范剑平：《中国城乡居民消费结构的变化趋势》，人民出版社，2001。

［30］中国人民大学经济研究所：《中国宏观经济分析与预测（2007~2008）——财富结构快速调整中的中国宏观经济》，中国人民大学出版社，2008。

［31］纪宝成：《中国人民大学经济发展研究报告 2009 全球金融危机冲击下的中国经济稳定与增长》，中国人民大学出版社，2009。

［32］谢平、焦瑾璞：《中国货币政策争论》，中国金融出版社，2002。

［33］裴长洪等：《经济全球化与当代国际贸易》，社会科学文献出版社，2007。

［34］刘树成：《经济周期与宏观调控》，社会科学文献出版社，2005。

［35］何帆、张斌：《寻找内外平衡的发展战略——未来 10 年的中国和全球经济》，上海财经大学出版社，2006。

［36］傅志寰：《破解“瓶颈”制约　推进科学发展——制约经济可持续增长若干重大问题研究》，经济管理出版社，2008。

［37］中国社会科学院经济学部：《全球经济失衡与中国经济发展》，经济管理出版社，2006。

［38］魏杰：《中国经济之变局》，中国发展出版社，2009。

［39］袁志刚：《金融风暴与中国经济》，上海人民出版社，2009。

［40］陈宗胜等：《中国二元经济结构与农村经济增长和发展》，经济科学出版社，2008。

［41］陈信华：《开放经济国际收支调节论》，立信会计出版社，2000。

［42］张东升：《中国居民收入分配年度报告》（2008），经济科学出版社，2008。

［43］陈共、昌忠泽：《全球经济调整中的宏观调控体系研究——新时期国家经济调节的基本取向与财政金融政策的有效组合》，中国人民大学出版社，2007。

［44］郭庆旺、赵志耘、何乘才：《积极财政政策及其与货币政策配合研究》，中国人民大学出版社，2004。

［45］高铁梅：《计量经济分析方法与建模：Eviews 应用及实例》（第二版），清华大学出版社，2009。

［46］张燕生等：《增强国内发展与对外开放的协调性》，中国计划出版社，2005。

［47］黄盛华：《宏观经济内部均衡与外部均衡的统一》，四川大学博士学位论文，2002。

［48］段平方：《开放条件下的中国经济内外均衡问题研究》，经济科学出版社，2009。

［49］刘晓喆：《米德冲突：国际经验与中国面临的难题》，上海社会科学院博士学位论文，2008。

［50］中国人民银行货币政策分析小组：《货币政策报告》（2003~2008），中国人民银行网站。

［51］贾康：《1998 年以来：从积极的财政政策到稳健的财政政策及公共财政制度建设》，

《铜陵学院学报》2008 年第 1 期。

［52］李扬、殷剑峰：《中国高储蓄率问题探究——1992~2003 年中国资金流量表的分析》，《经济研究》2007 年第 6 期。

［53］樊纲等：《中国经济的内外均衡与财税改革》，《经济与研究》2009 年第 8 期。

［54］国家发改委宏观经济研究院投资研究所课题组：《促进消费、投资、出口协调拉动经济发展的思路和对策研究》（主报告），2008。

［55］王晓鲁、樊纲：《中国收入差距的走势和影响因素分析》，《经济研究》2005 年第 10 期。

［56］陈东琪、宋立：《党的十六大以来宏观调控的经验和启示》，《宏观经济管理》2007 年第 11 期。

［57］李稻葵、李丹宁：《中美贸易顺差：根本原因在哪里?》，《国际经济评论》2006 年第 9~10 期。

［58］华民：《全球经济失衡的触发机制及中国的选择》，《国际经济评论》2006 年第 2 期。

［59］刘树成：《五年来宏观调控的历程和经验》，《人民日报》，2008 年4 月2 日。

［60］王一鸣：《经济内外失衡和宏观经济政策——对当前经济形势的几点认识》，《宏观经济管理》2007 年第 6 期。

［61］王一鸣：《短期政策和中期调整战略相结合积极应对国际金融危机挑战》，《调查·研究·建议》（1），2009 年 2 月 10 日。

［62］杨益：《后危机时代我国经济和产业面临的机遇、挑战及战略选择》，《国际贸易》2009 年第 9 期。

［63］李朴民等：《世界经济格局和经济结构调整专家座谈会综述》，《研究与建议》第 13 期，2009 年 6 月 3 日。

［64］张燕生：《应对“十二五”时期我国经贸环境可能发生重大变化的建议》，《调查·研究·建议》（31），2009 年 8 月 7 日。

［65］毕吉耀等：《“十二五”时期世界经济主要发展趋势》，《调查·研究·建议》（31），2009 年 8 月 11 日。

［66］张车伟：《中国劳动力成本优势能长久保持吗?》，《社会科学报》2006 年 8 月 17 日。

［67］冯浩：《我国房地产财富效应研究》，首都经济贸易大学硕士学位论文，2009。

［68］中国人民大学经济研究所：《中国宏观经济分析与预测》（2009 年第三季度），内部资料，2009。

［69］张曙光：《宏观经济学 50 年的发展与论争》（2），中国宏观经济信息网，2001 年 9 月 21 日。

［70］乔翔：《关于西方非均衡经济理论的若干思考》，《晋阳学刊》2004 年第 3 期。

［71］林毅夫：《内外失衡条件下的政策选择》，《中国发展观察》2007年第 8 期。

［72］朱民：《全球经济失衡的调整对中国经济的影响》，《国际经济评论》2005 年第 1~2 期。

［73］李扬：《全球经济失衡对中国的挑战》，《国际经济评论》2006 年第1~2 期。

［74］余永定、覃东海：《中国的双顺差：性质、根源和解决办法》，《世界经济》2006 年第 3 期。

［75］郭同欣：《对当前几个宏观经济问题的初步分析》，国家统计局网站，2009 年 6 月

23 日。

[76] 姜巍:《开放经济条件下的内外部均衡及相互关系》,《商业时代》2007 年第 8 期。

[77] 国家统计局:《中国统计年鉴》(2009),中国统计出版社,2009。

[78] 国家统计局:《中国经济景气监测月报》2009 年第 7 期。

[79] 中国人民银行网站:http://www.pbc.gov.cn/。

[80] 中华人民共和国国家统计局网站:http://www.stats.gov.cn/。

[81] 国家外汇管理局网站:http://www.safe.gov.cn/。

英文部分

[82] A. Marshall (1923), *Money, Credit and Commerce*, London: Macmillan.

[83] Alvin H.Hansen (1953), *A Guide to Keynes*, New York: McGraw -Hill Book Company Inc.

[84] Barro, R. J. (1993), *Macroeconomics*, New York: John Wiley&Sons.

[85] R.M.Stern (1973), *The Balance of Payments*, Chicago: Aldine.

[86] Romer, D. (2001), *Advanced Macroeconomics*, Boston: McGraw Hill.

[87] Taylor, J. (1999), *Monetary Policy Rules*, Chicago: Chicago University Press.

[88] Paul Krugman (1994), *The myth of Asia's miracle*, Foreign Affairs 54 (2).

[89] Louis Kuijs (2006), "How will China's saving-investment balance evolve?", World Bank China Research Paper, No.5.

[90] Louis Kuijs (2005), "Investment and saving in China", World Bank China Research Working Paper, No.1.

[91] Nouriel Roubini and Brad Setser, "The sustainability of the US external imbalance", http://papers.nber.org/papers/.

[92] Barry Eichengreen (2004), "Global imbalances and the lessons of Brettonwoods", National Bureau of Economic Research, Working Paper, No.10497.

[93] Maurice Obstfeld, and Kenneth Rogoff (2004), "The Unsustainable US Current Account Position Revised", NBER Working Paper, No.10869.

[94] Edwards, Sebaslian (2001), Capital Mobility and Eeonomic Performanee: Are Emerging Economies Different?, NBER Working Paper, No.8076.

[95] Edwards, Sebaslian (2002), Capital Mobility, Capital Controls, and Globalization in the Twenty-first Century, The Annals of the American academy of Political and SocialScience.

[96] Kindleberger (1973), The world in Depression, 1929-1939, Allen lane, Penguin Books Ltd.

[97] Mundell (1961), Theory of optimum currency Areas, American Economic Review, Vol.51.

[98] Paul R.Bergin and Oscar Jorda (2001), Monetary Policy Coordination: A New Empirical Approach, SSRN Working Paper.

[99] Laurence H.Meyer, Brian M.Doyle, Joseph E.Gagnon and Dale W.Henderson

(2002) , International Coordination of Macroeconomic Policies: Still Alive in the New Millennium, SSRN Working Paper.

[100] Chomg -Huey Wong and Luis Carranza (1998) , Policy reponses to external Imbalances in Emerging Market Economies–Further Empirical Results, IMF Working Paper, No. 103.

[101] Edwards, Sebastian (1998) , Capital Flows, Real Exchange Rates, and Capital controls: Some latin American experiences, NBER Working Paper, No.6800.

[102] Allan H. Meltzer (1995) , Monetary, Credit and (other) transmission processed: A monetarist perspective, *Journal of Economic Perspectives* 9 (4): 49–72.

[103] Ball, L (1998) , Policy rules for open economies. *The NBER conference on Monetary Policy Rules* 61: 15–17.

[104] Barro, R. J (1996) , Inflation and Growth, *Federal Reserve Band of St. Louis Review* 78: 145–161.

[105] Bernanke B S, Blinder Alan (1988) , Is it Money or Credit, or Both, or Neither? Credit Money and Aggregate Demand, *American Economic Review* 5: 435–439.

[106] Cover, J. P (1992) , Asymmetric Effects of Positive and Negative Money–supply Shocks, *Quarterly Journal of Economics* 17: 1261–1282.

[107] Diamond Peter, James Mirrlees (1971) , Optimal Taxation and public production, *American Economic Review* 61: 261–278.

[108] Dimenico D.G., Mauro G (1997) , Financial Constraints, Aggregate Supply, and the Monetary Transmission Mechanism, *The Manchester School* 3: 48–59.

[109] De Brouwer, Gordon and Ellis, Luci (1998) , Forward -looking behavior and credibility: some evidence and implications for policy, *Reserve Bank of Australia Research Discussion Papers* 7 (2): 1478–1498.

[110] Friedman, Benjamin M., and Kuttner, Kenneth N (1977) , Monetary, income, prices, and interest rates, *American Economic Review* 67(4): 538–548.

[111] Friedman, M. (1968) , The Role of Monetary Policy. *American Economic Review* 58: 1–17.

[112] Hafer, R.W, A.M. Kutan (1994) , Economic Reforms and Long -run Money Demand in China: Implications for Monetary Policy, *Southern Economic Journal* 4: 936–945.

[113] Milton Friedman, Anna J. Schwartz (1991) , Alternative Approaches to Analyzing Economic Data, *American Economic Rewiew* 3: 39–49.

[114] Mishkin, A. (2001) , Monetary policy Actions, Intervention and Exchange rates: A Reexammination of the Empirical Relationships Using FederalFunds Rate Target Data, *Journal of Business* 71: 147–177.

[115] Muth, John F. (1961) , Rational expectations and the theory of price movements, *Econometrica* 29: 315–352.

[116] Phelps, Edmund, S. (1967) , Phillips curves, expectations of inflation and optimal unemployment over time, *Econometrica* 34: 254–281.

[117] Phelps, Edmunds S (1973), Inflation in Theory of Public Finance, *Swedish Journal of Economics* 75 (1): 67–82.

[118] Rahman, M.etal. (1996), US budget deficits, inflation and exchange rate: a cointegration approach, *Applied Economics Letters* 3: 365–368.

[119] R.A. Mundell (1962), The appropriate use of monetary and fiscal policy under fixed exchange rates, *International monetary fund staff papers* 37 (2): 70–77.

[120] R.Dennis (2001), Inflation Expectation and the Stability Properties of Nominal GDP Targeting, *The Economic Journal* 111: 103–113.

[121] Robert Dekle &John Hicklin (1997), Financial Liberalization and Money Demand in ASEAN Countries: Implications for Monetary Policy, IMF Working Papers WP/97/36.

[122] S.S. Alexander (1952), Effects of a devaluation on a trade balance, *IMF Staff Papers* 2: 263–278.

[123] Stein, J (1989), A Theory of Imprecise Policy Announcements. *American Economic Review* 79: 32–42.

[124] Tayor, J. (1993), Discretion versus Policy Rules in Practice, *Carnegie–Rochester Conference Series on Public Policy* 39: 195–214.

[125] Tobin, James (1969), A general Equilibrium approach to monetary theory, *Journal of Money, Credit and Banking* 2: 15–29.

[126] Tobin, James (1972), Inflation and Unemployment, *American Economic Review* 62: 1–18.

后 记

本书是在我的博士论文基础上修改而成的，在本书即将出版之际，首先要衷心感谢我的博士生导师王春正研究员和刘鹤研究员。两位导师长期从事宏观经济管理和宏观经济研究工作，参与国家宏观调控的政策措施研究，多次主持参加中央全会和中央经济工作会议文件的起草工作，对中国和世界经济运行具有深刻的洞察力。在我的博士论文的选题、确定提纲、写作、修改、定稿整个过程中，都得到了两位导师的悉心指导。他们的博大胸怀、远见卓识、高度的国家使命感与社会责任感以及平易谦和、立德树人的大家风范让我受益良多。

在此我也要衷心感谢我的硕士导师孔敏教授、中国人民大学许光建教授、国家发改委徐林司长，正是他们的鼓励和支持，我才有勇气在离开校园十几年后攻读博士学位。同时，也要衷心感谢国家发改委丛亮处长、中财办蒙剑处长，他们在我博士学习和论文写作期间，提供了很多帮助和指导。

1988 年以来，我一直在国家信息中心经济预测部工作，中心和预测部历任领导在工作、学习和生活上给予了我许多关心、帮助和支持，在此向他们表示诚挚的谢意和深切的敬意！在博士学习和论文写作期间，得到了王长胜、沈大风、李凯、刘强、范剑平、步德迎、阎娟荣、祝宝良等领导和同事的支持和帮助，在此向他们表示衷心的感谢！

衷心感谢经济管理出版社的徐雪女士和她的先生、我的同事徐策先生，正是由于他们的帮助和努力，本书才得以尽早和读者见面。

最后，我要特别感谢我的母亲、我的岳父母、我的爱人王兴林女士以及我的其他亲人和好友，感谢他们长期以来的关心、照顾和支持。感谢我两岁的儿子王昊泽，他的出生，给我带来极大的快乐，也是我努力工作的动力之一。

由于水平所限，书中可能存在诸多不足和错误，请不吝赐教。

王远鸿